Manfred Bols

Ende der Schweigepflicht

Aus dem Leben eines Geheimdienstlers

edition ost

Das Buch

Seit 1990 ist viel über das MfS geschrieben worden. Viel Unwahres und wenig Wahres. Und es gibt, wie Karl Wilhelm Fricke es nennt, »Memoiren aus dem Stasi-Milieu«. Die vorliegenden Erinnerungen des Vize-Chefs der Abteilung XV in der Leipziger Bezirksverwaltung gehören in dieses Fach. Nicht die Tatsache, daß Bols nach zwölf Jahren seine Schweigepflicht beendet, sondern wie er dieses tut, unterscheidet seine Aufzeichnungen jedoch von sehr vielen anderen. Bols setzt sich kritisch und selbstkritisch mit sich und seiner Institution auseinander, ohne sich dem Verdacht auszusetzen, mit seiner Überzeugung gebrochen zu haben und dem Zeitgeist das Wort zu reden. Er steht selbstbewußt zu dem, was er tat – aber er hat auch die Souveränität, diese Arbeit in Frage zu stellen. Dabei war zweifellos der Umstand hilfreich, daß er einige Zeit im Ausland eingesetzt war. Der Blick von draußen schärfte die Sinne und stärkte die Urteilskraft.

Der Autor

Manfred Bols, Jahrgang 1941, studierte von 1962 bis 1966 Marxismus-Leninismus und Geschichte an der Karl-Marx-Universität Leipzig.
Er war seit 1966 als Mitarbeiter der Aufklärung in der Leipziger Verwaltung des Ministeriums für Staatssicherheit (MfS) tätig. Von 1981 bis 1985 war er Diplomat und Resident der Hauptverwaltung Aufklärung (HVA) in der DDR-Botschaft in Tansania. Danach kehrte er nach Leipzig zurück, arbeitete als stellvertretender Abteilungsleiter bis zur Wende in der Aufklärungsabteilung und wirkte schließlich an der Auflösung der Diensteinheit mit.
1990 schied er als Oberstleutnant aus.

Inhalt

Vorbemerkung 7

Erziehung 10
*Nachkriegszeit in der »Kohle«. Neue Heimat Altenburg.
Im Landschulheim. Ehrendienst bei der »Fahne«.
Studium an der Karl-Marx-Universität Leipzig*

Mein Weg in den Geheimdienst 54

Die Aufklärungsabteilung im Bezirk 63
*Registratur, Konspiration und Legenden. Die »Waldschule«.
Partei und MfS. Deutsche Tschekisten*

Jahre in der Aufklärung 90
*Arbeit mit Perspektiv-IM. Werbung von Studenten aus
»Drittländern«. Übersiedlungs-IM. Werber im zeitweiligen
Einsatz. Die Leipziger Messe*

Zusammenarbeit mit der Abwehr 116

Episoden aus dem Geheimdienst 123
*»Schlag gegen den USA-Imperialismus«. Folgen der Anhörung
eines Selbstanbieters. Schindlers Liebste. Verführung eines
Führungsoffiziers. Alkohol und Tod. Die Geschichte vom
gebeutelten Robert. Der Mann, der in die Kälte kam*

Einsatz in Afrika 140
*Vereinigte Republik Tansania. Unter dem Kreuz des Südens.
Die DDR-Community. Schiffe aus der Heimat. Die Afrikaner.
Das ANC-Camp*

Die Residentur 178
*Zentrale an »Fäller«. Ein Wolf in Afrika. Hohe Forderungen
und geringe Möglichkeiten. Zusammenarbeit mit Kuba und
der Sowjetunion. Was macht die Staatssicherheit auf Sansibar?*

Afrikanische Geschichten 197
*Schicksal eines Leberwurstbaumes. Kriegslist am Löwenberg.
Tragisches Ende eines Botschafters. Tod eines Haigwanani
der Maasai. Als Bodyguard des Vizekonsuls. Schüsse im
Zentralpark. »Mutter Theresa« von Moshi*

Rückkehr und Unbehagen 209

Ein Koloß bricht zusammen 220
*Die Ereignisse überschlagen sich. Das Ende der Bezirks-
verwaltung Leipzig. Die Auflösung der Abteilung XV.
Kein Ausweg, nirgendwo*

Neubeginn ganz unten 235

Abrechnung 242
*Ausgrenzung und Diffamierung. Rentenstrafrecht.
Beschuldigter und Zeuge. »Ulla« und die Kundschafter
des Friedens*

Vorbemerkung

*Ich nehme zur Kenntnis, daß ich einer Generation angehörte,
deren Hoffnungen zusammengebrochen sind.
Aber damit sind diese Hoffnungen nicht erledigt.*
Stephan Hermlin, 1992

Ich war 24 Jahre lang, also den größten Teil meines »Erwerbslebens«, beim Ministerium für Staatssicherheit im Bereich Auslandsaufklärung tätig, darunter fast vier Jahre als Resident der Hauptverwaltung Aufklärung (HVA) in Afrika.

Die Entscheidung für den Geheimdienst hat mein ganzes Leben, auch die Zeit nach dem Untergang der DDR, wesentlich bestimmt, denn sie hatte Konsequenzen, die ich am Anfang nicht übersah. Es war so, wie Eva Strittmatter in ihren Erinnerungen schrieb: »Wir schaffen unser Schicksal in einem Alter, in dem wir keine Einsicht haben in das, was daraus folgt, wenn wir jetzt links oder rechts gehen.«

Aus heutiger Sicht würde ich diesen Weg nicht noch einmal gehen, und ich empfinde leichtes Bedauern über meine damalige Entscheidung. Doch was sagt das schon? Leben ist unwiederholbar.

Ende des 20. Jahrhunderts zerbrach zusammen mit der Sowjetunion das von ihr inspirierte und geführte sozialistische Weltsystem. Der legitime Versuch, eine bessere und gerechtere Form des Zusammenlebens zu schaffen, als sie im ganzen bisherigen Verlauf der Menschheitsgeschichte existierte, scheiterte nicht zuletzt an den schwerwiegenden Fehlern und Irrtümern der »Erbauer des Sozialismus«. Unsere Kinder und Enkel haben das Recht, über die wahren Zusammenhänge dieser Zeit etwas zu erfahren, und wir ehemaligen Mitgestalter haben die Pflicht, ihnen darüber etwas zu sagen.

Auch für mich war die DDR mit ihren humanistischen Zielsetzungen und trotz ihrer Probleme zu meinem Lebensinhalt geworden, und mir ist nie der Gedanke gekommen, daß man den Sozialismus wegen seiner Schwächen besser lassen sollte. Das »große Ziel« vor Augen, war ich wie viele andere bereit, alle Unzulänglichkeiten und Irrtümer als Fehler unserer ehrlichen Arbeit zu betrachten. Wir beschritten schließlich Neuland. Mein Mittun hätte auch in einem anderen Bereich der Gesellschaft erfolgen können – es mußte nicht ausgerechnet im Ministerium für Staatssicherheit sein. Die Tätigkeit als Geheimdienstoffizier hatte ich nicht bewußt angestrebt. Anfangs wollte ich Lehrer für Geschichte und Deutsch, später Journalist werden. Doch die Umstände wollten es anders, und ich habe mich ihnen in freier Entscheidung gefügt, wohl wissend, daß das MfS zwar eine legale, aber keine normale Institution war.

Die Bildung des MfS war Reaktion auf die Versuche des Kapitalismus, seine Herrschaft im Osten Deutschlands zu restaurieren. Es sollte Schild und Schwert der Partei und damit des Sozialismus sein und war zuletzt doch nur Instrument kleinbürgerlicher Despoten wie Honecker und Mielke, das die Defizite der Politik ausgleichen sollte. Der einzelne Mitarbeiter, der ehrlich und im guten Glauben an seinem zugewiesenen Platz für den Sozialismus kämpfte, war deshalb noch lange nicht charakterlos.

Doch die meisten von uns verdrängten die Zweifel. Wir paßten uns unkritisch an und akzeptierten, daß unter dem Vorwand politischer Notwendigkeit Menschen verfolgt wurden, die für einen demokratischen Sozialismus eintraten.

Nach den Massenprotesten in der DDR 1989 und dem Beitritt zur BRD folgte die Abrechnung mit den Amtsträgern der DDR durch die sich als Sieger fühlende politische Klasse der BRD. Bereitschaft zur Wiedergutmachung wurde nicht akzeptiert, politische Fehler strafrechtlich wie kriminelle Delikte verfolgt. Das Ministerium für Staatssicherheit war (und ist) dabei Hauptziel der Angriffe und gleichzeitig Prügelknabe für das Volk. Schließlich mußte man ablenken von den Prozessen der Inbesitznahme der DDR.

Nach zwölf Jahren Aufarbeitung der Tätigkeit des MfS, bei der ehemalige Mitarbeiter meist nur Zeugnis ablegen durften, wenn es um die Bestätigung »ungesetzlicher« Praktiken und die Verurteilung der Methoden des MfS ging oder wenn es den Herrschenden einfach in den Kram paßte, ist im wesentlichen alles aufgedeckt, was mit der Staatssicherheit zusammenhängt.

Damit sind auch die mir selbst auferlegten Verpflichtungen gegenstandslos geworden. Ich fühle mich frei und kann offen in eigener Verantwortung von mir und meiner Arbeit sprechen.

In der ersten Zeit nach der Wende hatte auch ich das Bedürfnis, mich totzustellen, unangenehme Erinnerungen an Fehler und Versagen zu verdrängen. Niemand kann die eigene Vergangenheit ungeschehen machen oder vergessen. Sie erreicht uns immer wieder, auch wenn wir zeitweilig glauben, sie wäre verblichen. Plötzlich und unerwartet taucht sie wieder vor uns auf, in zufälligen Begegnungen mit früheren Weggefährten, in Büchern oder Zeitungsartikeln, in Gesprächen und Bildern. Nur Auseinandersetzung mit dem, was wir getan oder nicht getan haben, kann uns in Einklang mit unserem gelebten Leben bringen.

Die folgenden Lebensaufzeichnungen sind der Versuch, meinen eigenen Weg besser zu verstehen, Rechenschaft abzulegen und meinem Leben etwas Bleibendes zu geben.

Erwin Strittmatter wollte vor jedem den Hut ziehen, der sein Vorhaben, Memoiren zu schreiben, wieder aufgibt.

Diese Ehrerweisung bleibt mir vorenthalten.

Sei es drum.

Erziehung

> *Maikäfer fliege,*
> *dein Vater ist im Kriege,*
> *deine Mutter ist in Pommerland,*
> *Pommerland ist abgebrannt.*
>
> Kinderlied

Im Dezember 1941 hatten die deutschen Verbände der Heeresgruppe Mitte, zu denen die Einheit meines Vaters gehörte, in einem Vorstoß auf die sowjetische Hauptstadt die Linie Istra – Naro Forminsk, 100 km westlich von Moskau, erreicht. In das Zentrum dieser Front, entlang der Straße Moskau-Wjasma-Smolensk, erfolgte im gleichen Zeitraum der wuchtige Gegenstoß der Westfront der Sowjetarmee, der die Wende des 2. Weltkrieges einleitete.

Mein Vater, der Obergefreite Paul Bols, befand sich am 21. Januar 1942, als einer der Angriffe der sowjetischen Infanterie auf die Stadt Gshatsk (heute Gagarin) begann, in vorderster Linie auf Horchposten. Der Charakter des Auftrages ließ ihm keine Überlebenschance. Er fiel als einer der ersten seiner Einheit beim Sturmangriff der Rotarmisten.

Nach dem Schreiben seines Kompaniechefs zu urteilen, hat er nicht gelitten, »da er einen Kopfschuß bekam«. Er liegt in russischer Erde irgendwo in Staroje bei Gshatsk begraben.

Meine Mutter, die von Beruf Pharmazeutin war und in einer Apotheke arbeitete, lebte zu diesem Zeitpunkt mit ihrer Mutter, meinem Zwillingsbruder und mir in einer mittelgroßen Mietswohnung in Königsberg in Ostpreußen, unserer Geburtsstadt.

Noch war die Stadt nicht abgebrannt.

Ich muß ein sehr ernstes Kleinkind gewesen sein. Unter den vielen erhaltenen Fotos habe ich keines gefunden, auf dem ich lache oder fröhlich bin. Meine Mutter hat nie viel über diese Zeit erzählt. Sie war voller Sorge und Kummer gewesen, denn es war Krieg und der Ehemann gefallen.

Zweieinhalb Jahre später, am 26./27. August 1944, warf das *Royal Air Force Bomber Command* 460 Tonnen Brandbomben auf Königsberg, am 29./30. August 1944 luden sie noch einmal 492 Tonnen ab.

Die gesamte Innenstadt wurde weitgehend vernichtet, historische Bauten wie der Dom und das Schloß wurden zerstört. Viele Menschen verbrannten oder starben unter den Trümmern ihrer Häuser.

Am 16. Oktober 1944 drang die 3. Weißrussische Front der Sowjetarmee mit 40 Schützendivisionen auf einer Breite von 140 km in Ostpreußen ein, wobei sie die zur Festung erklärte Stadt zunächst umging und zügig nach Westen vorstieß.

Bis zum Beginn des Jahres 1945 lag dadurch auch die Bahnlinie nach Berlin noch in gesichertem Terrain. Der letzte Zug aus Königsberg fuhr am 21. Januar 1945 in Richtung Westen, danach schlossen die sowjetischen Truppen den Kessel.

Der einzige Fluchtweg, der sich im Winter 1945 den zurückgebliebenen und mit Durchhalteparolen getäuschten Menschen noch bot, ging über das zugefrorene Frische Haff. Über diese Meerenge konnten sie die Küstenstraße auf der Nehrung erreichen. Bei diesem Versuch kamen ungefähr 50.000 Menschen um. Sie versanken mit ihren Pferdefuhrwerken im Eis, erfroren oder wurden Opfer des Beschusses durch die Sowjetarmee. Die Grausamkeiten, die die deutsche Wehrmacht in den eroberten und besetzten Gebieten der Sowjetunion verübt hatte, wurden nun durch die sowjetischen Truppen der ostpreußischen Bevölkerung heimgezahlt.

Die fast völlig zerstörte Stadt Königsberg wurde am 7./8. April 1945 aus Richtung Westen von der Sowjetarmee angegriffen. Am 9. April 1945 kapitulierte der Stadtkommandant Lasch, um weitere Opfer unter der Zivilbevölkerung zu vermeiden – und sicher auch, um sein eigenes Leben zu retten.

Wir hatten die Stadt bereits unmittelbar nach den ersten Bombenangriffen im August 1944 verlassen. Die Nationalsozialistische Volkswohlfahrt (N.S.V.) begann damals, die Zwangsevakuierung von Kriegerwitwen mit Kindern zu organisieren. Anfangs wurden die Menschen in Ausweichquartiere unweit der Stadt geschickt. Wir hielten uns zum Beispiel kurzzeitig in Neumark bei Elbing und dann in Siegfriedswalde bei Heilsberg auf. Von dort erfolgte im September 1944 aufgrund eines personenbezogenen Evakuierungsbescheides der Transport per Bahn nach Mitteldeutschland.

Die Reise dauerte zwar Tage und war »furchtbar«, wie später meine Großmutter schrieb, aber das war nicht zu vergleichen mit den Schrecken, die den Flüchtlings-Trecks widerfuhren.

Wir Kinder hatten uns während des Transportes lediglich Läuse eingehandelt und mußten geschoren und verarztet werden.

Meine Mutter gelangte im November 1944 noch einmal nach Königsberg, um Kleidung und Bettwäsche zu holen bzw. mit der Post auf den Weg zu bringen, denn bei der überstürzten Abreise hatten wir nur das Notwendigste mitnehmen können.

Aus heutiger Sicht erscheint dieses Unterfangen als leichtsinnig, denn sie fuhr in bereits umkämpftes Gebiet. Aber nicht nur meine Großmutter, die das Sagen hatte, glaubte unmittelbar nach der Flucht noch fest daran, daß es sich bei der Umsiedlung nur um eine zeitweilige Evakuierung handelte. Das geht aus Briefen an ihren Sohn hervor, der in Rumänien stationiert war und dort höchstwahrscheinlich umgekommen ist. Die Briefe wurden vom betreffenden Feldpostamt aufgrund des allgemeinen Zusammenbruchs der Balkanfront zurückgeschickt. In einem dieser vergilbten Dokumente bringt sie zum Ausdruck, daß sie überzeugt sei, daß der Führer nur Gutes wolle und seine ihm aufgetragene Mission erfüllen müsse. Vielleicht weigerte sie sich auch trotz innerer Zweifel, etwas anderes zu glauben.

»Der Mensch lebt von der Hoffnung«, sagt der Volksmund.

Jahrzehnte später, in der Zeit der sogenannten Wende, lebte ich in gleicher Haltung.

Nach dem 2. Weltkrieg wurde Königsberg durch das Potsdamer Abkommen der Sowjetunion zugeschlagen und von ihr in Kaliningrad umbenannt. Kalinin war ein alter Bolschewik und Kampfgefährte Lenins. Politisch zwar weitgehend machtlos, war er doch ein Helfer Stalins und dadurch mitverantwortlich für die Ermordung Tausender Landsleute in den 30er Jahren. 1946 starb er eines natürlichen Todes als Vorsitzender des Präsidiums des Obersten Sowjets. Mit der Namensgebung wollte Stalin ihn postum ehren.

Nach dem Zusammenbruch der Sowjetunion hat man vielen Städten, die nach sowjetischen Kommunisten benannt worden waren, ihre alten Namen zurückgegeben. Auch die Stadt Kalinin heißt heute wieder Twer. Kaliningrad in Ostpreußen hingegen blieb. Und das Gebiet Kaliningrad bildet noch heute eine russische Exklave.

Da die einstigen baltischen Sowjetrepubliken nach der Auflösung der Sowjetunion wieder selbständig wurden, grenzt das Gebiet nunmehr nordöstlich an Litauen und südlich an Polen. Die politische Brisanz besteht darin, daß Polen Mitglied der NATO ist und Litauen es werden möchte. Mithin: Komplizierte Transitverhandlungen mit beiden NATO-Ländern stehen also für Rußland an.

Die Stadt liegt an der Mündung der Pregel am Frischen Haff, das eine offene Verbindung zur Ostsee hat. Aufgrund dieser geschützten Lage wurde der Hafen nach 1945 zu einem Marinestützpunkt ausgebaut und die Stadt dadurch Sperrgebiet. Besuche waren bis zur Wende nicht möglich.

Im Laufe der Jahre ist Königsberg aus dem Bewußtsein vieler Menschen verschwunden. Die Jugend kennt die Stadt nicht mehr. Im Geschichtsunterricht wird auf sie aufmerksam gemacht, in der Öffentlichkeit manchmal an sie erinnert. Die Stadt war Wirkungsstätte des Philosophen Immanuel Kant und der Malerin Käthe Kollwitz. Viele hörten vom Bernsteinzimmer, das zuletzt im Königsberger Schloß gelagert wurde, seit 1945 verschwunden ist und nach dem seit vielen Jahren erfolglos, aber öffentlichkeitswirksam gesucht wird.

In Kochbüchern findet man das Rezept für »Königsberger Klopse«. Das sind Hackfleischbällchen in Kapernsoße, eine durchaus pikante Fleischspeise.

Im Jahre 2001 hatte die Stadt wieder Konjunktur. Deutschland feierte den 300. Jahrestag der Selbstkrönung des ersten Preußenkönigs (Kurfürst Friedrich III.) und damit die Gründung des Staates Preußen. Bundestagspräsident Wolfgang Thierse (SPD), der Innenminister und ehemalige RAF-Anwalt sowie frühere Grünen-Politiker Otto Schily (SPD) und der Chef des Hauses Hohenzollern, Prinz Friedrich Georg von Preußen, saßen in der Gedenkfeier im Schauspielhaus am Gendarmenmarkt in Berlin und applaudierten den Lobreden des Ministerpräsidenten von Brandenburg, Manfred Stolpe (SPD), und des Regierenden Bürgermeisters von Berlin, Eberhard Diepgen (CDU), über Preußen.

Es war nicht die Rede davon, daß Preußen verdientermaßen untergegangen ist und 1947 wegen seiner unseligen Rolle in der deutschen Geschichte durch den Alliierten Kontrollrat aufgelöst wurde.

In den Gedenkreden wurde auch nicht über Militarismus, Vormachtstreben und Kadavergehorsam gesprochen, sondern von sogenannten preußischen Tugenden, die es zu bewahren gälte.

Ich kam mit der Geschichte Preußens im Jahre 1965 durch meine Diplomarbeit intensiver in Berührung. Sie beschäftigte sich mit der Auseinandersetzung über die Beteiligung an den preußischen Landtagswahlen in der deutschen Sozialdemokratie Ende des 19. Jahrhunderts. In Preußen wurde damals nach einem undemokratischen, den Adel und die Großgrundbesitzer bevorteilenden »Dreiklassenwahlrecht« gewählt, und für die Sozialdemokratie stand die Frage: Teilnahme oder Boykott.

Ich selbst hatte mit den Namen meiner Heimatstadt so meine

Schwierigkeiten. Wenn ich in der DDR nach meiner Geburtsstadt gefragt wurde, antwortete ich in der Regel: »Königsberg, heute Kaliningrad.« Nur *Königsberg* zu sagen, hätte ein Ausdruck von Nichteinverständnis mit den Festlegungen des Potsdamer Abkommens sein können. So dachte ich aber nicht. Mit Revanchismus hatte ich nichts am Hut, im Gegenteil.

Eine bessere Antwort schien mir zeitweise: »Kaliningrad, früher Königsberg.« Es war aber historisch nicht ganz zutreffend, denn ich wurde nun einmal in Königsberg geboren.

Obwohl man seit dem Zusammenbruch der Sowjetunion wieder nach Königsberg reisen kann, habe ich nie das Bedürfnis gehabt, eine Reise zu buchen. Ich habe keine Erinnerungen an die Stadt, und die Berichte über sie, die es nunmehr in ausführlicher Form in Filmen und Büchern gibt, sind nicht ermutigend. Vom alten Königsberg ist so gut wie nichts mehr erhalten, lediglich die Universität wurde wiederhergestellt. Es überwiegen unschöne Neubauten, Verfall und Tristesse.

In Königsberg geboren und aus dieser Stadt geflüchtet zu sein, brachte mir nach der Wende einen unerwarteten kleinen Geldregen. Ich erhielt als »Vertriebener« nach dem Beitritt der DDR zur BRD im Jahre 1998 eine Summe von 4.000 DM als »Entschädigung« für erlittene Unbill überwiesen. Aufgrund meiner unsicheren wirtschaftlichen Zukunft konnte ich mich nicht entschließen, auf die Summe zu verzichten. Nun hoffe ich, daß die Geschichte mich freisprechen wird.

Nachkriegszeit in der »Kohle«

Unsere Flucht aus Königsberg endete in Regis-Breitingen, einer kleinen Stadt im sächsischen Braunkohlerevier. Nach einer Nacht auf Stroh in einer Lagerhalle erfolgte die Aufteilung der Flüchtlinge auf die umliegenden Dörfer.

Wir kamen nach Heuersdorf, einem Dorf 30 km südlich von Leipzig. An die Ankunft habe ich eine lebhafte Erinnerung. Es ist die wohl erste, die mein kindliches Gehirn bewußt speicherte. Das Auto hielt an einer Kirche, das Brummen des Motors verstummte. Ich saß auf dem offenen Verdeck des LKW zwischen fremden Menschen, Koffern und Kisten. Es war noch dunkel und kalt. Schweigend stiegen alle ab, wir Kinder und das Gepäck wurden heruntergereicht. Dann setzten wir uns auf die Koffer und warteten.

Heuersdorf zählte 1944, wie ich später hörte, ungefähr 300 Einwohner. Der Ort bestand aus Dreiseiten-Bauernhöfen, daneben gab es viele kleinere Reihenhäuser, in denen die »Häusler« lebten – Schmiede, Stellmacher, Sattler und andere Handwerker, die die Landwirtschaft brauchte und die zumeist auf dem großen Rittergut angestellt waren.

In Heuersdorf lebten auch etliche Bergarbeiter, die in der Kohlewirtschaft arbeiteten. Diese hatte sich seit Beginn des 20. Jahrhunderts stark entwickelt. Rohbraunkohle wurde erst im Tiefbau, später in Tagebauen gefördert und in den Brikettfabriken in Deutzen, Ramsdorf und Großzössen verarbeitet. Das sollte später, nach 1990, zu einem Problem führen. Heuersdorf geriet in die Schlagzeilen, weil seine Bürger hartnäckig gegen eine Abbaggerung des Ortes durch das anglo-amerikanische Bergbaukonsortium Mibrag (Mitteldeutsche Braunkohlengesellschaft mbH) protestierten, das mit Unterstützung der sächsischen Landesregierung die unter der Ortschaft liegende Braunkohle abbauen wollte. Die sich über Jahre hinziehende Auseinandersetzung wurde von Seiten der Landesregierung mit Zuckerbrot und Peitsche geführt. Ministerpräsident Biedenkopf und sein Wirtschaftsminister Schommer schreckten bei der Durchsetzung der Interessen des Kohlekonzerns auch nicht vor üblen Tricks zurück. So wurde der Ort seiner Eigenständigkeit beraubt und Regis-Breitingen zugeschlagen, also eingemeindet. Nach einer Klage mußte diese Verwaltungsentscheidung jedoch rückgängig gemacht werden. Dennoch ist gegenwärtig noch nicht klar, ob Heuersdorf überleben wird.

Nach den Briefen meiner Großmutter zu urteilen, schien 1944 die »Volksgemeinschaft«, wie die unter den Folgen des Krieges leidende deutsche Zivilbevölkerung in der Nazipropaganda hieß, bei der Unterbringung der »Flüchtlinge« in Heuersdorf einigermaßen funktioniert zu haben. Wir wurden auf dem Rittergut Großhermsdorf, das 1935 in die Gemeinde Heuersdorf eingegliedert worden war, im sogenannten Herrenhaus untergebracht. Dort erhielten wir in der 1. Etage zwei möblierte Zimmer, Kleidung, Hausrat und eben das Notwendigste. Das große und stabile Haus verfügte über einen sehr geräumigen Keller, der als Luftschutzraum diente. In den folgenden Monaten saßen wir dort oft während der nächtlichen Bombenangriffe, meistens überflogen die Verbände den Raum Heuersdorf nur. Eine blaue Glühbirne verbreitete ein geisterhaftes Licht. In Decken gehüllt, jeder mit sich selbst beschäftigt, lauschten wir angstvoll auf das, was draußen geschah. Nur manchmal wurden über dem Ort Bomben ausgeklinkt. Ich erinnere mich an Flammen auf dem Rittergut, als wir eines Nachts nach der Entwarnung nach draußen gelaufen waren.

Auch ein Tieffliegerangriff ist mir noch im Gedächtnis haftengeblieben. Meine Mutter war mit mir zum Arzt in Richtung Hauptdorf unterwegs. Plötzlich sprangen Flugzeuge über die Dächer der Bauerngehöfte. Um dem Beschuß durch das Maschinengewehr zu entgehen, warfen wir uns in den Straßengraben. Der Pilot, den man deutlich in der Kanzel der Maschine erkennen konnte, schoß zum Glück nicht.

Zuerst wurde das Dorf durch amerikanische Truppen besetzt, später kam die Rote Armee. Bevor die »Amis« abzogen und der neuen Besatzungsmacht Platz machten, plünderten sie das Dorf gründlich. Aus unserer Wohnung wurden alles vorhandene Geld, der Schmuck und die Bestecke entwendet, während wir im Keller saßen.

In den von meiner Großmutter hinterlassenen Briefen beschwerte sie sich bitter über die Plünderer. Hatte sie ernsthaft geglaubt, daß es in den von der deutschen Wehrmacht überfallenen und besetzten Ländern anders zugegangen war?

1946 starb meine Großmutter. Sie wurde auf dem Friedhof der Taborkirche begraben, die heute noch als Zentrum der Heuersdorfer Gläubigen existiert. Ihr Grab ist nicht mehr vorhanden.

Ich habe an meine Oma keine ausgeprägten Erinnerungen mehr, da sie bald nach der Unterbringung in Heuersdorf erkrankte, bettlägerig wurde und sich nicht mehr mit uns Kindern beschäftigen konnte. Nach den Erzählungen meiner Mutter habe ich von ihr ein gewisses Schreibtalent und die Spottlust geerbt.

Durch ihren Tod fiel die Rente, die wichtigste finanzielle Einkunft unserer Familie, weg, und meine Mutter, die eigentlich den Besuch eines Neulehrerkurses geplant hatte, mußte sofort Geld verdienen und sich deshalb nach Arbeit umsehen. Sie erhielt eine Stelle als Arbeiterin im drei Kilometer entfernten Braunkohlenwerk Deutzen, das zu einer »Sowjetischen Aktiengesellschaft« (SAG »Brikett«) umgewandelt worden war. In den ersten Jahren war sie in der Schwelerei tätig, später in der Betriebsverkaufsstelle für Lebensmittel. In dieses Werk lief sie nun jeden Tag quer über die Felder, bei Wind und Wetter.

Die Schwelerei (Braunkohleentgasung) war jener Teil des Braunkohlenwerkes, der die Gesundheit am meisten schädigte. Wer einmal in einer Schwelerei war, vergißt den giftigen Gestank nie. Als Schüler arbeitete ich einmal im Unterrichtspraktikum in den Ferien im Braunkohlenwerk Rositz und in der berüchtigsten Dreckschleuder des Kreises Altenburg, im Teerverarbeitungswerk Rositz.

In den umliegenden Orten, vor allem in Deutzen, hatte man ständig den Geschmack von Kohlenstaub im Mund. Im Winter bildete sich über dem Schnee eine schwarze Kruste aus feinen Körnern und Kohlepartikeln. Das Eis auf den offenen Gewässern wurde braun und stumpf. In der Pleiße, in die die stark phenolhaltigen braunen Abwässer geleitet wurden, erstarb jegliches Leben. Doch das Werk gab vielen Menschen Arbeit und Brot, seine Produktion war der Motor der Wirtschaft.

Unsere kleine dreiköpfige Familie erhielt 1946 zwei Zimmer bei der Familie Dreiße in Deutzen, einem großen Dorf an der Bahnstrecke Leipzig-Altenburg-Plauen, drei Kilometer von Heuersdorf entfernt. Der Ort zählte damals etwa 3.000 Einwohner und war geteilt in *Altdeutzen* mit Rittergut, Schloß und Kirche sowie umliegenden Bauernhöfen, und in *die Siedlung*, die im Zusammenhang mit dem Abbau der Braunkohle und ihrer Verarbeitung entstanden war. Die Wohnung, in die wir im Oktober 1946 zur Untermiete einzogen, befand sich in der ersten Etage eines zweigeschossigen Wohnhauses, das die Grenze des ehemaligen Rittergutes in Altdeutzen bildete.

Meine Mutter gehörte durch ihre Tätigkeit im Braunkohlewerk nun zur Arbeiterklasse, der die besondere Aufmerksamkeit in der neuen antifaschistisch-demokratischen Ordnung zuteil wurde.

Sie war außerdem in einem volkswirtschaftlich wichtigen Bereich tätig, der nicht zuletzt wegen der Reparationsleistungen an die Sowjetunion Bedeutung hatte. Drittens war sie Anfang des Jahres 1946 der SPD beigetreten, die sich am 22. April 1946 mit der KPD zur Sozialistischen Einheitspartei Deutschlands (SED) vereinigte.

So bestand insgesamt eine günstige Ausgangsposition für eine gewisse soziale Sicherheit unserer Familie. Der Staat sorgte für seine Werktätigen. Und der Weg zum Werk war nun für meine Mutter nur noch 15 Minuten lang. Später konnte sie ihn noch schneller bewältigen. Ihr wurde ein Damen-Fahrrad mit Vollgummibereifung kostenlos zugeteilt. Auf dieser »Mühle« lernte ich das Radfahren, das war eine aufregende Sache. Ich habe heute noch eine sichtbare Erinnerung an dieses Monstrum, da ich mir an der Kante des gleich hinter dem Sattel abgebrochenen Schutzbleches eine lange Fleischwunde in den Unterschenkel riß, von der eine respektable Narbe geblieben ist.

Als Ausgleich für die schweren Arbeitsbedingungen erhielt meine Mutter wie alle Bergarbeiter jährlich 30 Zentner extrem billige sogenannte Deputat-Briketts und Deputatkornbrand, den berüchtigten 60prozentigen »Grubenschnaps«. Diesen tauschte meine Mutter auf dem Schwarzmarkt in Getreide ein, das wir in einer nahegelegenen Mühle mahlen ließen.

Untermiete hieß: ein Schlafzimmer, ein zur Wohnküche umgerüsteter zweiter Raum und Mitbenutzung der Toilette. Wir Zwillinge durften in der ersten Zeit die Toilette nicht benutzen und gingen auf das Nachtgeschirr bzw. einen Eimer. Einmal zerbrach der gläserne Nachttopf, als ich es eilig hatte. Die Scherben zerschnitten mir den Hintern. Auch das Bad war für uns tabu. Wir durften nur Wasser holen und wuschen uns in einer großen Schüssel. Ständig wurden wir aufgefordert, leise zu sein und keinen Dreck zu machen, zu grüßen und nicht zu stören.

Unser Vermieter Rudolf D. arbeitete als kaufmännischer Angestellter, seine Frau Charlotte war Hausfrau und der Sohn Hans-Jochen ging bereits zur Schule.

Der »Alte«, wie wir ihn nannten, stellte ständig unserer Mutter nach und nutzte ihre Abhängigkeit als Alleinstehende mit zwei Kindern weidlich aus. Deshalb und wegen seines ständigen Herumnörgelns, manchmal gab es auch »Backpfeifen«, war er mir verhaßt. Seine Frau hingegen kümmerte sich sehr um uns, da unsere Mutter den ganzen Tag auf Arbeit war. Sie war einfach und verständnisvoll, wenn auch sehr redselig und klatschhaft veranlagt.

Wir schliefen zu dritt in einem großen Doppelbett, ich in dessen Mitte. Später erhielt ich ein Kinderbett für mich allein, während mein Bruder nun ein halbes Ehebett zur Verfügung hatte.

Eine große Überraschung für uns war die Zuteilung eines kleinen Stücks Ackerboden, damit wir Gemüse anbauen konnten. Ganz in der Nähe dieses Gartens wuchsen vier große Birnbäume, deren Ertrag wir uns mit der Familie Müller teilten, die unser Nachbar im Haus war. Die großen, harten, aber süßen Früchte nannten wir »Flaschenbirnen«. Herr Müller war Kutscher im Braunkohlenwerk und hielt zwei Pferde. Außerdem züchtete er noch Tauben, allerdings nur für den Kochtopf. Und Familie D. hielt, wie viele Einwohner des Dorfes, Hühner und Kaninchen.

Wir Kinder lernten Stück für Stück unsere neue Heimat kennen. In der großen Kirche, die 1728 erbaut worden war, mußten wir jeden Sonntag den Kindergottesdienst besuchen. Im Winter froren wir meist jämmerlich, aber der Pfarrer meinte: »In einem Gotteshaus wird man nicht krank.« Er selbst heizte in der Regel von innen ein.

Gleich neben unserem Wohnhaus befand sich die Schloßanlage, die 1945 zum Krankenhaus umfunktioniert worden war. Im Schloßpark funkelte ein großer Teich, der von schönen Trauerweiden umgeben war. Im Winter liefen wir dort Schlittschuh. Diese waren aus

Leichtmetall mit einer Stahlkufe, deren Preßbacken an den »hohen Schuhen« angeschraubt wurden. Wir nannten sie »Absatzreißer«.

Der Gasthof Joht hatte einen großen Saal, in dem alle Veranstaltungen des Dorfes stattfanden. Die Gaststube war den ganzen Tag geöffnet. Als ich sie eines Tages unbeobachtet betreten konnte, hing ich den Mund unter den Bierhahn, um endlich auch einmal den begehrten Gerstensaft zu kosten. Leider schoß mir nur eine Ladung Schaum über das ganze Gesicht.

In der Nähe der Schule befand sich das Geschäft des »Haareschneiders« Törpel. Der Meister, der uns in einem drehbaren Kinderstuhl die Haare schnitt, empfahl als erstrebenswerten Beruf natürlich den seinen: Man könne den Leuten auf den Kopf spucken. Gleich daneben hatte der Fleischer Günther seinen Laden. Jeden Sonnabend standen wir dort stundenlang nach Wurstbrühe an.

Die Grundnahrungsmittel waren in der ersten Zeit nach dem Krieg rationiert. Man erhielt Brot, Zucker, Fett nur auf Lebensmittelmarken, die die Verkäuferinnen aus den monatlich zugeteilten personengebundenen Karten herausschnitten.

Später wurde die Freihandelsorganisation HO gegründet, wo man ohne Marken, aber teurer einkaufen konnte. Einmal erwarb ich dort mit einer Zweimarkmünze, die ich aus der Manteltasche meiner Mutter geklaut hatte, Pralinen aus Süßstoff, die ich dann im Park heimlich aufaß.

Ich erinnere mich auch noch an das »Bäckerei- und Kolonialwarengeschäft« Arno Risse, auf dessen Verkaufstheke große Gläser mit bunten Bonbons standen, und das Textilgeschäft Noack, in dem man mit der Kleiderkarte, sogenannten »Punkten«, einkaufen konnte.

Nicht weit vom Rittergut entfernt floß die Pleiße, die schon damals verschmutzt war. In dieser Brühe, hinter einem Stauwehr, das bei dem jährlichen Hochwasser die Braunkohlentagebaue vor dem Überfluten sicherte, habe ich Schwimmen gelernt. Beim ersten Durchqueren des »Tiefen«, wie wir diesen Bereich nannten, wäre ich fast ertrunken. Ein großer Junge zog mich zum Glück dort heraus.

Wir Zwillinge besuchten in Deutzen zunächst den Betriebskindergarten des Braunkohlewerkes. In ihm wurden vor allem die Kinder der Arbeiterinnen untergebracht. Das Gebäude war eine langgestreckte Holzbaracke. 1949 brannte sie völlig ab. Glut war aus dem Küchenherd auf den Fußboden gefallen. Ich erinnere mich noch gut an die rauchende Trümmerstätte, auf der lediglich noch die beiden steinernen Schornsteine wie mahnende Finger in die Höhe ragten.

Das Regime im Kindergarten war streng. Bei Vergehen bekam man Schläge mit einem Lineal auf die Handflächen, die man hinhalten mußte, oder mit der Rückseite von Haarbürsten auf die Waden. Mein Bruder und ich waren mehrfach abgängig, wie man in Gefängniskreisen sagen würde. Als potentielle Ausreißer wurde man deshalb streng bewacht. 30 Jahre später sollte sich zeigen, daß mein Sohn diese Kindergarten-Fluchtneigung von mir geerbt hatte. Glücklicherweise lief er bei seinem Ausflug ausgerechnet der eigenen Mutter über den Weg.

Der Kindergarten hatte in der Nachkriegszeit einen riesigen Vorteil – die Verpflegung aus der Werksküche. Ich erinnere mich aber nur noch an die eklig süße und klumpige Mehlsuppe, zu der es einen »Rungsen« Schrotbrot gab. Brot und Zucker, beides sehr billig, bildeten in dieser Zeit unsere Hauptnahrung.

1948 wurden wir eingeschult. In meiner Zuckertüte befanden sich als Füllung vor allem süße Brötchen und Pflaumen.

Wir lernten das Schreiben mit Schiefertafel und Griffel. An der schwarzen Schreibtafel war mit Bindfaden der kleine Schwamm befestigt, mit dem die Schrift gelöscht wurde. Da er nur am Anfang naß war, sahen die Tafeln nach Unterrichtsende entsprechend verschmiert aus. Auch waren die Griffel von unterschiedlicher Qualität. Manche kratzten hart über die Tafel, das Geräusch ging einem durch Mark und Bein.

Wir absolvierten die ersten vier Klassen in einer »Zwergschule« im benachbarten Görnitz und wechselten dann in die Hauptschule nach Deutzen. Unsere Lehrerin in den ersten beiden Klassen hieß *Fräulein Müller*, wurde aber von allen wegen ihres Buckels nur »Asterwitzen« genannt. Sie brachte uns mit viel Mühe und dem damals eigentlich schon nicht mehr zulässigen Rohrstock Lesen und Schreiben bei. In dieser Zeit wurde mir erstmals die Bedeutung der Politik bewußt. Wir sollten Wörter mit den Anfangsbuchstaben »St« bilden, und ich erhielt ein demonstratives Sonderlob vor der Klasse, weil ich den Namen »Stalin« nannte. Hat dieses Erfolgserlebnis fürderhin aus dem Unterbewußtsein mein Tun und Lassen gelenkt?

Nach der Schule waren wir Kinder uns meistens selbst überlassen, was manchmal Folgen hatte. Wir bildeten im Dorf eine Bande, die die Obstgärten, vor allem den des Dorfpfarrers Vetter, im Sommer und Herbst plünderte, Felddiebstahl beging und allerlei anderen Unsinn verzapfte. Der Bandenchef Jürgen Nitzschke wurde später Boxer. Mein Bruder war sein »Stellvertreter«. Ich wurde zum Bandendoktor bestimmt und stattete die Erste-Hilfe-Apotheke mit Heilmitteln aus, die ich zu Hause klaute. Wir bastelten uns Katapulte, um im Kampf gegen andere Banden, insbesondere aus der Siedlung, bestehen zu können. Unsere »Molotowcocktails« waren mit Karbid und Wasser gefüllte Flaschen, den Karbid besorgten wir uns im Werk.

Beim Durchstreifen der ehemaligen Bunker der SS in der *Kippe*, einer Abraumhalde, fanden wir öfter Gewehrmunition. Wir öffneten die Patronen und erfreuten uns an den hohen Stichflammen des Pulvers. Eine weitere Unsitte war es, große Hohl-Schlüssel mit Streichholzkuppen zu füllen, einen großen Nagel, der mit Bindfaden am Schlüsselgriff befestigt war, als Bolzen auf die Ladung zu stecken und diese Kupplung dann an Betonmasten oder Mauerecken zu schlagen. Bei der Explosion zerfetzte es häufig den Schlüssel. Passiert ist zum Glück nie etwas, wir hatten offenbar Schutzengel.

Da zu unserer Bande auch der Sohn des Glöckners gehörte, drangen wir mit Hilfe des dem Vater entwendeten Schlüssels öfter in die Dorfkirche ein. Dabei kam es einmal zum Läuten der großen Glocke, als mein Bruder an dem entsprechenden Seil turnte. Wenn im Dorf außerhalb der bekannten Zeiten die Glocke läutete, konnte es sich nur um einen Brand oder ein anderes schlimmes Ereignis handeln. Wir wurden jedenfalls bei unserer Flucht aus dem Gotteshaus schon an der Tür von alarmierten Leuten mit Prügel empfangen. – In dieser Zeit wurde auch der Grundstein für meine spätere atheistische Haltung gelegt.

Wir Zwillinge mußten der guten Sitte wegen wöchentlich zweimal am Religionsunterricht teilnehmen, der, getrennt von der Schule, im Pfarrhaus und eigentlich auf freiwilliger Basis erfolgte. Jeden Sonntag wurde darüberhinaus der Besuch des Kindergottesdienstes gefordert. Außerdem mußten wir im Kirchenkinderchor singen, der zu Kindtaufen, Hochzeiten und Beerdigungen auftrat. Kindheitserlebnisse sind prägend: Als ich später am Oberschulinternat freiwillig in den Schulchor »eingetreten wurde«, nutzte ich die erstbeste Gelegenheit, um mich wieder zu verabschieden.

Der künstlerische Höhepunkt in der Zeit meiner Zugehörigkeit zum Kirchenchor in Deutzen war für mich die Rolle des Hirten im weihnachtlichen Krippenspiel. Dieser sieht den Stern zu Bethlehem fallen. Ich stand, auf einen Hirtenstab gestützt, im Stroh, legte eine Handkante an die Stirn, machte einen Ausfallschritt und blickte staunend nach oben.

Mit dem Pfarrer gab es immer Ärger. Zu Rausschmissen aus den Religionsstunden wegen Unaufmerksamkeit und Schwatzen kamen Beschwerden über mein Verhalten im Kindergottesdienst. Während der Pfarrer auf der Orgel spielte, falteten mein Bruder und ich aus den losen Blättern der alten Gesangbücher Papierflugzeuge und ließen diese in Richtung Altar fliegen. Im wehenden Talar erschien Pastor Vetter danach in unserer Wohnung, um sich bei meiner Mutter zu beklagen. Diese besänftigte ihn meist mit einigen Rübenschnäpsen, den der Kutscher Müller heimlich brannte. Wegen seiner Vorliebe für Gebrannten wurde der Herr Pfarrer vorzeitig von seinem HERRN abberufen.

Die Kinder des alten Dorfes liefen den ganzen Sommer über barfuß. Es gab einen Wettbewerb, wer im Frühjahr als erster ohne Schuhe und Strümpfe daherkam. Wenn es kalt wurde, trugen wir lange braune Strümpfe, die an den Strumpfhaltern des sogenannten Leibchens befestigt waren. Bei großer Kälte wurden Skihosen getragen. Das waren an den Knöcheln verknöpfbare Hosen aus festem Stoff.

Meine politische »Karriere« begann in der 5. Klasse. Aufgrund meiner guten schulischen Leistungen und meines Organisationstalentes wurde ich zum Gruppenratsvorsitzenden der Klasse gewählt. Ich war Mitglied der Pionierorganisation und trug das blaue Halstuch, das mit einem besonderen Knoten um den Hals getragen wurde. Dazu gehörte ein weißes Hemd. Die Funktionäre waren mit Rangabzeichen gekennzeichnet mit einem, zwei oder drei blauen Balken am Oberarm. Ich erhielt nach meiner Aufnahme einen kleinen blauen Pionierausweis, in dem neben den Personalien die Pioniergesetze standen. Diese forderten von uns, fleißig zu lernen, die Lehrer und Eltern zu achten, überall zu helfen und natürlich unsere Heimat zu lieben. Für uns war das alles eine feine Sache. Begeistert vollbrachten wir gute Taten, wie sie uns die Pioniere in Arkadij Gaidars Buch »Timur und sein Trupp« vorgemacht hatten. Wir halfen bei der Ernte, hüteten Kühe, sammelten schwarzgelb gestreifte Kartoffelkäfer und die braunflügeligen Maikäfer.

Leider fand die Kinderzeit in Deutzen ein abruptes Ende. 1954 zogen wir nach Altenburg, wo meine Mutter eine Stelle in der Löwenapotheke erhalten hatte. Jetzt konnte sie endlich wieder in ihrem erlernten Beruf arbeiten.

Neue Heimat Altenburg

Was bedeutet Heimat? Wo ist die Heimat? Meine Mutter hatte sich 1994, im Alter von 82 Jahren, noch überreden lassen, dem Bund der Vertriebenen (BdV), Landsmannschaft Ostpreußen, beizutreten. Was hatte sie bewogen, der Werbung des BdV-Akquisiteurs nachzugeben? Sie hatte keine Bekannten in der Landsmannschaft, Ostpreußen war ihr nie ans Herz gewachsen, und das Brauchtum interessierte sie nicht. Hatte ein diffuses Heimatgefühl ihre Entscheidung begünstigt?

Der Begriff »Heimat« ist in der Vergangenheit wiederholt nationalistisch mißbraucht worden. Der Bund der Vertriebenen war in unseren Augen ein »Revanchistenverband«. Zumindest das Führungspersonal forderte die Revision der Grenzen, die nach dem zweiten Weltkrieg gezogen worden waren. Das Potsdamer Abkommen wurde infrage gestellt, man forderte Schlesien, Pommern und Ostpreußen sowie das Sudetengebiet zurück. Solche Forderungen gefährdeten zwar nicht die Sicherheit in Europa. Aber wenn die Bundesregierung den BdV materiell unterstützte und Regierungsvertreter auf den Landsmannschaftstreffen auftraten, war der Verdacht nicht von der Hand zu weisen, daß es zwischen den »Heimatvertriebenen« und der offiziellen Politik eine Übereinstimmung der Interessen gäbe.

Die DDR hatte aus verschiedenen Gründen Schwierigkeiten mit dem Begriff »Heimat«. Im Fahneneid der Volksarmee wurde der Begriff »Heimat« durch »Vaterland« ersetzt, was nicht ausschließlich politisch begründet wurde. »Heimat« war so tümelnd und roch nach Kitsch, Kleinbürgerlichkeit und falschen Gefühlen ... Wir zogen 1954 in eine Wohnung, die, im zweiten Obergeschoß der Löwenapotheke, im Zentrum der Stadt lag. Bis zum Markt mit seinem Rathaus und vielen Geschäften waren es wenige Schritte. Links und rechts der Apotheke lagen zwei kleinere, ebenfalls von vielen Läden gesäumte Plätze, der Korn- und der Topfmarkt. Das sollte nun meine Heimat werden.

In unserer Dreiraum-Wohnung hatte vorher der verstorbene Facharzt für Haut- und Geschlechtskrankheiten, Dr. Back, praktiziert. In der gleichen Etage wohnten der Hausmeister mit seiner zänkischen Frau und der Tochter sowie die verblühte Witwe des Arztes. Das war eine ehemalige Bardame, die der Ehemann wohl im Zusammenhang mit seinem ärztlichen Fachgebiet kennengelernt hatte und sich mit »Frau Doktor« anreden ließ. Von ihr hörte ich die erste Zote meines Lebens: eine Frau in Spitzenhöschen sehe aus wie der Spitzbart hinter der Gardine, was sicherlich nicht politisch gemeint war.

Die drei mittelgroßen Praxisräume lagen hintereinander. Zuerst kam das ehemalige Wartezimmer, das wir als Wohnzimmer nutzten, denn es war als einziges durch einen großen dunkelgrünen Kachelofen beheizbar. Danach folgte das Behandlungszimmer, das einen separaten Seitenausgang besaß, durch den früher Arzt und Schwester ungesehen ein- und ausgehen konnten. Da es hier einen Wasseranschluß gab, wurde das Zimmer zur Wohnküche umfunktioniert. Im dritten Raum stellten wir unsere Betten auf. Das Schlafzimmer hatte keinen Ofen und konnte aufgrund nasser Wände nur in den warmen Jahreszeiten genutzt werden. Im Winter schleppten wir täglich die Matratzen ins Wohnzimmer und schliefen auf dem Fußboden bzw. auf dem noch aus Heuersdorf stammenden alten Sofa.

Trotzdem war die Wohnung zumindest von der Größe her eine Verbesserung gegenüber Deutzen. Es gab allerdings nur eine Toilette für alle auf der Etage wohnenden Parteien und kein Bad. Wir besuchten deshalb jeden Freitag das »Marienbad« in der Nähe des sogenannten Kunstturmes, wo wir für eine Mark ein heißes Wannenbad nehmen konnten. Meine Mutter ging in ihrer Dienstkleidung, einem weißen Apothekerkittel, zur Arbeit, was außerordentlich günstig war, da sie dadurch Geld für Kleider sparte. Ihr monatlicher Verdienst betrug damals 358 Mark netto, später 412 Mark. Ich wundere mich noch heute, wie sie damit zwei Jungen großbekommen konnte. Für die Erfüllung persönlicher Wünsche war folglich selten etwas übrig. Ab und zu konnten wir ins Kino gehen, dessen Preise, vom Staat subventioniert, sehr niedrig waren. Urlaubsreisen gab es so gut wie nicht. Wir Kinder fuhren in Ferienlager.

Schon in der 7. Klasse nutzte ich deshalb die erste Gelegenheit, um ein paar Mark zu verdienen. Ich arbeitete in Paditz, einem Dorf bei Altenburg, beim Bauern Pohle als Erntehelfer und half beim Getreidedrusch. Vom Geld habe ich mir die *Pouva Start*, einen Fotoapparat, für 16,50 Mark gekauft.

Meinen ersten richtigen »Job« verrichtete ich im Sommer 1956 im Tagebau-Neuaufschluß Haselbach. Ich wurde in eine Geleiskolonne eingereiht und verdiente 1,28 Mark in der Stunde. Von dem Lohn kaufte ich mir Kleidung. Ich jobbte in den Folgejahren als Polierer im Omega-Staubsaugerwerk, als Fräser im Nähmaschinenwerk, als Arbeiter in der Brikettfabrik Rositz und und als Gütertaxifahrer im Kraftverkehr. Dadurch lernte ich schon beizeiten nicht nur körperliche Arbeit kennen, sondern auch die Arbeiterklasse – und zwar so, wie sie wirklich war und nicht, wie sich die Parteiführung sie vorstellte und ihre Propaganda sie zeichnete.

In Altenburg besuchten wir Zwillinge die »Frauenfelsschule«, eine reine Knabenschule. Neben dem karreeförmigen dunklen Gebäude befand sich ein weiterer Kasten, die »Lutherschule« für Mädchen. Die Trennung nach Geschlecht war für mich neu, denn in Deutzen waren wir in gemischten Klassen unterrichtet worden, was natürlich bedeutend interessanter war. Wer im Dorf »zusammenging«, dokumentierte das z. B. durch das Tragen von Stecknadeln mit gleichfarbigen Köpfen an der Kragenspitze des Hemdes oder der Bluse.

Meine erste Freundin lernte ich erst in der 8. Klasse anläßlich eines Leichtathletiksportfestes in der nahegelegenen Kreisstadt Zeitz kennen. Sie hieß Annette B. und war die Tochter meiner Quartiereltern. Das waren vorsichtige Leute. Als sie abends ausgingen, schlossen sie ihre Tochter in ihrem Zimmer ein. Ich unterhielt mich mit Annette durchs Holz. Sie gestattete mir allerdings durch das Schlüsselloch einen Blick auf ihre Gestalt im Nachthemd. Wir schrieben uns danach harmlose »Liebes-Briefe« und besuchten uns heimlich gegenseitig in Zeitz und in Altenburg. Es war alles sehr aufregend, doch die räumliche Entfernung ließ die romantische Schülerliebelei bald sterben.

In Altenburg schloß ich in der 7. Klasse Freundschaft mit zwei Mitschülern meiner Klasse, Wolfgang R. und Dieter K. Wolfgang war Sohn des Chefs der Kasernierten Volkspolizei (KVP) in Altenburg und wohnte mit seinen Eltern und zwei Schwestern in einer Villa im Süden der Stadt. Materiell ging es ihm sehr gut. Er entbehrte nichts. Familie R. besaß eines der ersten Fernsehgeräte in der Stadt, einen »Rembrandt«. Unsere Familie hatte noch nicht einmal ein Radio, da unser Volksempfänger, die »Goebbelsschnauze«, den wir von Königsberg über die Zeit gerettet hatten, seinen Geist aufgegeben hatte.

Dieter war der Sohn einer Kellnerin. Seinen Vater kannte er nicht. Bei der Mutter lebte noch eine ältere Stiefschwester. Die drei wohnten in einer Zweiraum-Wohnung am Rande der Stadt, was auch insofern ungünstig war, als die Mutter öfter Männer mit nach Hause brachte. Solche Beobachtungen führten zu einer gewissen Frühreife. Dieter prahlte mit seinem Wissen, aber er war sehr kameradschaftlich, hilfsbereit und außerdem ein schlagstarker Boxer. Gemeinsam besuchten wir später die Oberschule Windischleuba, er war aber den schulischen Anforderungen nicht gewachsen und auch nicht gerade fleißig. Er wollte zwar Box-Olympiasieger werden, aber überschätzte sich auch im Sport. Ich versuchte ihm zu helfen, aber auch das brachte nichts. Nach der 9. Klasse verließ er die Schule. Später verlor sich seine Spur.

Da ich bereits in Deutzen aktiv in der Pionierorganisation gearbeitet hatte und es mir Spaß machte, zu organisieren, engagierte ich mich auch an der Frauenfelsschule. So wurde ich bald in den Freundschaftsrat der Pionierorganisation gewählt und durfte am II. Pioniertreffen 1955 in Dresden teilnehmen. Diese Pioniertreffen waren auch gedacht als Demonstration der Fürsorge der SED für die Jugend. Wir Pioniere sollten außerdem unsere Zustimmung zur Politik der SED zeigen. So zogen wir bei der großen Kundgebung durch die Straßen Dresdens und riefen Losungen wie: »Wir lieben, wir lieben, wir lieben Wilhelm Pieck und unsre und unsre und unsre Republik«. Und: »Wir brauchen einen Vogelbauer für den Verräter Adenauer. Doch nein, ein Vogelbauer ist zu klein, es muß ein Raubtierkäfig sein.«

In Altenburg gab es ein »Haus der Jungen Pioniere«, in dem viele Arbeitsgemeinschaften tätig waren. Dort wurde gebastelt, musiziert und Sport getrieben. Ich wurde Mitglied der AG Literatur, die sich immer in der Maxim-Gorki-Bibliothek traf und von deren Leiterin, Ruth Heuer, betreut wurde. Wir halfen bei der Ausleihe in der Kinderbibliothek mit, veranstalteten Buchbesprechungen und luden Kinderbuchautoren zu Lesungen ein. Dadurch lernte ich Alex Wedding kennen. Die Berliner Schriftstellerin hatte sehr populäre Bücher (»Das Eismeer ruft«, »Das eiserne Büffelchen) verfaßt. Seit dieser Zeit ist Lesen eines meiner Hobbys. Meine Mutter besaß ungefähr zwölf Bücher von Karl May, diese hatte ich bereits mehrmals gelesen. Insbesondere die ersten sechs Bände, in denen Kara Ben Nemsi und Hadschi Halef Omar Abenteuer im Vorderen Orient erlebten, aber auch Winnetou und Old Shatterhand fesselten mich. Durch Büchertausch mit Freunden habe ich von den zirka 60 May-Bänden bestimmt die Hälfte gelesen. Damals las ich auch einige Kriminalromane von Edgar Wallace. Auch dieser Autor war, wie Karl May, in der DDR zwar nicht verboten, aber unerwünscht. Es gab sie nicht in den staatlichen Bibliotheken. In Altenburg existierte aber auch die private Leihbücherei Reinhold, die für dreißig Pfennig pro Titel und Woche auch Wallace verlieh.

Ich las viele sowjetische Bücher, die sich meist mit dem Großen Vaterländischen Krieg gegen den deutschen Faschismus beschäftigten. Der Roman »Die junge Garde« über den Kampf einer Komsomolzen-Gruppe im Hinterland des Feindes ist mir noch in Erinnerung.

Natürlich kam ich über Klassenkameraden auch mit »Schundliteratur« in Berührung. So wurden die bunten Comic-Hefte und Groschenromane aus dem Westen bezeichnet. Insbesondere der Sohn des Bäckers Nisito und der Sohn des Uhrmachermeisters Beck verfügten ständig über die neuesten Ausgaben. So wurde ich mit Tarzan, Donald Duck und Bill Jenkins bekannt.

Bedeutenden Einfluß auf mein politisches Denken hatte das Kino. Die Filmtheater, wie man sie nannte, erfreuten sich insgesamt eines großen Zuspruchs. Begünstigend waren dafür auch die niedrigen Eintrittspreise. Wir bezahlten für Kindervorstellungen 25 Pfennige und ab 14 Jahren 0,50 bis 1,00 Mark. Es gab in Altenburg drei Kinos. Das erste Haus am Platze war das *Capitol,* ein Halbrundbau, direkt am malerischen Großen Teich gelegen, den eine mit Bäumen bewachsene Promenade umgab. Es faßte ungefähr 300 Besucher und hatte knarrende Holzklappstühle. Dann gab es noch die *Residenzlichtspiele* am Pauritzer Teich gegenüber dem Schloß und das *Union-Theater.*

Mein Thälmann-Bild wurde zum Beispiel maßgeblich durch die beiden DEFA-Filme geprägt, die 1954 und 1955 in die Kinos kamen. »Ernst Thälmann – Sohn seiner Klasse« und »Ernst Thälmann – Führer seiner Klasse« hießen die aufwendigen Streifen. Ich erinnere mich auch noch gut an den sowjetischen Dreiteiler »Der Fall von Berlin«, der das militärische Ende Hitlerdeutschlands aufzeichnete und sehr stark die Rolle Stalins hervorhob.

In den 50er Jahren liefen viele politische und historische DEFA-Filme in den Altenburger Kinos. »Der Teufelskreis« über den Reichstagsbrandprozeß gegen Georgi Dimitroff mit Jochen Brockmann in der Hauptrolle; »Schlösser und Katen« über die demokratische Bodenreform nach 1945 und »Der Hauptmann von Köln« mit Rolf Ludwig. Dieser spielt die Rolle eines arbeitslosen Kellners, der als ehemaliger Hauptmann der Wehrmacht Karriere in der BRD macht. Besonders beeindruckten mich »Eine Berliner Romanze«, der erste Film mit der in einem Berliner Glühlampenwerk entdeckten Annekathrin Bürger, und »Das Lied der Matrosen« über die Novemberrevolution 1918.

Großes Interesse gab es für Westfilme. »Wenn der weiße Flieder wieder blüht« mit Romy Schneider sorgte an den Kassen für lange Schlangen, die über den ganzen Vorplatz des *Capitols* reichten. Stadtgespräch waren auch der Zweiteiler »Der Graf von Monte Christo« und der schwedische Film »Sie tanzte nur einen Sommer.« Dieser Film war für Besucher unter 18 Jahren verboten, und wir mußten uns ins Kino schwindeln, um die halbnackte Ulla Jacobsen zu sehen.

In der Frauenfelsschule war eine Schulsportgemeinschaft gebildet worden, in der auch Handball gespielt wurde. Mein Bruder und ich, beide sportlich und hochgewachsen, wurden Mitglieder der Schulmannschaft. Später wurde sie übernommen durch die Betriebssportgemeinschaft (BSG) der metallverarbeitenden Betriebe, »Motor Altenburg«. Ehrenamtliche Übungsleiter leiteten das Training, wir nahmen am Wettkampfbetrieb des Kreises teil. Die Schülermannschaften spielten 1955/56, als es bei den Männern noch Großfeldhandball gab, im Sommer auf einem Kleinfeld und im Winter in der Halle. Wir trainierten in einer ehemaligen Reit-Halle, dem Marstall. Der festgestampfte Lehmboden war mit rotem Sandbelag, ähnlich einem Tennisplatz, bedeckt. Die Halle war nicht heizbar, so daß wir nur spielen und trainieren konnten, wenn keine Minusgrade herrschten. Lediglich der Umkleideraum auf der ehemaligen Galerie hatte einen Kanonenofen. Briketts zum Heizen brachten wir anfangs von zu Hause mit. Für Zuschauer war nur am Hallenrand etwas Platz. All das war für uns uninteressant. Wir spielten begeistert und ehrgeizig Handball, kämpften, siegten oder verloren. Ich habe auf dem Großfeld bis zu seiner Abschaffung wegen zu geringem Zuspruchs im Jahre 1966 gespielt, zuletzt in der 2. Liga bei der SG Dynamo Leipzig. Da war ich bereits Mitarbeiter des MfS.

Aus dem Kern der Schüler- und Jugendmannschaft bildete sich eine Clique. Wir spielten regelmäßig Skat und Poker, trafen uns sonntags im Ratskeller zum Frühschoppen und kegelten am Nachmittag auf der Bahn der Gartenanlage Ost. Leider passierte im Herbst 1961, als ich bereits bei der Armee war, eine schlimme Sache. Nach einem feucht-fröhlichen Abend in der Skat-Gaststätte »Passage« zog ein Teil der Clique singend und sicher auch grölend durch die Innenstadt. Ein Polizist in Zivil hielt sie an, wies sich aus und forderte sie auf, die Ruhestörung zu unterlassen. Leo K., ein Dachdecker und »Kumpel« zwar, aber DDR-feindlich eingestellt, schlug ihm das Dokument aus der Hand. Der Polizist versuchte Zeugen für den »Widerstand« gegen die Staatsgewalt aus der Gruppe festzuhalten, die sich aber wehrten und flüchteten. Noch in der gleichen Nacht wurden alle verhaftet: Leo K., der Schriftsetzer Klaus S., die Werkzeugmacherbrüder Dieter und Eckehard D., Ralf B., Verkäufer in einem Papierwarengeschäft, und Gerd S., Soldat auf Urlaub und Sohn eines Bäckermeisters. Alle wurden zu unverhältnismäßig hohen Gefängnisstrafen von 8 bis 20 Monaten, in zwei Fällen auf Bewährung, verurteilt. Ich war damals ehrlich entsetzt und konsterniert, entschuldigte das harte Vorgehen aber mit der angespannten politischen Lage.

In der 8. Klasse begann ich bewußter und fleißiger zu lernen. Direktor Dietz meinte, daß nur ein sehr guter Abschluß der Grundschule die Aufnahme in die Oberschule ermögliche. Ich wollte studieren und Lehrer werden. Vorbild und Motivation für den Berufswunsch lieferte mein Klassenlehrer Winter, ein ausgeglichener, umsichtiger und einfühlsamer Mensch. Nach den Abschlußprüfungen sammelte ich in der Klasse Geld für ein Abschiedsgeschenk. Wir kauften ein Likörservice. Es war ein hölzernes Faß, das in einem Gestell lag, an dem sechs kleine Becher eingehängt waren. Ich glaube aus heutiger Sicht nicht, daß Likör, aus solchen kleinen hölzernen Bechern getrunken, schmeckt.

Die Familie Winter hat das Service bestimmt nie benutzt. Trotzdem hat sich unser Klassenlehrer sehr darüber gefreut. Es war das erste Mal, daß ihm Schüler zum Abschied ein Geschenk machten.

Auch Geschichtslehrer Kästner war für mich ein gewisses Leitbild, da er einen interessanten Unterricht gab und sich als sehr belesen erwies. Nicht zuletzt war er mir deshalb sympathisch, weil er mich als *das Geschichtsgenie* der Klasse bezeichnete, was später Folgen haben sollte. Ich hatte in einer Klassenarbeit über die englische bürgerliche Revolution meine Ausführungen mit dem Satz begonnen: »Der englische Adel war aus den Rosenkriegen geschwächt hervorgegangen, was eine günstige Voraussetzung für den Aufschwung der bürgerlichen Kräfte darstellte.« Natürlich hatte ich in Geschichte, wie auch in meinen anderen Lieblingsfächern Deutsch, Gegenwartskunde und Erdkunde zum Abschluß eine Eins. Da mir im Zeugnis außerdem eine ausgezeichnete Arbeit als Junger Pionier bescheinigt wurde, stand dem Wechsel an die Oberschule nichts mehr im Wege. »In vorauseilendem Eifer«, wie man heute sagen würde, trat ich bereits Anfang der 8. Klasse in die FDJ ein. Ich suchte die Kreisleitung auf dem Weibermarkt in Altenburg auf und stellte einen Aufnahmeantrag. Aufgeregt rechnete ich mit einer Ablehnung, da ich erst 13 Jahre alt war. Aber das sah man scheinbar nicht so verbissen. Der sozialistische Jugendverband konnte jeden Neuzugang gebrauchen. Ich war stolz, jetzt auch dazuzugehören.

Im Kreis gab es zwei Oberschulen. Die Karl-Marx-Oberschule in Altenburg, deren Ausbildung mehr auf Sprachen orientiert war (A-Zweig) und die Oberschule Windischleuba mit Internat, orientiert auf Naturwissenschaften (B-Zweig). Ich entschied mich für den B-Zweig, was meiner Mutter recht war, da mein Aufenthalt auf dem Internat sie finanziell entlastete. Der Aufenthalt in diesem mit staatlichen Mitteln subventionierten Landschulheim kostete monatlich 120 Mark und war insbesondere Kindern von Arbeitern und Bauern vorbehalten. Ich erhielt als Kind einer Angestellten ein monatliches Stipendium von 45 Mark. Grundlage für die Berechnung dieses Stipendiums war nicht in erster Linie das Einkommen der Eltern, sondern deren Klassenzugehörigkeit. Arbeiter- und Bauernkinder erhielten fünfzehn Mark mehr ...

Im Landschulheim

Im Juli 2001 verbrachten meine Frau und ich einige ruhige und erholsame Tage auf der Ostseeinsel Hiddensee. Wir wohnten in der

Nähe von Kloster im Hotel »Klausner«, das sich im Norden des Eilandes unweit des Leuchtturms auf einer Klippe befindet. Von dort aus erkundeten wir die Insel zu Fuß und auf dem Fahrrad. Wir liebten es, auf dem sorgfältig gepflasterten Deich von Kloster nach Vitte zu fahren und ungefähr in der Mitte des Weges an einer Bank Halt zu machen, um den Blick über das Meer bis zur Küste von Rügen schweifen und die Seele baumeln zu lassen. Dabei fiel mir die farbige Vielfalt der Gräser und Blumen auf, die auch den Deich bedeckten. Leider hatte ich die meisten Namen der vielen Wiesenpflanzen vergessen. Ich erinnerte mich, daß wir auf der Oberschule im Biologieunterricht der 9. Klasse ein Herbarium angelegt hatten. Das war eine Sammelmappe von losen DIN A4-Blättern, auf denen trockengepreßte Pflanzen aufgeklebt waren, säuberlich nach Fundort und Bezeichnung beschriftet. Damals, es war das Jahr 1957, kannte ich die wichtigsten Wiesenpflanzen, denn wir hatten die gefundenen Exemplare anhand eines Pflanzenbuches sorgfältig bestimmt.

Nach unserem Inselurlaub habe ich das mit viel Mühe angelegte Herbarium aus meinen abgelegten Schulsachen hervorgekramt und mit nostalgischer Wehmut die 45 Jahre alten, inzwischen vergilbten Pflanzen betrachtet. Ich hatte sie 1957 im Park des Schlosses Windischleuba gesammelt, das als Oberschulinternat genutzt wurde und in dem ich von 1956 bis 1960 wohnte. Windischleuba lag vier Kilometer nördlich von Altenburg und zählte ungefähr 2.000 Einwohnern. Bekannt ist der Ort in Sachsen durch den Pleiße-Stausee, der ungefähr 250 ha Wasserfläche hat und als Naherholungsgebiet (Campingplatz, Gaststättenkomplex) genutzt wird. Im frühen Mittelalter kreuzten sich dort an einer Furt wichtige Handelsstraßen, zu deren Sicherung eine Wachburg erbaut wurde. Aus ihr entstand später das Schloß und Rittergut Windischleuba, das Anfang des 20. Jahrhunderts zu seiner heutigen Form durch den damaligen Eigentümer, Börries von Münchhausen, umgestaltet wurde. Münchhausen, der auch Balladen schrieb, setzte 1945, fast siebzigjährig, seinem Leben ein Ende.

Der »Junkersitz« sollte nach kurzzeitiger Nutzung durch die Rote Armee abgerissen werden, doch ein vernünftiger sowjetischer General, der in Weimar für das besetzte Thüringen verantwortlich war, verhinderte das. Er unterstützte den Vorschlag der Gemeinde, in den Räumen des Schlosses ein Landschulheim für Arbeiter- und Bauernkinder einzurichten und gleichzeitig die Grundschule Windischleuba zur Oberschule auszubauen. Ich vermute, daß in seinem Bücherregal das Buch von Makarenko »Der Weg ins Leben« stand. A. S. Makarenko hatte in der Sowjetunion nach der Oktoberrevolution Heime für Waisenkinder gegründet. Seine pädagogischen Erfahrungen und Erkenntnisse waren Richtschnur in der Sowjetunion und natürlich auch in der DDR.

Als ich mich im August 1956 mit Koffer und Tasche im Hof des Landschulheimes zur Einweisung einfand, bereiteten die 120 Internatsbewohner die 10. Jahrestagsfeier vor, das »Heimfest«.

Das Schloß war zum größten Teil von einem mit Wasser gefüllten Wallgraben umgeben und lag in einem weitläufigen, schönen Park, der am östlichen Rande von der Pleiße begrenzt wurde. Besonders idyllisch war eine breite, mit großen Linden gesäumte Allee, die direkt am Wallgraben entlang zu einem Pavillon führte, der von majestätischen Bäumen umgeben war. Das Schloß bestand aus einer großen Kernburg mit einem etwa 30 Meter hohen Turm im Zentrum, dessen Aussichtsplattform aber gesperrt war. Es führte eine breite steinerne Wendeltreppe hinauf, von der viele Gänge, kleine Treppen und Räume abzweigten, die der Burg eine romantische Unübersichtlichkeit verliehen, in der man sich verirren konnte. An den Ecken des Schlosses ragten runde Wachtürme empor, von denen zwei bereits in die Bauten integriert waren und zu Wohnzwecken genutzt wurden. Der dritte Wachturm war vollständig erhalten, durfte aber wegen Baufälligkeit nicht betreten werden, und der letzte bildete nur noch ein Torso, das Dach war eingefallen. Den Zugang zum Schloßhof versperrte ein großes schwarzes Gittertor.

Das Internat hatte einen großen Speisesaal im ehemaliger Rittersaal, der in der zweiten Etage der Kernburg lag. Die Speisen wurden durch einen handbetriebenen Aufzug von der Küche, die sich im Erdgeschoß befand, nach oben befördert. Den gleichen Weg nahm auch das Geschirr. Die Internatsbewohner schliefen in 24 Schlafräumen, die mit jeweils drei bis acht Betten belegt waren. Die Schularbeiten wurden in 18 Arbeitsräumen mit vier bis sechs Arbeitsplätzen erledigt. Dann gab es noch das »Lesezimmer« mit Schachecke und das Musikzimmer, in dem ein Flügel und ein Fernsehgerät standen. Hier probte meistens der Schulchor.

An den Fernsehabenden konnte man beobachten, wer mit wem »ging«, denn die Paare saßen in der Regel zusammen.

Im Erzieher-Arbeitszimmer befand sich eine große Sprechfunkanlage, von der die Räume, die meisten waren mit Lautsprechern ausgestattet, erreicht werden konnten.

Die zentrale Toilette im Erdgeschoß befand sich in einem katastrophalen Zustand. Das war wohl typisch DDR.

Im Internat lebten und lernten Mädchen und Jungen zusammen, was in den Jahren natürlich immer mal wieder zu wilden Gerüchten im Dorf führte. Es gab viele Freundschaften im Heim, die nicht gern gesehen, aber akzeptiert wurden. Probleme sind daraus nie erwachsen, wohl aber stabile Ehen.

Auch ich habe im Internat meine spätere Ehefrau kennengelernt.

Noch heute unterhalten wir freundschaftliche Beziehungen zu zwei Ehepaaren, die sich ebenfalls im Internat kennengelernt haben. In vierzig Jahren haben wir uns nie aus den Augen verloren und nicht nur zu den Klassentreffen gesehen.

Im Internat wurde um 6.00 Uhr mit Musik geweckt. Der diensthabende Erzieher gratulierte den Geburtstagskindern und gab kleinere Informationen durch. Unmittelbar danach gingen die Erzieher durch die Schlafräume und warfen alle aus den Betten, die nicht sofort aufgestanden waren. Die Schüler eilten in die Waschräume, Frühsport gab es glücklicherweise nicht.

6.25 Uhr war gemeinsames Frühstück im Speisesaal. Wer nicht pünktlich war, wurde ermahnt. Es gab Milch, Malzkaffee, zwei Brötchen, Brot, eine Ecke Butter, Marmelade und Kunsthonig, außerdem von Zeit zu Zeit Puddingsuppe. Aus einer großen Schüssel konnte man sich einen Apfel nehmen. Für die Schulbrote stand außerdem Griebenfett bereit.

Ein Schüler sprach den Morgenspruch. Mit dieser Aufgabe kam jeder dran. Meist wurden die Sprüche vorgelesen, die auf der Rückseite der Abrißkalenderblätter standen. Mit der Zeit entwickelte sich aber ein Wettbewerb, wer den originellsten Spruch, den längsten oder kürzesten aufsagte. Ich erinnere mich, daß ich beim Durchblättern eines Kalenders den Spruch von Friedrich Wolf : »Kunst ist Waffe !« fand und war *happy*, als der Saal nach meinem »ausdrucksstarkem Vortrag« lachte.

Nach dem Frühstück wurden Betten gebaut und Ordnung gemacht. Diensthabende Schüler mußten beim Heimerzieher die Klassen abmelden.

7.15 Uhr begann der Unterricht in der Oberschule, die zehn Fußminuten vom Internat entfernt lag. Er dauerte bis 12.45 Uhr.

Danach wurde im Internat das Mittagessen eingenommen. Die Kost war schmal, aber reichlich, man konnte Nachschlag holen.

Kleine Aufzählung gefällig?

Nudeln, meistens durch das lange Stehen in der heißen Brühe glitschig und weich; Kartoffelsuppe; Erbseneintopf; Gemüseeintopf; Reis, sehr zerkocht; Milchreis mit Zucker, Zimt und brauner Butter; Kartoffeln mit Senfsoße und gekochtem Ei; Kartoffelmus und Bulette, Makkaroni.

Von 15.15 bis 18.00 Uhr erledigten wir während der obligatorischen Arbeitsstunden unsere Schularbeiten. In der Vesperpause um 16.30 Uhr gab es Brot und Marmelade sowie Tee aus einem großen schwarzen Topf. Wir Jungen standen schon Minuten vorher unten und warteten hungrig auf die Stullen.

18.30 Uhr aßen wir wieder gemeinsam Abendbrot. Die Wurst und was es sonst noch manchmal gab (Bulette, Hackepeter, Sülze, Brathering usw.) wurde zugeteilt. In der Mitte der Tische stand die Margarine und ab und zu Käse oder Quark. Man wurde satt, zumal viele Mädchen wenig aßen und die Reste an die Jungen weiterreichten. Wer aus einer Bauernfamilie kam, hatte ohnehin eigene Vorräte.

21.00 Uhr war für die Klassen 9 und 10 Nachtruhe, 21.30 Uhr für die Klasse 11 und 22.00 Uhr für die 12. Klasse. Die Erzieher gingen durch die Räume, kontrollierten die Anwesenheit und löschten das Licht. Im Internat wurde insgesamt sehr viel kontrolliert. Es existierten viele Reglementierungen. Die Arbeitsräume dienten abends als beliebter Aufenthalt für Liebespaare. Das wußten auch die Erzieher. Deshalb wurde öfter kontrolliert, obwohl nur »geknutscht« wurde. Auch wenn Ordnung und Disziplin in einem solchen großen Heim wichtig waren, gab es doch viele Übertreibungen.

Zum Beispiel verkündete eines Tages die Erzieherin zum Frühstück Namen von Schülern, die sich nicht die Zähne geputzt hatten. Wir staunten, wie sie das rausbekommen hatte. Es war ganz einfach. Während wir Kaffee tranken, prüfte sie in den Waschräumen die Zahnbürsten. Die Utensilien standen auf mit Namen der einzelnen Schüler beschrifteten Borden.

Wir waren alles in allem relativ unbekümmerte Menschen, unbelastet von materiellen Sorgen oder großen Problemen. Die Welt war von unserem kleinen Dorf im Altenburgischen weit entfernt und wurde nur begrenzt wahrgenommen.

Die Oberschule Windischleuba hatte zum Zeitpunkt meines Abiturs im Jahre 1960 insgesamt sieben Klassen: zwei neunte, eine zehnte, zwei elfte und zwei zwölfte. 80 Jungen und 70 Mädchen, davon 120 Internatsschüler, wurden unterrichtet. 30 Schüler waren sogenannte Fahrschüler. Sie kamen täglich mit dem Fahrrad, zum größten Teil aus Altenburg.

Das Schulgebäude war Anfang der 50er Jahre unter großem Einsatz der Schüler, ihrer Eltern und der Lehrer errichtet worden. Es schloß sich, verbunden durch einen verglasten Übergang, an die alte Grundschule an. Direkt neben der Schule befand sich der Sportplatz mit einer schmalen Aschenbahn, die ihrem Namen alle Ehre machte, denn den Belag bildete graue Koksasche.

Der Direktor der Oberschule, Hans-Erich Günther, unterrichtete Mathematik und Physik. Er war Anfang Dreißig, schlank, intelligent und hatte wache Augen. Souverän und ehrgeizig leitete er Schule und Internat. Natürlich bemühte er sich, alle Anweisungen und Richtlinien der Abteilung Volksbildung des Rates des Kreises Altenburg an seiner Schule zu beachten und umzusetzen, alles andere wäre unvernünftig gewesen. Ob er sich immer in die Lage der Schüler versetzen konnte, wage ich zu bezweifeln. Aus manchen seiner Ideen sprach eine gewisse Lebensfremdheit. Er ließ sich ständig neue Aktionen oder Aktivitäten einfallen. So erfand er die »Woche der Ruhe in den Arbeitsräumen«, den »Tag der offenen Waschraumtür« und die »Schuhsaubere Situation«. Große Einsatzfreude bewies er bei der Etablierung von Traditionen wie dem Heimfest, dem Schlachtfest, der Maifeier, der kleinen Friedensfahrt usw.

Er promovierte 1960 zum Dr. päd. Das Thema der Dissertation war uns damals nicht bekannt. Erst während meines Studiums an der Karl-Marx-Universität Leipzig hatte ich Gelegenheit, seine »Doktorarbeit« in der Universitäts-Bibliothek zu lesen. Sie trug den Titel: »Probleme der Schaffung und Pflege von Traditionen am Beispiel der Internatsoberschule Windischleuba.« Nun wurde mir natürlich einiges klar.

Eine Tradition des Internates hatte er verständlicherweise in seiner Dissertation nicht beschrieben. Wir 15 Jungen der 9. Klasse schliefen 1956 in drei miteinander verbundenen Räumen, von denen der größte, das sogenannte Jagdzimmer, wegen der mit Jagdszenen gestalteten Tapete unter Denkmalsschutz stand.

In der dritten Nacht nach Ankunft in Windischleuba erwartete uns »Neue« eine Überraschung.

Ich erwachte von Schlägen auf den Kopf und registrierte noch schlaftrunken einen unübersichtlichen Tumult im dunklen Schlafraum. Eine Anzahl fremder Schüler drosch mit Handtüchern, die am Ende geknotet waren, auf uns ein. Die Schläge fielen so dicht, daß man kaum aufblicken und sich lediglich mit den Armen schützen konnte. Nach einigen Minuten war der Spuk vorbei und das »Überfallkommando« verschwunden. Der einzige von uns, der sich gewehrt hatte, war der Boxer Dieter K. Am nächsten Tage konnten wir deshalb einen Täter anhand des blauen Auges identifizieren. Er war Schüler der 10. Klasse.

Dieser »Begrüßungsüberfall« sei, wie wir erfuhren, Tradition im Internat.

Die ebenfalls traditionelle Strafe der Internatsleitung war die Übertragung des Brötchendienstes, den eigentlich die Jungen der 9. Klasse zu verrichten hatten. Die Jungen der 10. Klasse mußten nun ein Jahr lang die Frühstücksbrötchen für alle Internatsbewohner vom Bäcker holen. Selbstverständlich verprügelten wir ein Jahr später auch die »Neuen« und durften dann die Brötchen holen. Es geht eben nichts über Traditionen in Preußen.

Ich lernte im Internat relativ passabel Tischtennis und Schach spielen, nahm an den jährlichen Meisterschaften mit gutem Erfolg teil. In der Fußballmannschaft der Klassenstufe spielte ich Linksaußen. Wir errangen 1959 den Heimmeistertitel und fuhren als Auszeichnung in das *Lindenhofvariete Zwickau*, das schon lange nicht mehr existiert.

In der Leichtathletik widmete ich mich verstärkt dem Speerwurf und wurde 1959 Kreismeister von Altenburg mit der Weite von 48,52 Meter. Bei der Gesellschaft für Sport und Technik (GST) lernte ich auf einer 250ccm-Touren-Awo das Motoradfahren und erwarb die Fahrerlaubnis Klasse 1. Später absolvierten wir ebenfalls bei der GST auf dem H 3A (Horch) einen Lehrgang für LKW-Fahrer und konnten uns die Fahrerlaubnis Klasse 5 sichern, die mir später bei der Volksarmee sehr nützlich war.

Als 1958 die Kampagne der Partei »Jugend aufs Land« lief, legten alle Jungen unserer damaligen Klassen 10 die Fahrprüfung für die Fahrerlaubnis Klasse 3 (Traktor) auf einem RS 030 ab. Die Fahrstunden zogen sich dabei über Wochen hin. Es ging darum, die Landwirtschaftlichen Produktionsgenossenschaften (LPG) im Kreis bei der Getreideernte zu unterstützen.

Diese Unterstützung sah in der Praxis jedoch anders aus, als ich mir es vorgestellt hatte. Ich meldete mich im Sommer 1958 in der LPG Nobitz bei Altenburg, kam aber nur selten auf einen Traktor. Wir waren schließlich erst 17 Jahre alt. Jeden Morgen »durfte« ich erst einmal den Mähdrescher abschmieren. Das war nicht so einfach. Schon das Füllen der Handfettpresse wollte gelernt sein. Man stopfte mit der Hand das Fett hinein und mußte aufpassen, daß keine Luft in der Presse blieb, da sie sonst beim Abschmieren blockierte. Die Schmiernippel waren rot markiert und befanden sich an den unmöglichsten Stellen. Ich kroch unter den Mähdrescher und begann zu schmieren, indem ich die Mündung der Fettpresse auf den entsprechenden Nippel stülpte und mehrfach pumpte. Genügend geschmiert war, wenn nach dem Absetzen der Fettpresse aus dem Nippelloch ein dünner Strahl Fett trat. Diese Prozedur dauerte ungefähr eine Stunde.

Ich wurde auf den Binder gesetzt, der das Stroh automatisch zu Ballen preßte. Dabei setzte öfter der Bindemechanismus aus oder die Schnur verhedderte sich. Ich gab ein Zeichen, der Fahrer stoppte, und ich reparierte das System. Ich wurde zu allen möglichen Hilfsarbeiten herangezogen, nur nicht zum Traktor fahren.

Trotzdem waren diese Fahrerlaubnis und die praktischen Erfahrungen später für mich von Vorteil. Während der obligatorischen Kartoffeleinsätze im Oderbruch zur Zeit meines Studiums durfte ich in den jeweiligen Einsatzorten als Traktorist arbeiten.

Alle neuen Schüler mußten im Musikunterricht der 9. Klasse, der von einem sehr freundlichen und toleranten Lehrer geleitet wurde, als erstes einzeln vorsingen. Herr Hientzsch leitete gleichzeitig den Schulchor und mußte in jedem Jahr den durch Abgang der Abiturklasse dezimierten Chor durch neue Kräfte auffüllen. Ich hatte eine leidliche Baßstimme. Wir übten einmal, manchmal auch zweimal pro Woche im Musikzimmer des Internates. Als »Langer« stand ich bei Auftritten in der letzten Reihe der Formation. Wir sangen klassische Lieder, Volkslieder, Jugendlieder und natürlich Arbeiterkampflieder.

Richtig begeistern konnte ich mich nie für die Singerei – im Gegensatz zu meiner Tochter. Sie wurde in den 80er Jahren Mitglied des Leipziger Lehrerchors, der im Leipziger Gewandhaus auftrat. Deshalb war es für mich eine willkommene Gelegenheit, aus dem Chor auszuscheiden, als Schüler gesucht wurden, die sich für die Neugründung des Kabaretts interessierten. Dieses hatte 1956/57 aus Schülern der 12. Klasse bestanden und war nach deren Abgang erloschen.

Zusammen mit dem Deutschlehrer Fläming und drei weiteren Interessenten fuhren wir eines Tages nach Altenburg, um uns im Volkshaus die Vorstellung eines Profi-Kabaretts, des »Berliner Brettl«, anzusehen. Wir waren alle begeistert, vor allem von einer Sketch-Reihe, in der »Was wäre, wenn ...«-Situationen gespielt wurden. Etwa: Wenn die Amerikaner auf dem Mond landen würden, wären dort schon die Russen usw.

Der Direktor der Schule wünschte jedoch, daß wir uns weniger als Kabarett, sondern als Agitprop-Gruppe verstünden. Wir begannen deshalb als erstes ein sogenanntes Laienspiel einzustudieren, das sich mit der Kollektivierung der Landwirtschaft beschäftigte. Damals war der

Kampf um den Eintritt der Einzelbauern in Genossenschaften im vollen Gange. Fläming hatte ein entsprechendes Stück geschrieben, in dessen Zentrum ein Ehepaar in einer Einzelbauernwirtschaft stand. Die Bäuerin spielte meine Klassenkameradin Inge W., ich gab den Bauern. Inhalt des agitatorischen Langweilers waren die Nöte des Einzelbauern: Arbeit von früh bis spät, kein Urlaub, in Notsituationen auf sich allein gestellt usw. Diesen Problemen wurde nun das bessere Leben als LPG-Bauer gegenübergestellt. Finale: Der Bauer tritt am Ende der LPG bei.

Wir führten das Stück nur ein einziges Mal zu einer Einwohnerversammlung anläßlich eines staatlichen Feiertages auf und erhielten höflichen Beifall.

Ein zweites Projekt studierte unsere Agitprop-Gruppe anläßlich der Volkskammerwahlen ein. Der Altenburger Schriftsteller Werner Lindemann hatte es zu Papier gebracht. Er verglich die politischen Ziele der DDR-Parteien mit denen der westdeutschen bürgerlichen Parteien. Die Aussage war deutlich: hier die Vertretung der Interessen der Werktätigen, dort die der Monopolbourgeoisie; hier Ausmerzung des Nazismus, dort keine Bewältigung der faschistischen Vergangenheit usw. Ich spielte einen schnoddrigen RIAS-Reporter im bunten Hawaii-Hemd.

Mit diesem passablen Kabarett hatten wir schon mehr Erfolg, das Stück gelangte mehrere Male zur Aufführung.

Der Höhepunkt dieser interessanten Zeit im Kabarett war ein längerer Sketch, den ich zusammen mit meiner späteren Ehefrau in Altenburg auf der Freilichtbühne im Stadtwald vor 1.000 Zuschauern spielte. Das Zwei-Personen-Stück hieß: »Eine Frau von heute« und behandelte satirisch Probleme einer modernen Ehe.

Einmal spielten wir auch eine »Instruktionsstunde der Bonner Bundeswehr«. Fünf Bundeswehrsoldaten in langen Unterhosen und Schlafanzugjacken werden von einem Unteroffizier instruiert und abgefragt, wie sie sich im Falle einer Niederlage zu verhalten haben.

Diese Nummer blieb bei mir aus zwei Gründen in der Erinnerung haften. Zum einen spielte darin auch mein Mitschüler Lothar Bisky mit, der es nach der Wende bis zum Parteivorsitzenden bringen sollte. Er hatte damals ein durchaus komödiantisches Talent.

Und ich kopierte den Sketch während meiner Armeezeit in einem NVA-Saal in Wolfen. Wir wurden dafür von einem Politoffizier scharf kritisiert, weil wir angeblich die Gefährlichkeit der Bundeswehr verniedlicht hätten und mit solcher Unterschätzung ihrer Aggressivität dem Feind Tür und Tor öffnen würden.

Der Direktor des Oberschulinternates war verheiratet mit der Latein- und Deutschlehrerin, Waltraud Günther, die, wie bei vielen erfolgreichen Männern, sich als die größere Persönlichkeit hinter ihm verbarg. Frau Günther war stattlich, durchaus attraktiv, lebenslustig, fachlich versiert und ausgeprägt resolut. Als Lateinlehrerin war sie aufgrund ihrer Unnachgiebigkeit gefürchtet. Ich hätte ohne ihre Strenge nie so viel Latein gepaukt. Da sie die langen Haare straff nach hinten gekämmt in einem Dutt trug, wurde sie mit dem Spitznamen »Adele« belegt. Leider war sie auch autoritär, dabei rechthaberisch und nutzte ihre Stellung als Frau des Direktors aus. Sie war die Ursache für die einzige Schülerrevolte, die ich im Internat erlebte.

Frau Günther leitete das sogenannte Funkaktiv. Es handelte sich um fünf Mädchen und Jungen, die in den Pausen auf Sendung gingen. Genau wie das Internat, hatte die Schule eine Sprechfunkanlage und Lautsprecher in allen Klassenzimmern. Eines Tages im Frühjahr 1957 wurden in der großen Pause einige Schüler über Funk in das Lehrerzimmer gerufen. Sie sollten ihre Tagebücher mitbringen. Dort mußten auch die Zensuren eingetragen werden, damit die Eltern über die Leistungen ihrer Kinder informiert waren.

Vor eingeschaltetem Mikrofon wurde die Kontrolle der Tagebücher durchgeführt und damit, gewollt oder ungewollt, die Würde der »Delinquenten« verletzt, denn drei der Einbestellten hatten einige schlechte Zensuren nicht eingetragen.

Bereits am Nachmittag hing eine Resolution der 12. Klasse an der Wandzeitung, die gegen die entwürdigende und demütigende Behandlung der betroffenen Schüler protestierte. Es wurde eine öffentliche Entschuldigung der Lehrer gefordert. Vor der Wandzeitung bildeten sich begeisterte Schülerpulks. Gegen 22.00 Uhr wurden über Lautsprecher alle Internatsbewohner aufgefordert, sich im Speisesaal einzufinden. Der Direktor und seine Frau versuchten die Angelegenheit zu bagatellisieren, indem sie erklärten und erklärten. Am Ende versprachen beide: »Es kommt nicht noch einmal vor.« Einer der Protestierenden war Klaus Eichner, der unmittelbar nach dem Abitur Mitarbeiter des MfS in der Kreisdienststelle Altenburg werden sollte. Nach einem Jura-Studium an der Humboldt-Universität Berlin kam er 1970 in die Abteilung XV der Bezirksverwaltung Leipzig und wurde meinem Referat zugeteilt, bevor er 1972 nach Berlin in die HVA wechselte. Zuletzt leitete er als Oberst die Auswertung in der Abteilung IX (Feindliche Geheimdienste). Nach 1990 gründete er mit einigen gleichgesinnten Genossen das »Insider-Komitee«, das sich für eine wahrheitsgemäße Aufarbeitung der Geschichte der HVA einsetzte. Er hat seine Kenntnisse über die CIA in dem Buch »Headquarters Germany« verarbeitet, das in der edition ost erschienen ist.

Ebenfalls 1957 erlebte ich die Relegation eines mißliebigen Schülers. Er hieß Rolf K., war Schüler der 11. Klasse und trat durch drastische DDR-kritische Äußerungen in Erscheinung. Für mich war die Art und Weise seines Rausschmisses ein gewisser Schock. Die »Abrechnung« wurde in der Aula der Schule während einer FDJ-Vollversammlung vorgenommen. Der Direktor hielt eine Ansprache, in der er ausführte, daß sich der Klassenkampf ständig verschärfe und es auch an der Schule Klassenkampf gäbe. Er analysierte allgemein einige Tendenzen an der Schule, die das beweisen sollten. Dann trat der Schüler Walter Morgenstern, Vorsitzender der Gesellschaft für Sport und Technik (GST), ans Pult und verkündete mit schneidender Stimme: »Bis jetzt sind noch keine Namen gefallen, ich nenne einen – Rolf K.!« Es folgte die Anklage und gleichzeitige Verurteilung. Einige Schüler traten als Zeugen auf. Der Direktor sprach das Schlußwort und kündigte für Rolf K. das *Consilium abi unti* an. Einige Tage später war er von Schule und Internat verschwunden.

Im Nachhinein wurde uns bewußt, daß diese Veranstaltung durch den Direktor in enger Zusammenarbeit mit der Zentralen Schulgruppenleitung der FDJ vorbereitet und inszeniert worden war. Inwieweit die Relegation wirklich berechtigt war, konnte ich nicht einschätzen, da mir viele Informationen zum Deliquenten fehlten, aber die Form war schon abschreckend und verfehlte ihre Wirkung nicht.

Bereits in der Grundschule bevorzugte ich die Fächer Deutsch, Geschichte, Geografie (damals: Erdkunde) und Staatsbürgerkunde (damals: Gegenwartskunde). An der Oberschule begann ich mich nun für Philosophie zu begeistern. Ausgangspunkt war eine Broschüre, die im Staatsbürgerkunde-Unterricht verteilt wurde. Sie trug den Titel: »Der dialektische Materialismus – Kurzer Abriß«. Dieses grünfarbene Heft wurde im allgemeinen Sprachgebrauch »Gropp« genannt, so hieß sein Verfasser, ein DDR-Philosoph. Für mich bedeutete das Studium des »Gropp« ein Schlüsselerlebnis. In allgemeinverständlichen und klaren Worten, verknüpft mit anschaulichen Beispielen, wurden in überzeugender Form wesentliche Inhalte der marxistischen Philosophie wiedergegeben. Die zwingende Logik der Aussagen über Materie und Bewegung und die dialektischen Entwicklungsgesetze beeindruckten mich. Die beim Studium der Lehren des Marxismus gewonnenen Erkenntnisse machten mich endgültig zum Atheisten.

Großen Einfluß hatte auch der Literaturunterricht. Ich legte mir ein Literaturheft an, in dem ich über die gelesenen Werke Aufzeichnungen machte. Das sowjetische Jugendbuch »Wie der Stahl gehärtet wurde« von Nikolai Ostrowski und dessen Held, Pawel Kortschagin, hinterließen nachhaltig Spuren. Ostrowski, der 1936 erblindete und 32jährig gelähmt starb, beschreibt darin die Entwicklung eines jungen Arbeiters zum Kommunisten unter den Einflüssen der russischen Revolution, des Bürgerkriegs und der ersten Jahre des Aufbaus. Dieser Pawel Kortschagin ordnet sein persönliches Leben nicht den eigenen privaten Wünschen, sondern der Perspektive der kommunistischen Gesellschaft unter. In den Auseinandersetzungen seiner Zeit wird er zu einem standhaften, kühnen und entschlossenen Kämpfer, der keine Schwierigkeiten scheut, Widerstände und persönliche Probleme überwindet und sich – getragen von unerschütterlichem Optimismus– für die Ideale der Revolution und seiner Heimat einsetzt. Er arbeitet als ungelernte Kraft in einem Elektrizitätswerk, wird wegen illegaler Tätigkeit in der Zarenzeit eingekerkert und tritt später der roten 1. Reiterarmee unter Budjonny bei, wo er zweimal im Bürgerkrieg verwundet wird.

Danach folgt die Arbeit in der Tscheka, der er sich nicht gewachsen fühlt. Er wird Komsomolsekretär in Kiew, studiert die Geschichte der Arbeiterbewegung, arbeitet unter großen Entbehrungen am Bau einer Eisenbahnlinie mit.

Nach dem Eintritt in die Kommunistische Partei ist er als Kriegskommissar tätig, erkrankt schwer und widmet zuletzt sein Leben als Sekretär eines Jugendkomitees der Erziehung junger Menschen. Noch heute kann ich wörtlich sein Vermächtnis wiedergeben. »Das Wertvollste, was der Mensch besitzt, ist das Leben. Es wird ihm nur einmal gegeben und benutzen soll er es so, … daß er sterbend sagen kann: Mein ganzes Leben, meine ganze Kraft habe ich dem herrlichsten in der Welt, dem Kampf um die Befreiung der Menschheit gewidmet.« Dieses Zitat schmückte übrigens auch die erste Seite des Tagebuches von Tamara Bunke, die im August 1967 als kubanische Revolutionärin an der Seite von Che Guevara in Bolivien fiel.

Im Unterricht behandelten wir damals auch »Neuland unterm Pflug« und die Trilogie »Der stille Don« von Scholochow sowie Gorkis Werke, darunter »Die Mutter«. Zweifellos durchzog alle diese Werke eine starke propagandistische Komponente. Aber daran kann ich auch heute nichts Negatives entdecken. Denn besteht nicht die vornehmste Aufgabe der Kunst, einschließlich der Literatur, darin, den Menschen zu erheben, ihn zu erbauen, ihn zu motivieren? Wenn alles nur l'art pour l'art wäre, beraubte sich die Kunst ihres Sinns.

Ich interessierte mich auch stark für die deutsche Klassik, las Lessings »Nathan der Weise«, Schillers Balladen und Goethes »Faust«. Als wir uns im Frühjahr 2001 im Leipziger Schauspielhaus eine moderne vielstündige Aufführung beider Teile mit allerlei Klamauk angesehen hatten, erinnerte ich mich wehmütig an die Inszenierungen des Landestheaters Altenburg, wo Werktreue und Realismus eine größere Rolle gespielt hatten. Damals wurde noch Goethe inszeniert – heute meinte sich der Regisseur in Szene setzen zu müssen.

Die politischen Ereignisse in der Welt, selbst die innenpolitische Entwicklung in der DDR, drangen in unsere »klösterlichen« Abgeschiedenheit kaum ein. Im Internat lagen immer zwei oder drei Exemplare der Tageszeitung »Junge Welt«, aber nur wenige Schüler lasen das Organ des Zentralrats der Freien Deutschen Jugend. Es gab andere Dinge, die uns damals fesselten, etwa die Mädchen, der nächste Tanzabend, der Speiseplan, sportliche Meisterschaften usw.

Im Internatsrundfunk gab es nur DDR-Sender, und der Fernsehapparat hatte nur einen Kanal. Dadurch erhielten wir auch keine Kenntnisse über die Auseinandersetzungen in der Staats- und Parteiführung, über Fehler, Versäumnisse und Irrtümer nach dem XX. KPdSU-Parteitag 1956. Es dominierten die offiziellen Sichtweisen. Sie bestimmten unser Denken und unsere eindimensionale Sicht auf die Gesellschaft.

Ehrendienst bei der »Fahne«

Mein Sohn verweigerte 1991 im »wiedervereinigten« Deutschland den Wehrdienst in der Bundeswehr. Für mich stellte sich in der DDR des Jahres 1960, mitten im kalten Krieg, diese Frage nicht. Wie viele Jugendliche war ich von der Notwendigkeit einer Verteidigungsarmee überzeugt. »Eine Revolution ist nur etwas wert, wenn sie sich zu verteidigen versteht.« Diese Worte Lenins erschienen mir zutreffend. Deshalb war ich auch bereit, freiwillig einen zweijährigen Dienst in der NVA zu leisten. Denn eine Wehrpflicht gab es zu jenem Zeitpunkt noch nicht.

Offiziell hieß das »Ehrendienst«. Ich kann mich nicht erinnern, ob ich es damals als Ehre empfunden habe, in der NVA zu dienen. Aber irgendwie fand ich es schon bedeutend. Bei meiner Entscheidung für den Dienst spielte allerdings auch eine gewisses Abenteuerlust eine Rolle, die mir später gründlich vergehen sollte.

Ende der 50er Jahre war es nicht einfach, immer wieder ausreichend Freiwillige zur ständigen Auffüllung der NVA zu gewinnen. Ihre Mannschaftsstärke betrug in den ersten Jahren immerhin 90.000 Mann. Deshalb wurde ein ganzes System von Anreizen geschaffen. Abiturienten beispielsweise war nach Absolvierung der freiwilligen Dienstzeit ein Studienplatz im gewünschten Fach am gewünschten Ort in der Regel sicher. Außerdem erhielten sie ein höheres Stipendium. Das spielte für mich auch eine Rolle. Im Ergebnis meiner Verpflichtung für den Dienst in der NVA wurde ich für ein Journalistik-Studium an der Karl-Marx-Universität Leipzig 1962/63 vorimmatrikuliert.

Die NVA befand sich 1960 am Ende ihrer Aufstellungs- und Konsolidierungsphase. Diese war auch gekennzeichnet von der Suche nach eigener Identität und Anerkennung unter der Bevölkerung. Die Entwicklung zu einer modernen Koalitionsarmee, die in Bewaffnung und Ausrüstung, Ausbildung und Organisation, Geschlossenheit des Führungskorps und innerer Stabilität den in sie gesetzten Erwartungen entsprach, begann im Prinzip erst 1962 mit Einführung der Wehrpflicht und einer waffentechnischen und führungsmäßigen Umstrukturierung.

Am 1. September 1960 fand ich mich, der Aufforderung des Einberufungsbefehls nachkommend, voll positiver Erwartung in der Kaserne der Luftstreitkräfte/Luftverteidigung LSK/LV in Wolfen ein. Als Freiwilliger konnte man sich die Waffengattung aussuchen. Ich hatte mich, wie viele, für die Luftwaffe entschieden – und war enttäuscht, lediglich auf ein Flakregiment zu treffen. Das Flakregiment 15 Wolfen bildete zusammen mit dem FR 14 Frankenberg und dem FR 16 Brandenburg seit 1958 die 1. Flak-Division. Jedes Regiment hatte eine 57-mm-Abteilung und zwei 100-mm-Abteilungen. Das bezeichnete das Kaliber der Flugzeugabwehr-Geschütze aus sowjetischer Produktion. Seit 1958 war unter größter Geheimhaltung die Auflösung dieser Einheiten und der Aufbau von Fla-Raketen-Regimentern in Vorbereitung. Mit der Umsetzung dieser Pläne begann man Ende 1961.

Mein Kasernendienst begann nach der Vereidigung am 7. September 1960, jenem Tag, an dem der Präsident der Republik, Wilhelm Pieck, starb, mit einer mehrwöchigen Grundausbildung. Diese Ausbildung ist wohl in allen Streitkräften der Welt ähnlich. Es wurde exerziert bis zum Überdruß. Danach gab es für alle Neueinberufenen den ersten Wochenendurlaub. Wir sollten uns dabei in der Öffentlichkeit in Uniform zeigen, das Tragen der Zivilkleidung war nicht erlaubt. Die militärische Führung glaubte durch die öffentliche Präsenz von Uniformen Akzeptanz in der Bevölkerung zu finden. Im Handbuch Militärisches Grundwissen der NVA hieß es: »Ein Armeeangehöriger zeichnet sich durch eine straffe, militärische Haltung, selbstbewußtes Auftreten sowie Bescheidenheit und Zurückhaltung aus.« Die Ehre der bewaffneten Kräfte sollte gewahrt werden. Es war z. B. untersagt, in Uniform an »Kostümfesten« oder »Maskenbällen« teilzunehmen. Weiterhin durfte man nicht »in Umarmung mit weiblichen Personen im Blickpunkt der Öffentlichkeit stehen« oder »den Arm um die Hüfte oder auf die Schulter weiblicher Personen legen und dieses auch nicht bei sich gestatten«.

Ich fand, daß ich in Uniform eine ganz gute Figur machte und habe mich deshalb in männlicher Eitelkeit an die Weisung, auch zu Hause Uniform zu tragen, gehalten. Damit gehörte ich jedoch zu einer Minderheit, wie ich bald bemerkte.

Nach dem Urlaub wurden wir auf die verschiedenen Batterien (Kompanie) des Flakregimentes aufgeteilt und in die Bedienungsmannschaften der 57-mm-Geschütze eingereiht. Es begann die spezifische Geschützausbildung, oft unterbrochen durch den nervenden Wachdienst im Regimentsbereich. So tröpfelte die Zeit dahin und es gab nur wenig Abwechslung. Eine davon war die Teilnahme unseres Regimentes an einer Militärparade anläßlich des 1. Mai 1961 in Berlin. Auf einem Kettenfahrzeug sitzend, eine auf Hochglanz geputzte Fla-Kanone im Schlepptau, defilierten wir an der Tribüne vorbei, den Blick starr auf den Staatsratsvorsitzenden Walter Ulbricht gerichtet, der, die Hand an der Hutkrempe, uns wohlwollend musterte.

Die Vorbereitung auf diese Parade hatte viele Wochen gedauert und wurde mit preußischer Gründlichkeit durchgezogen. Die Teilnehmer waren dabei von allen Diensten freigestellt. In der Nacht vor der »großen Bewährung« galt Alkoholverbot. Die Tanks der Fahrzeuge wurden verplombt und die gesamte Technik scharf bewacht. Am Morgen erfolgte eine letzte Einweisung. Das Interessanteste daran waren zwei Dinge. Nachdem ursprünglich befohlen worden war, daß wir nach der Parade bei der Fahrt durch die Straßen der Stadt militärisch gestrafft sitzen bleiben sollten, kam jetzt eine neue Weisung: »Der Bevölkerung darf zugejubelt werden.« Zweitens wurde erklärt, daß sich unter den Zuschauern viele Westberliner und Westdeutsche befinden würden. Diese hätten unter anderem die Gewohnheit, Zigarettenpäckchen auf die Fahrzeuge zu werfen, die wir nicht öffnen, sondern abliefern sollten.

Leider warf niemand Zigaretten auf unser Fahrzeug. Wir hätten gern einmal eine Westzigarette geraucht.

Im August 1961 war ein Übungsschießen in Prora auf Rügen vorgesehen. Dieser Ort war mir damals unbekannt. Allerdings kamen wir dort nie an. Am Morgen des 13. August befand sich unser Militärzug bei Potsdam, als plötzlich die Bahn auf freier Strecke hielt und erhöhte Gefechtsbereitschaft ausgelöst wurde. Wir glaubten an einen Übungsalarm, griffen unsere Ausrüstung und begaben uns zu den Geschützen, die auf Eisenbahnwagen mit flacher Beplankung festgezurrt waren. Doch bald kursierte das Gerücht, daß die Grenze zu Westberlin geschlossen wurde und es »ernst« wäre. Alle rannten plötzlich ein wenig kopflos umher. Schließlich zogen wir die Persenning von der Kanone und nahmen unsere Plätze am Geschütz ein. Wir spekulierten, daß auch die Luftbrücke zwischen der Bundesrepublik und Berlin gesperrt worden sei, was uns nun doch ein wenig irritierte. Keiner dachte im Augenblick daran, daß wir von den Eisenbahnwaggons die Geschütze gar nicht hätten abfeuern können. Diese standen noch auf Rädern, waren also nicht aufgebockt und justiert. Die scharfen Granaten, die wir herbeigeschleppt hatten, wären in den blauen Himmel geflogen und die Kanone wahrscheinlich vom Waggon.

Dann kam mit hochrotem Gesicht, schreiend und mit den Armen gestikulierend, der Politoffizier. Wir Soldaten mußten die Geschütze verlassen und neben dem Zug Aufstellung nehmen. Uns wurde der Befehl verlesen, der die Maßnahmen zur Schließung der Grenze zu Westberlin erläuterte. Von einer Sperrung der Luftbrücke war darin keine Rede. Nun legte sich die anfängliche Nervosität. Die Einheit löste sich in kleine, aufgeregt diskutierende Gruppen auf. Allgemein wurde angenommen, daß wir für Sicherungsaufgaben im Raum westlich von Berlin vorgesehen seien.

Nach vielen Stunden hieß es »Aufsitzen«, der Zug setzte sich wieder in Bewegung – wir fuhren zurück nach Wolfen. Dort verbrachten wir Wochen in Alarmbereitschaft.

Der Einsatz der NVA wurde, wie wir heute wissen, von einer operativen Gruppe von zehn Offizieren in der Zeit vom 9. bis 12. August unter strengster Geheimhaltung im Gästehaus Wilkendorf nördlich von Strausberg vorbereitet. Unter Ausschaltung der Stäbe der Militärbezirke, Divisionen und Regimenter wurden alle Einsatz- und Führungsdokumente für die zum Einsatz kommenden Teile der NVA bis zur Ebene Regiment ausgearbeitet sowie die Maßnahmen für die erhöhte Gefechtsbereitschaft der gesamten NVA geplant. Die 1. und 8.

Motorisierte Schützendivision (MSD) wurde am 10. August in die Räume Templin/Fürstenberg und Lehnin/Potsdam verlegt. Am 12. August, 24.00 Uhr, wurde in diesen Einheiten Gefechtsalarm ausgelöst und für die gesamte NVA erhöhte Gefechtsbereitschaft angewiesen. Die beiden MSD wurden aus ihren Bereitstellungsräumen in den Raum Berlin verlegt und bildeten eine zweite Sicherungsstaffel in einer Tiefe von 1.000 m hinter der Grenze. Ihr Auftrag bestand in der Unterstützung der eingesetzten grenzsichernden Kräfte. Unser Flakregiment 15 kam in dieser Planung nicht vor. Es war tatsächlich reiner Zufall, daß wir uns zum Zeitpunkt der Auslösung des Alarms für die gesamte NVA gerade im Raum Potsdam befanden.

Die Gründe für die Schließung der Grenzen am 13. August 1961 sind hinlänglich bekannt.

Im Herbst 1961 wurden die Flakregimenter aufgelöst, und ich wurde zur 2. Abteilung der 3. Luftverteidigungsdivision (LVD) nach Altwarp in der nordöstlichen Ecke der DDR versetzt. Ich gründete dort ein Kabarett, das wir »Flakvisier« nannten und schrieb Texte. Wir traten in verschiedenen NVA-Einheiten auf und nahmen an Wettbewerben teil.

Am 4. Mai 1962 erfolgte vier Monate vorfristig meine Versetzung in die Reserve. Freiwillige hatten keine Perspektive mehr, nachdem die Allgemeine Wehrpflicht im April 1962 eingeführt worden war.

Drei Tage vor dem »Zapfenstreich«, am 1. Mai, wurden zur traditionellen Militärparade auf dem Berliner Marx-Engels-Platz das erste Mal taktische Boden-Luft Raketen gezeigt, die für Aufsehen und Aufregung insbesondere in der politischen und militärischen Führung der Bundeswehr sorgten. Am Transport dieser Raketen hatte ich im März 1962 beim Aufbau des Fla-Raketenregimentes 23 Stallberg teilgenommen. Wir fuhren zwei Wochen lang nachts unter strenger Geheimhaltung. An der polnischen Grenze übernahmen wir die auf riesigen Hängern verstauten Raketensysteme *Wolchow/SA 2* und fuhren sie nach Stallberg.

Die während meines Dienstes in der NVA erworbenen militärischen Kenntnisse konnte ich nach der Einstellung in das MfS gut anwenden. Das MfS war gewissermaßen »bis an die Zähne« bewaffnet. Jeder Mitarbeiter, auch in den administrativen Diensteinheiten, verfügte in der Regel über eine Pistole und eine MPi und diverse militärische Ausrüstung. Dazu gehörten Kampfanzug, Stiefel, Mütze, Schutzhelm, Truppenschutzmaske, Schutzbekleidung, Feldtornister mit Inhalt usw. Unsere Ausstattung entsprach der eines Offiziers der NVA. Das ständige Training war fester Bestandteil der Dienstdurchführung. Diese militärische Ausbildung wurde in der Regel einmal im Monat durchgeführt.

In der Abteilung XV Leipzig, in der diese in den letzten Jahren zu meinen Leitungsaufgaben als Stellvertreter gehörte, gab es einen Beauftragten für militärische Ausbildung, der für die Planung und Organisation in Zusammenarbeit mit dem Referat Militärische Ausbildung der Abteilung Kader und Schulung verantwortlich war.

In der Regel fuhren wir auf den MfS-eigenen Schießstand im Wald von Bienitz, unmittelbar an der Westgrenze der Stadt. Alle Genossen und Genossinnen (!) trugen den Kampfanzug. Die gesamte Ausbildung orientierte sich an den Grundsätzen und Ausbildungsrichtlinien der NVA. Die Hauptzeit der Ausbildung beanspruchte das Schießen mit Pistole und MPi. Dazu kamen Schutzausbildung, topographische Ausbildung, Überlebenstraining und Sport. Einmal im Jahr wurde eine sogenannte Komplexausbildung angesetzt, die sich über zwei oder drei Tage erstreckte und meist den Einsatz in feindlichem Gebiet simulierte.

Studium an der Karl-Marx-Universität Leipzig

Ich gehöre noch zu jenen, die im legendären Hörsaal 40 im Augusteum Vorlesungen hören durften. Er lag in der ersten Etage inmitten des von britischen Bomben zerstörten Gebäudes, das sich direkt an die Paulinerkirche anschloß. 1962/63 war er mit einem Fassungsvermögen von 400 bis 500 Personen der größte Hörsaal der Universität. Zu diesem einzigen noch nutzbaren Saal im ansonsten zerstörten Haus führte eine Freitreppe, von deren Podest man hinabblickte auf Trümmerberge, aus denen das Grün sproß. Der Saal wurde auch genutzt für propagandistische Veranstaltungen. Ich erinnere mich an einen Vortrag des sowjetischen Botschafters in der DDR, der sehr viel Aufmerksamkeit fand. Er sprach über die Beziehungen zwischen der Sowjetunion und China, die damals einen ersten Tiefpunkt erreicht hatten. Ein Dolmetscher übersetzte. Zum Schluß erzählte er einen abfälligen Witz über China, der völlig unpassend war und Zweifel an seiner eigenen Seriösität aufkommen ließ.

Die im 16. Jahrhundert errichtete Universitätskirche St. Pauli, allgemein Paulinerkirche genannt, wurde am 30. Mai 1968 gesprengt, da an dieser Stelle der neue Universitätskomplex mit Hochhaus und Seminargebäude gebaut werden sollte. Die Sprengung war damals eine heiß umstrittene Maßnahme und erregt noch heute die Gemüter. Sie wird genutzt, um das »SED-Regime« zu verteufeln. Was soll man darüber denken, wenn heute behauptet wird, die Sprengung »stehe für die systematische Vernichtung christlich-humanistischer Bildungsinhalte« (LVZ-Leitartikler Philipp von Wilcke) und war »ein barbarischer Willkürakt und dumpfe Machtdemonstration der Partei« (Rektor Bigl)?

Die Kirche war Eigentum der Universität, und deren Leitung hatte ihren Abriß und den Neubau eines Universitätskomplexes favorisiert. Selbstverständlich hätte es ohne die Zustimmung Ulbrichts keinen Abriß gegeben, aber er war nie Beschluß des Politbüros. Der Sprengung hatten alle Entscheidungskörperschaften der Stadt und des Staates nach monatelanger Prüfung und Diskussion zugestimmt, die Mehrheit der Einwohner der Stadt nahm sie als notwendige Maßnahme hin, nur kirchliche Kreise und die theologische Fakultät lehnten sie aus begreiflichen Gründen ab und organisierten Proteste. Heute würde man sagen, daß in einem demokratischen Willensbildungsprozeß eine Mehrheitsentscheidung getroffen worden war.

Ich habe mir damals als junger Mitarbeiter des MfS das »Schauspiel« der Sprengung zusammen mit Tausenden Leipzigern angesehen. Der Karl-Marx-Platz, heute wieder Augustusplatz, war abgesperrt, die Fenster des gegenüberliegenden Hotels »Deutschland«, später »Interhotel am Ring«, heute »Hotel Mercure«, waren wegen möglicher Auswirkungen der Explosionswelle geöffnet. Nach der Detonation wälzte sich eine große gelbbraune Steinstaubwolke über den riesigen Platz, die nach ihrer Auflösung den Blick freigab auf einen Trümmerhaufen. Heute befinden sich dort das Hochhaus, genannt »Uniriese« oder auch »Weisheitszahn«, und das Seminargebäude.

Ich war im September 1962 an der Philosophischen Fakultät immatrikuliert worden und nicht, wie eigentlich vorgesehen und durch Vorimmatrikulation vertraglich bestätigt, an der Fakultät für Journalistik. Als ich während meiner Dienstzeit in der NVA Anfang 1962 im Prorektorat für Studienangelegenheiten der KMU wegen meines bevorstehenden Journalistikstudiums vorsprach, hatte man mir eröffnet, daß die Zahl der 1962 zu diesem Studium Zugelassenen reduziert worden sei. Studieren sollten nur Bewerber, die bereits praktische Erfahrungen in der journalistischen Arbeit vorweisen konnten. Mir wurde vorgeschlagen, mich für ein anderes Studium zu entscheiden – es sei denn, ich wäre bereit, noch ein einjähriges Volontariat in einer Zeitungsredaktion zu absolvieren. (Die veränderte Lage hing, wie ich viele Jahre später von einem meiner IM an der Sektion Journalistik erfuhr, mit der 14. Tagung des ZK der SED im November 1961 zusammen.

Auf diesem Plenum war Kritik an der Arbeit der Journalisten hinsichtlich ihrer politisch-ideologischen Wirkung geäußert worden. Journalistikwissenschaftler waren daraufhin in die Praxis geschickt worden und Praktiker an die Fakultät für Journalistik nach Leipzig geholt worden. Die Zahl der Immatrikulationen wurde reduziert, die Auswahlkriterien wurden verschärft.)

Als Alternativen bot mir das Prorektorat die Studienfächer »Diplomlehrer für Marxismus-Leninismus/Geschichte« an der Philosophischen Fakultät an – oder Zahnmedizin in Bukarest. Dort gab es offenkundig Studiengänge, die einer Auffüllung bedurften. Nachdem mir der Universitätsangestellte Inhalte und Ziel des ML-Studiums erläutert hatte, stimmte ich der Umlenkung zu. Ich wollte nicht noch ein Jahr verlieren. Außerdem war mir die Tätigkeit eines Lehrers nicht unangenehm. Ich hatte diesen Beruf schon als Zweitwunsch 1960 in meinen Bewerbungen geäußert.

Daß ich nicht zu den Auserwählten für das reduzierte Studienjahr 1962 an der journalistischen Fakultät gehörte, hatte aber, wie ich fast 30 Jahre später erfuhr, noch andere Gründe. Im Februar 1990, kurz vor meiner Entlassung aus der aufgelösten Bezirksverwaltung des MfS, übergab mir ein Mitarbeiter der Kaderabteilung, Major Peter F., eine Reihe von Dokumenten aus meiner Kaderakte. Unter diesen Papieren war auch ein Lebenslauf, den ich 1960 mit meiner Bewerbung für ein Studium der Journalistik an der Karl Marx Universität Leipzig eingereicht hatte. Darin waren folgende Stellen rot unterstrichen: »mein Vater war Chemiker«, »meine Mutter ist von Beruf pharmazeutische Laborantin« und der Satz: »1944 mußten wir fliehen«. Auf dem Protokoll über das Eignungsgespräch, das sich auch unter den ausgehändigten Papieren befand, war vermerkt: »Der Bewerber ist sich scheinbar noch nicht völlig über die Aufgaben eines Journalisten im klaren.« Übersetzt bedeuteten diese Einschränkungen: kein Arbeiterkind, politische Unklarheiten, fehlende Berufsmotivation.

Die Fachbezeichnung für mein neues Studium »Diplom-Lehrer für Marxismus-Leninismus« ist nicht ganz zutreffend, denn sie bezeichnet das Einsatzziel und nicht die inhaltliche Ausrichtung des Studiums. Unsere Hauptfächer waren Philosophie mit dem Schwerpunkt Marxistische Philosophie; Politische Ökonomie; Geschichte mit dem Schwerpunkt Geschichte der Arbeiterbewegung und Pädagogik. Dazu kamen eine Reihe von Spezialseminaren. Die Bezeichnung »Gesellschaftswissenschaften« oder »Politologie« wäre also zutreffender gewesen. Außerdem erhielten wir eine Schwerpunktausbildung in Geschichte, die im wesentlichen der glich, die die Diplomhistoriker absolvieren mußten. Ich habe mich deshalb wie viele andere auch immer als Gesellschaftswissenschaftler oder Historiker gesehen.

Diplom-Lehrer für Marxismus-Leninismus wurden seit 1950 am Franz-Mehring-Institut ausgebildet. Der Bedarf an diesen Fachkräften war durch die Einführung des gesellschaftswissenschaftlichen Grundstudiums als Pflichtfach an allen Hoch- und Fachschulen im Zusammenhang mit der Hochschulreform 1950/51 entstanden. 1961 wurde diese Aufgabe der Philosophischen Fakultät (Lehrer ML mit dem Schwerpunkt Philosophie und Lehrer ML/Geschichte) und der wirtschaftswissenschaftlichen Fakultät (Lehrer ML/ Politische Ökonomie) übertragen. Bevor das Studium begann, fuhren wir zum obligatorischen Kartoffelernteeinsatz in das Oderbruch. Dieser Einsatz, der alljährlich für alle Hochschulen galt, hatte vor allem ökonomische Gründe. Es fehlten in der Landwirtschaft Arbeitskräfte und Kartoffelvollerntemaschinen. Zugleich sah man solche Maßnahmen als hilfreich an zur Herstellung von Beziehungen zwischen den werktätigen Bauern und der künftigen Intelligenz. Und auch für uns Studenten bot der vierwöchige Ernteeinsatz Gelegenheit, sich kennenzulernen.

Das 1. Studienjahr ML/Geschichte war eine bunt zusammengewürfelte Truppe. Zwölf waren ein wenig älter als der Durchschnitt. Das waren die von der Partei delegierten Kader – sie sollten nach dem Studium in entsprechenden Funktionen eingesetzt werden.

Dann gab es sechs umgeleitete Studenten und drei Arbeiterinnen, die das Abitur an der Volkshochschule erworben hatten. Zwei Drittel gehörten der SED an. Die Nicht-Genossen verließen uns vor der Zeit. Zwei junge Frauen aus Bitterfeld gingen zurück in ihren Betrieb, sie erklärten: »Lehrer für ML ist doch kein Beruf.« Drei Studenten wechselten zur Fakultät Kulturwissenschaft, an der mein früherer Mitschüler aus Windischleuba, Lothar Bisky, studierte. Dietmar Schönherr, als Abiturient aus der BRD in die DDR gekommen, flüchtete auf einer Luftmatratze über die Ostsee, wobei er, wie er mir danach schrieb, dabei fast verdurstet wäre.

Am Ende des Studiums waren wir noch 14 Absolventen in der Seminargruppe, von denen nicht einer als Lehrer eingesetzt wurde. Wir kamen zum MfS, zur Zollverwaltung, in die Apparate der SED, der Gewerkschaft, in Museen, Partei-Institute und an Universitäten.

Im Oktober 1962, unmittelbar nach Studienaufnahme, erreichte die Kuba-Krise ihren Höhepunkt. Die USA forderten die Sowjetunion ultimativ auf, die auf der Karibikinsel stationierten Mittelstreckenraketen abzuziehen. Ich erinnere mich an eine Vorlesung von Prof. Basil Spiru in diesen Tagen. Der gestandene Kommunist und Mitglied der ungarischen Räteregierung von 1919 las im großen Hörsaal der Mediziner in der Härtelstraße »Allgemeine Geschichte der Neuzeit«. Er begann seine Vorlesung mit den Worten: »Während wir uns hier mit der Geschichte der Neuzeit beschäftigen, machen die Völker weiter Geschichte. Cuba si, Yankee no!« Tosender Beifall, wir alle waren begeistert.

Die Raketenkrise endete mit einer Niederlage des Sozialismus. Die Sowjetunion mußte ihre Raketen und Bedienungstruppen wieder abziehen. Die sowjetische Propaganda (und natürlich auch die unsere) erklärte dies jedoch zum Erfolg. Chruschtschow habe Kuba vor einer Invasion der USA bewahrt und den Weltfrieden gerettet.

Am 29. April 1963 wurde ich an der Karl-Marx-Universität Leipzig durch Beschluß der Mitgliederversammlung der Grundorganisation Historiker, zu der auch die Genossen Studenten gehörten, nach einer einjährigen Kandidatenzeit als Mitglied in die SED aufgenommen. Den Antrag auf Aufnahme in die Partei hatte ich ein Jahr zuvor, am Ende meiner Armeezeit gestellt. Zum Antrag gehörten zwei Bürgschaften, die nur durch bereits »bewährte« Parteimitglieder übernommen werden durften. Sie sollten den Antragsteller möglichst lange aus gemeinsamer Arbeit kennen und selbst einige Jahre der SED angehören. Diese Bürgschaften hatte ich mir während des Urlaubs zum Jahreswechsel 1961/62 von meinem früheren Klassenlehrer an der Oberschule, Manfred Zaumseil, und meinem ehemaligen Geschichtslehrer, Fritz Thomas, erbeten. Beide schrieben die gewünschten Erklärungen, eigentlich ein formaler Akt, in einer Haltung von Selbstverständlichkeit.

Der Entschluß, der SED beizutreten, hing mit meinem Beruf zusammen: Ich meinte, ich könne den Marxismus-Leninismus nur dann glaubwürdig vermitteln, wenn ich selbst jener Partei angehörte, die sich diese Weltanschauung auf die Fahnen geschrieben hatte. Wie man damals sagte: die Übereinstimmung von Wort und Tat. Das Kommunistische Manifest hatte ich schon an der Oberschule gelesen, ich glaubte an die Rolle der Kommunisten als »entschiedensten, immer weiter treibenden Teil der Arbeiterparteien aller Länder«, die »theoretisch vor der übrigen Masse des Proletariats die Einsicht in die Bedingungen, den Gang und die allgemeinen Resultate der proletarischen Bewegung« haben. Ich hielt die von Marx und Engels entdeckten historischen Gesetzmäßigkeiten der gesellschaftlichen Entwicklung für zutreffend und stimmte also mit den Grundaussagen des Marxismus durchaus überein. Der Sozialismus war für mich eine Gesellschaftsordnung, in der die Interessen der arbeitenden Menschen im Vordergrund standen und die Ausbeutung des Menschen durch den Menschen beseitigt war. Mir persönlich waren trotz Herkunft aus bescheidenen Verhältnissen alle Entfaltungsmöglichkeiten gegeben, der Staat unterstützte in vielfacher Hinsicht meine Entwicklung. Wenn ich eine Sache, von der ich überzeugt war, das sie richtig ist, auch richtig machen will, dachte ich, dann konsequent und ohne wenn und aber. Das war schon immer mein Standpunkt gewesen. Ich wollte außerdem aktiv dabei sein, mitgestalten und nicht nur mitlaufen.

Die Tatsache, daß Wissenschaftler und Studenten zusammen in einer Grundorganisation vereint waren, war für uns Studenten von Vorteil, wir profitierten von den Diskussionen über politische und wissenschaftliche Fragen. Natürlich blieben wir eher passiv und hielten uns ehrfürchtig zurück. Die Parteiarbeit in unserer Seminargruppe wurde von den erfahrenen Genossen geleitet, die auch die entsprechenden Funktionen unter sich aufteilten. Diese Hierarchie änderte sich im zweiten Studienjahr, nachdem erste Prüfungen absolviert und in den Seminaren Leistungen bewertet worden waren. Es rückten die Leistungsstarken nach vorn, zu denen ich gehörte. 1963 wurde ich Seminarsekretär, was nicht mit Parteisekretär zu verwechseln ist. Dazu war ich in den Augen der Altkader politisch und menschlich sowieso noch zu unreif.

Der ersten »Belehrung«, die ich nach Beginn des Studiums von einem älteren Genossen unserer Studiengruppe, dem Parteigruppenorganisator Rolf M., erhielt, war die Frage vorangegangen, warum ich das Parteiabzeichen nicht immer tragen würde. Das sei doch schließlich Pflicht, man sei im gewissen Sinne immer im Dienst. Wo ein Genosse sei, da sei die Partei, aber das müßte man auch sehen.

Und da man als Vorbild gelten mußte, war das Tragen des Parteiabzeichens folglich ein Instrument der Selbstkontrolle. Das sagte Rolf M. zwar nicht, aber gemeint war es schon.

Nachdem ich solcherart eindringlich auf meine Pflicht, mich in der Öffentlichkeit als Parteimitglied erkennen zu geben, hingewiesen worden war, habe ich die Nadel getragen, wenngleich auch nicht mit Enthusiasmus. Ich war einsichtig und hatte Verständnis.

Nach der Einstellung in das MfS wurde die »Tragepflicht« kompliziert, wir waren schließlich im Geheimdienst. Man sollte das Parteiabzeichen in der Regel tragen, aber bei manchen Treffs, dienstlichen Einsätzen natürlich nicht.

Wie immer war ich auch in dieser Frage konsequent und wollte Vorbild sein. Ich gehörte allerdings nicht zu jenen, denen man nachsagte, sie hätten das Parteiabzeichen auch am Schlafanzug getragen.

In den späten 80er Jahren war das Tragen des Abzeichens zunehmend eine Sache des persönlichen Mutes. In der Öffentlichkeit wurden die Abzeichen immer weniger und man erntete als ausgewiesener Genosse öfter mißtrauische oder sogar haßerfüllte Blicke.

Mein Weg in den Geheimdienst

*Jeder Mensch muß tastend den Weg
seiner Verantwortung suchen und von einem Fall zum anderen
entscheiden, was er als Pflicht, als Muß erlebt.*
Albert Schweitzer

Am 1. Februar 1966 saß ich im hellen Pepita-Sakko, grauer Hose aus einem Vorläufer des bügelfreien Rundstrickstoffes, weißem, vom Bügeldienst gestärktem Oberhemd und dunkelgrauem Lederschlips in der kleinen Bibliothek der Bezirksverwaltung Leipzig und schrieb eine mehrseitige Verpflichtung für den Dienst im MfS ab. Mit der Forderung auf Niederschrift der Verpflichtung per Hand durch den Einstellungskader (MfS-Sprachgebrauch) verbanden die Verfasser die Hoffnung auf besondere Verinnerlichung der darin enthaltenen Festlegungen.

Ich verpflichtete mich, den Dienst, getreu dem Fahneneid, ehrlich und gewissenhaft an jedem Einsatzort zu leisten, mit aller Entschlossenheit den Kampf gegen die Feinde der DDR zu führen, die militärische Disziplin zu wahren und ständig einsatzbereit zu sein. Den Fahneneid hatte ich bereits bei meinem Eintritt in die Nationale Volksarmee geleistet, er mußte nicht wiederholt werden. Die Verpflichtung galt, ohne daß das besonders betont wurde, auf Lebenszeit.

Die Abteilung XV der Bezirksverwaltung Leipzig des MfS, in der ich am 1. Februar 1966 meinen Dienst begann, war auf mich durch den Tip eines ihrer IM aufmerksam geworden. Später erfuhr ich, daß es sich um den Historiker Prof. Dr. G. von der Karl-Marx-Universität Leipzig handelte, der den sinnigen Decknamen »Geschichte« trug.

IM »Geschichte« hatte einige Studenten aus meiner Seminargruppe als geeignet für den Dienst in der Aufklärung eingeschätzt. Mit mir zusammen wurde Peter B. eingestellt. Er wechselte später von Leipzig zur HVA nach Berlin. Dort war er viele Jahre in der Abt. IV der HVA, die sich mit der Bundeswehr beschäftigte, tätig.

Bei Prof. G. hörte ich während meines vierjährigen Studiums des

Marxismus- Leninismus/Geschichte Vorlesungen über Römische Geschichte. Das obligatorische Examen im Fach »Geschichte des Altertums« bestand ich bei ihm mit der Bewertung »Sehr gut«. Vor der Prüfung hatte ich – auf Hinweis eines seiner Assistenten – das von G. gehaltene Referat auf der Internationalen Historikertagung in Wien gelesen, in dem er die Ursachen des Unterganges des Römischen Reiches aus marxistischer Sicht behandelte. Prof. G. behauptete in seinen Ausführungen – abweichend von der damaligen Sichtweise der sowjetischen Historiker –, daß Rom nicht in erster Linie durch Aufstände der unterdrückten Klasse, also der Sklaven, untergegangen sei, sondern aufgrund äußerer Faktoren im Zusammenwirken mit einer inneren wirtschaftlichen und politischen Krise.

In der Prüfung lenkte ich das Gespräch geschickt auf den Untergang Roms und konnte dann glänzen, da mich der Professor natürlich zu seinem Lieblingsthema befragte. Ich sehe ihn heute noch aufspringen und begeistert erklären: »Wer hat denn den Westgoten die Tore Roms geöffnet? Natürlich ein Sklave, ein Angehöriger der unterdrückten Klasse. Aber welcher Herkunft war er denn? Er war Angehöriger des Stammes der Westgoten. Und da sieht die Sache natürlich schon ganz anders aus.«

Auch damals wurde also schon geheimdienstlich gearbeitet.

An jenem Tag im Herbst 1965, an dem mich zum ersten Mal ein Mitarbeiter des »Organs« in meiner Studentenbude besuchte, befand ich mich bereits seit einiger Zeit erfolglos auf Arbeitssuche und daher nicht in bester Stimmung. Ich hätte gern als Lehrer gearbeitet, da mir das lag, aber der Beruf des Lehrers für Marxismus-Leninismus erfreute sich keiner guten Reputation. Durch meine zusätzliche Tätigkeit als Hilfsassistent in der Abteilung Marxismus-Leninismus der Medizinischen Fakultät, wo ich auch Seminare leitete, und durch mein Unterrichtspraktikum an der Fachschule für Gastronomie war mir bewußt geworden, daß die Studenten das Fach ML als notwendiges Übel betrachteten und viele nur teilnahmen, weil sie sonst Sanktionen zu erwarten hatten. Mich hatten Widerwille und Lustlosigkeit der Studenten gegenüber dem Fach enttäuscht. Damals wurde mir das erste Mal bewußt, daß der Weg bis zur Gewinnung der Menschen für den Sozialismus noch lang sein würde.

Zur wissenschaftlichen Arbeit fühlte ich mich auch nicht hingezogen. Ich hatte mich am Institut für Marxismus-Leninismus beim ZK der SED in Berlin beworben und ein erstes Vorstellungsgespräch beim Leiter des Arbeitsbereiches Geschichte der Arbeiterbewegung, Dr. Schumacher. Er bot mir an, im Bereich Geschichte der deutschen Linken zu forschen. Ich hätte promovieren und später weiter wissenschaftlich arbeiten können. Da mich aber bereits die Fertigstellung meiner Diplomarbeit »Die Diskussion in der deutschen Sozialdemokratie über die Beteiligung an den preußischen Landtagswahlen« genervt und gelangweilt hatte, reizte mich Schumachers Angebot nicht sonderlich. Wochenlang hatte ich alte Ausgaben des »Vorwärts«, Parteitagsprotokolle der SPD und andere Primärquellen studiert, um herauszufinden, welche politische Haltung die einzelnen Arbeiterführer zu den Landtagswahlen damals hatten und wie diese zu werten waren. Und das sollte ich nun ein Leben lang machen?

Mein Kommilitone Manfred T., Jahrgang 1938, der ebenfalls zum Vorstellungsgespräch in Berlin weilte, entschied sich – im Gegensatz zu mir – für die Arbeit am ZK-Institut. Er promovierte und war dort bis 1988 als wissenschaftlicher Mitarbeiter tätig. Nach 1990 hat er an zeitgeschichtlichen Forschungen im Rahmen von Projektmaßnahmen teilgenommen. Da er 1995 Dokumente zur Verschmelzung von SPD und KPD herausgab und zu diesem Thema auch zusammen mit einem Kollegen 2001 eine Arbeit veröffentlichte, gehe ich davon aus, daß er sich hauptsächlich mit der Geschichte der SED beschäftigen mußte.

Leutnant Günther V., der mich im Herbst 1965 für das MfS warb, bot mir eine Arbeit an, die meinen Veranlagungen und Vorstellungen stärker entgegenkam. Er sprach zwar von politischer Analysetätigkeit statt »Aufklärung« und auch davon, daß ich mir dafür »Berater« und »Fachleute« (gemeint waren IM) suchen müßte, aber wehrte Detailfragen mit Hinweis auf die Geheimhaltung ab. Mir gefiel, daß es sich allem Anschein nach um eine politisch-operative Arbeit handelte.

Hinzu kam noch etwas anderes, was mich sofort zustimmen ließ: Ich würde in Leipzig bleiben können und nach einem halben Jahr eine Zwei-Zimmer-Neubauwohnung mit Küche und Bad erhalten. Angesichts der Notlage auf dem Wohnungsmarkt erschien mir das wie ein Lottogewinn. Während des Studiums hatte ich in einem möblierten Zimmer im Erdgeschoß der Naumburger Straße 8 gewohnt. Es war ein großes Zimmer mit Tisch, drei Stühlen, Metallbett, Waschtisch, Kommode und Kleiderschrank. Dafür zahlte ich jeden Monat 25 Mark. Ein großer grüner Kachelofen sorgte im Winter für Wärme, fraß allerdings viele Briketts. Das Wasser zum Waschen holte ich mir aus der Küche, da die Wohnung kein Bad und nur eine Außentoilette besaß. Nach meiner Hochzeit im Juli 1965, ein halbes Jahr vor Ende des Studiums, zog meine Frau zu mir. Wir stellten das alte Sofa auf, das uns von Heuersdorf über Deutzen nach Altenburg begleitet hatte, und hausten dort recht und schlecht. An eine richtige Wohnung war nicht zu denken.

Mein Gehalt sollte anfänglich 850 Mark netto betragen und systematisch steigen. Im Vergleich zum Verdienst meiner Frau, die als Unterstufenlehrerin 500 Mark bekam, war das beachtlich. Auch dieses Argument war nicht von der Hand zu weisen.

Und schließlich: Meine Frau unterrichtete in einer Kleinstadt bei Grimma, wohin sie die Einsatzkommission nach dem Studium geschickt hatte. Sie sollte nach Leipzig zurückgeholt werden, denn schließlich sollte der Mitarbeiter des Sicherheitsorgans Manfred B. den Kopf frei haben und nicht von familiären Sorgen bedrückt werden. Das hörte sich alles sehr gut an.

Ich stimmte der »vorgesehenen Perspektive« zu. Nach einigen Wochen wurde gefordert, ich solle mein Studium vorzeitig beenden, damit ich bereits im Februar 1966 den Dienst antreten könne. Ich willigte ein, stellte in einem Kraftakt die Diplomarbeit fertig und erledigte vorfristig alle notwendigen Formalitäten.

Meine Einstellung in das MfS war nach intensiven Ermittlungen und Recherchen der Abteilung Kader, die sich auf alle meine Verwandten und Freunde erstreckten, genehmigt worden. Das bedeutete, daß ich politisch, menschlich und fachlich für den Dienst im MfS als geeignet eingeschätzt wurde und den Anforderungen an Einstellungskader entsprach. Mitarbeiter des MfS sollten »im Sinne der marxistisch-leninistischen Weltanschauung« erzogen und Mitglied der »Partei der Arbeiterklasse« sein. Diese Anforderungen erfüllte ich ohne Einschränkungen. Ich war ohne Vater aufgewachsen. Darüber habe ich früher nie viel nachgedacht. Ich habe auch nie einen Vater vermißt. Heute, nachdem ich selbst Kinder großgezogen habe, denke ich, daß ein Vater sehr wichtig ist. Viel hängt natürlich davon ab, was er für ein Mensch ist. Da meine Mutter sich nie in meine Entscheidungen eingemischt hat und auch politisch uninteressiert war, hätte mir ein Berater sicher gut getan. So wurde ich im Prinzip allein von der Gesellschaft erzogen und hörte meist nur den »ständigen geistigen Flügelschlag der Ideologie« (Stefan Heym) – in der Schule, der Pionierorganisation, im Radio, in der Zeitung und in den Büchern. Zur Zeit meiner Einstellung war ich also überzeugter Sozialist, wenn eine solche Selbsteinschätzung überhaupt möglich ist. Ich war mehr Kind der DDR als meiner Mutter.

Mitarbeiter des MfS sollten möglichst aus der Arbeiterklasse und aus einem »fortschrittlichen Elternhaus« stammen. Hier hatte ich nicht ganz so gute Karten.

Mein Großvater mütterlicherseits, Arthur Krumbholz, war Vermessungsingenieur gewesen. Er meldete sich 1914 freiwillig zur Kavallerie und nahm als Major am 1. Weltkrieg teil. Nach dem Krieg ging er nach Breslau in seinen Beruf zurück. Später machte er sich selbständig, d. h. er arbeitete, um es mit der heutigen Situation zu vergleichen, als Freiberufler – zuerst in Frankfurt am Main, dann in Bonn und schließlich in Königsberg, wo ich geboren wurde. Aus ökonomischen Gründen trat er, wie viele Mittelständler, in den 30er Jahren der NSDAP bei. Das erfuhr ich aber erst im Jahre 2000 aus Briefen meiner Großmutter, die sich im Nachlaß meiner Mutter fand. Mein Großvater starb 1942. Meine Großmutter war als Fotografin ausgebildet, hat aber die meiste Zeit ihres Lebens den Haushalt der Familie geführt.

Meine Mutter hatte den Beruf einer pharmazeutischen Laborantin erlernt und arbeitete im wesentlichen bis zur Flucht 1944 aus Königsberg als Angestellte in ihrem Ausbildungsbetrieb, der pharmazeutischen Firma Madaus & Co., die heute in Köln ihren Stammsitz hat. Zur Arbeiterin wurde sie durch die geschilderten Umstände, ab 1953 war sie wieder Angestellte. Sie trat 1946 der SPD bei, weil das Voraussetzung für den Besuch eines Neulehrer-Kurses war, auf den sie dann aber wegen des Todes ihrer Mutter verzichten mußte.

Mein Vater, der 1941 gefallen ist, war nach den Angaben meiner Mutter Chemiker und Angestellter einer Drogerie in Königsberg. Er war wie mein Großvater Mitglied der NSDAP, was mir meine Mutter zeitlebens verschwieg. Es ging aus Unterlagen hervor, die ich nach ihrem Tod im Nachlaß fand. Ich erinnerte mich plötzlich an ein Foto, das ich als Kind gesehen hatte. Auf ihm waren meine Eltern Arm in Arm abgebildet. Mein Vater trug am Revers ein rundes Abzeichen. Im Nachlaß meiner Mutter fand ich nur noch die Hälfte des Bildes – mein Vater war sorgfältig mit der Schere herausgeschnitten. Die Herkunft meines Vaters liegt leider im dunkeln, seine Eltern sind unbekannt.

Auch die Umstände der Eheschließung meiner Eltern sind mysteriös. Die Vermählung erfolgte als Kriegstrauung im Oktober 1939. Das schlichte Hochzeitsfoto wurde erst im Oktober 1940 gefertigt, so daß man annehmen muß, daß es sich um eine Ferntrauung handelte, zumal im Oktober 1939 der Krieg gegen Polen, an dem mein Vater teilnahm, noch im vollen Gange war. Meine Mutter sprach grundsätzlich nicht über ihren Mann, erwähnte lediglich einmal beiläufig, daß ihre Eltern ihn ausgesucht hätten. Da mir die Mitgliedschaft in der Nazipartei nicht bekannt war, gab ich sie natürlich auch nicht in den Fragebögen an. Es muß aber niemand gemerkt haben, zumindest wurde ich nie darauf angesprochen.

Mitarbeiter des MfS durften keine Verwandten in Westdeutschland oder im kapitalistischen Ausland haben. Die entfernten Verwandten, zu denen meine Mutter nach dem Krieg Verbindung hatte, waren Mitte der 50er Jahre verstorben. Dabei handelte es sich um eine Familie Maan in Berlin-Steglitz, Grunewaldstraße 29, die wir im Sommer 1949 – ich war acht Jahre alt – einmal besuchten. Ich erinnere mich noch gut an diese Reise. Wir fuhren von Deutzen mit einem LKW, der mit Holzgas angetrieben wurde, auf der offenen Ladefläche nach Berlin. Außer meiner Mutter, meinem Bruder und mir reiste noch Frau Charlotte Dreiße mit, unsere Vermieterin in Deutzen, die ebenfalls Verwandte besuchen wollte. In Ost-Berlin stiegen wir in die S-Bahn und fuhren in den Westteil der Stadt. Auf dem S-Bahnhof Steglitz kaufte meine Mutter uns beiden Kindern erst einmal Bananen, die uns unbekannt waren, aber gut schmeckten. Sie hatten eine fremde Süße und klebten etwas breiig im Mund. Ich erwähne das deshalb, weil die Banane in der Geschichte der beiden deutschen Staaten, wie wir alle wissen, eine besondere Rolle gespielt hat, und ich niemanden vorenthalten will, wann diese krummen Dinger meinen Weg das erste Mal kreuzten.

Unser Aufenthalt bei der Familie Maan, einem älteren kinderlosen Ehepaar, das ein kleines Häuschen bewohnte, mußte verlängert werden, da ich auf der Außentreppe beim Herumtollen mit meinem Bruder gestürzt war und mich ernstlich verletzt hatte. Eine große Wunde unterhalb des linken Knies mußte genäht werden, und ich bekam Fieber. Ich lag einige Tage im Bett, las Märchen aus »1000 und einer Nacht« und wurde wieder aufgepäppelt, u. a. mit dem mir damals ebenfalls unbekannten Bienenhonig, der allerdings mehr Eindruck auf mich machte als die Bananen. Wer den damals im Osten erhältlichen Kunsthonig kennt, wird mich verstehen.

Weitere Westverwandte waren die Schwestern Helene und Herta Pfeiffer aus Langenselbold bei Hanau. Bis zu ihrem Tod Anfang der 50er Jahre schickten sie uns hin und wieder Pakete, und wir Kinder mußten uns immer schriftlich und überschwenglich bei den Tanten bedanken, damit Puddingpulver und Tütensuppen, aber auch Schokolade und Orangen weiter den Weg zu uns fanden.

Auch meine Ehefrau, deren Vater Offizier der Volkspolizei war, hatte keine auswärtigen Verwandten.

Nach der Unterschrift unter die Verpflichtung und einiger Belehrungen der Abteilung Kader begab ich mich an meinen künftigen Arbeitsort, die Abteilung XV, die Aufklärungsabteilung in der Bezirksverwaltung. Mit der »Aufklärung« hatte ich mich vor 1966 kaum beschäftigt. Dieses Thema spielte auch in der Literatur und im öffentlichen Leben der DDR bis Anfang der 60er Jahre kaum eine Rolle. In jener Zeit lief in den Kinos der DDR ein westliche Spielfilm, der Aufsehen erregte. Er hieß »Wer sind sie, Dr. Sorge?«. Auch ich sah mir den interessanten Film im Leipziger »Capitol« an.

Damals wußte ich nicht, daß noch zu Lebzeiten Stalins, im Mai/Juni 1951, im »Spiegel« eine Serie über Dr. Sorge erschienen war, die den Titel trug »Porträt eines Spions«. Heute kann man diese Reportage problemlos im Internet abrufen und lesen. Sie wirft viele Fragen auf, die damals natürlich nur das KGB der Sowjetunion hätte beantworten können. Dort hüllte man sich jedoch in Schweigen. Erst nach dem XX. Parteitag der KPdSU 1956, auf dem Chruschtschow seine berühmte Geheimrede über die Verbrechen Stalins hielt, wurden Schritt für Schritt viele unklare Fragen aus der Geschichte der Sowjetunion beantwortet. So wurde auch das Geheimnis um Dr. Sorge und andere Kundschafter nach und nach gelüftet.

Dr. Richard Sorge, ein fähiger und erfahrener Journalist, war Kommunist und Kundschafter des militärischen Geheimdienstes der Sowjetunion (Deckname »Ramsay«). Er war im fernen Osten, insbesondere in China, für verschiedene deutsche Zeitungen tätig. Ende der 30er Jahre schuf er in Japan eine Residentur, oder, wie die bürgerliche Presse schreibt, einen »Agentenring«, dessen Aufgabe die Beschaffung von Informationen über die Außenpolitik Japans war. Als deutscher Journalist und damit Bürger eines mit Japan verbündeten Staates und als freier Mitarbeiter der Botschaft in Tokio hatte er dazu hervorragende Möglichkeiten. Dr. Sorge informierte durch seinen Funker Christiansen-Clausen die Zentrale in Moskau über den Zeitpunkt des Überfalls Deutschlands auf die Sowjetunion und den Überfall Japans auf Pearl Harbour. Seine Meldungen wurden von Stalin nicht beachtet und auf die Liste der Desinformationen gesetzt. Seine Führungsoffiziere im Geheimdienst und seine russische Ehefrau fielen den Stalinschen Säuberungen zum Opfer. Als Dr. Sorge in Japan durch Verrat verhaftet wurde, hätte die Möglichkeit bestanden, ihn auszutauschen, aber Stalin ließ ihn als unliebsamen Zeugen seiner Irrtümer fallen. So wurde er 1944 hingerichtet. Er starb aufrecht und würdevoll.

Einer meiner Vertrauenskontakte, der Generaldirektor der Zentralen Forschungs- und Gedenkstätten der Deutschen Klassik in Weimar, Prof. Walter Dietze, der über sehr gute Verbindungen nach Japan verfügte, hat das Grab Richard Sorges in den 70er Jahren in Tokio besucht und auf meinen Wunsch ein Foto gemacht. Er berichtete, daß er seinen Besuch über die DDR-Botschaft bei den japanischen Behörden anmelden mußte und daß er während seines Besuches auf dem Friedhof von japanischen Sicherheitskräften begleitet und beobachtet wurde. Man nannte dies *provokative Observation*. Dr. Sorge gilt noch heute als Feind Japans.

In der DDR wurden seine Arbeit und Persönlichkeit hoch gewürdigt. Dr. Sorge wurde als Vorbild insbesondere für die Jugend aufgebaut. Es erschienen Bücher über ihn, Schulen und Straßen wurden nach ihm benannt. Sein Funker bereiste bis zum Tod das Land und berichtete über die gemeinsame Arbeit auf Buchlesungen, in denen er sein Buch »Max Christiansen-Clausen: der Funker Dr. Sorges« vorstellte. Im MfS hatte er einen hohen moralischen Rang, er galt den Aufklärern als Vorbild.

1963 kam der erste DEFA-Film in die Kinos, der erstmals das Kundschafterthema anschnitt. Er hieß »For eyes only – Streng geheim«, wurde ein großer Publikumserfolg und galt lange als DDR-Kultfilm in diesem Genre. Der Erfolg war nicht nur dem begabten jungen Schauspieler Alfred Müller zu verdanken, der den Kundschafter Hansen spielte, sondern wohl auch der Tatsache, daß die Vorlage das Leben geliefert hatte.

Ausgangspunkt des Filmes waren Erlebnisse des Kundschafters der HVA, Horst Hesse, dem es gelungen war, in einer Dienststelle des amerikanischen Geheimdienstes MID in Würzburg einzudringen. Er beschaffte, allerdings auf unspektakuläre Art, die Kartei der DDR-Agenten des MID. Schlendrian in der amerikanischen Dienststelle begünstigten seinen Erfolg. Die Angriffspläne der NATO, um die es im Film ging, hatte hingegen ein anderer IM der HVA beschafft. Es handelte sich um den Stabsoffizier der Bundeswehr, Major Bruno Winzer, der sich meines Wissens der HVA zur Zusammenarbeit auf finanzieller Basis angeboten hatte. Am 8. Juli 1960 waren diese Pläne auf einer internationalen Pressekonferenz der Öffentlichkeit vorgestellt worden. Sie dienten ein Jahr später als Begründung für den Bau der Mauer.

Auch in diesem Film spiegeln sich Motive des Kundschafters Hansen und die Ziele seiner Arbeit wieder. Sie gleichen denen von Dr. Richard Sorge. Im fundamentalen Unterschied zur Aufklärung interpretierten wir den Begriff der *Spionage* als Auskundschaftung von politischen, wirtschaftlichen und militärischen Geheimnissen mit dem Ziel ihrer Nutzung im Kampf gegen den Fortschritt – in unserem Fall also gegen die sozialistische Gesellschaftsordnung. *Aufklärung* hingegen hatte für uns rein defensiven Charakter und diente der Verteidigung des Sozialismus. Leider wurde in der Praxis der HVA nicht immer nach diesem Grundsatz gehandelt, wie ich später noch merken sollte.

Die Aufklärungsabteilung im Bezirk Leipzig

Gewalt, moderne Gewalt, war ein kunstvoll zusammengefügter Apparat, Informationen, Auswertung, Anordnung, Durchführung, und der diese Gewalt zu spüren kriegte, wußte oft nicht einmal, aus welcher Ecke sie kam.
Stefan Heym, »Collin«

Die Stadt Leipzig war nach der Hauptstadt Berlin die mit Abstand bedeutendste Stadt der DDR. Die Bevölkerungszahl betrug in ihrer Blütezeit 650.000 Einwohner, nach der Bevölkerungsdichte lag sie sogar an erster Stelle. Die Stadt trug in der Vergangenheit etliche schmückende Titel – Kursachsens Diamant, Klein-Paris (Goethe), Pleiß-Athen und sächsisches Liverpool. In der DDR-Zeit war es *die* Messestadt, Universitätsstadt, Buchstadt, Kongreß-Stadt, Musikstadt und Stadt des Sports. Im Ausland war sie bekannter als das Land Sachsen, in dem sie lag. Dies hatte auch Auswirkung auf die tatsächlichen, teilweise auch konstruierten und übertriebenen Sicherheitsbedürfnisse der Stadt. Gleichzeitig war Leipzig aufgrund seiner zahlreichen Verbindungen in das westliche Ausland und der Konzentration von ausländischen Besuchern nächst Berlin *das* Hauptbetätigungsfeld der Hauptverwaltung Aufklärung des MfS, wodurch sich auch die Bedeutung der Leipziger Abteilung XV als Aufklärungsabteilung vor Ort von den vergleichbaren Abteilungen in den anderen Bezirksverwaltungen unterschied.

Die Abteilung XV gab es in allen 15 Bezirksverwaltungen der DDR. Sie war formal Diensteinheit der Bezirksverwaltung (BV) und damit disziplinarisch dessen Leiter unterstellt, unterschied sich aber von allen anderen Abteilungen dadurch, daß die fachliche Anleitung und Kontrolle ausschließlich durch die Hauptverwaltung Aufklärung in Berlin erfolgte. Der HVA und damit auch den Abteilungen XV war von der Staatsführung die zentrale Aufgabe gestellt, Pläne und Absichten des Feindes, die die Sicherheit und Interessen der DDR beeinträchtigten konnten, aufzuklären und Überraschungen vor allem auf politischem und militärischen Gebiet zu verhindern. Dies allein erscheint aus dem Blickwinkel der Zeit des kalten Krieges ganz normal und logisch. Die hohe Mitarbeiterzahl (1989 etwa 4.000 Hauptamtliche) und die umfangreiche Struktur der HVA verdeutlichen aber, daß die Tätigkeit der HVA weit über diese Aufgabe hinausging und sie sich im Prinzip mit allen gesellschaftlichen Bereichen in ihrem Hauptoperationsgebiet BRD beschäftigte, um Informationen zum Vorteil der DDR zu beschaffen.

Das traf vor allem auf den Sektor Wissenschaft/Technik zu. Dort wurde Ausforschung unter Einsatz beträchtlicher Devisensummen betrieben. Es ging nicht nur darum, Embargobestimmungen zu unterlaufen, sondern auch alles zu beschaffen, was helfen konnte, eigene Forschungsmittel und Anstrengungen zu sparen. Abgedeckt war das durch die Richtlinie 2/79 des Ministers, die grundsätzliche Bedeutung für die Aufklärungsarbeit hatte. In ihr wurde von der HVA gefordert, »die auf die ökonomische Stärkung sowie auf die weitere Erhöhung des Wohlstandes des Volkes gerichtete Politik der Partei- und Staatsführung zu unterstützen.« Als Operationsgebiet der Aufklärung galten neben dem Schwerpunkt BRD insbesondere die USA und die anderen NATO-Staaten, aber auch China und ausgewählte Entwicklungsländer.

Verantwortlich für die Anleitung der Abteilungen XV in den Bezirken war der Stellvertreter des Leiters der HVA, Generalmajor Heinz Geyer, ein gelernter Friseur. Dieser schuf sich für die Realisierung der Anleitung eine spezielle Diensteinheit in der HVA, die sogenannte Arbeitsgruppe XV, die fünf Mitarbeiter beschäftigte und zuletzt von Oberst Manfred Ebert geleitet wurde. Zusätzlich war jeder Abteilung XV ein ständiger fachlicher Berater zugeordnet, in der Regel ein gestandener Abteilungsleiter der HVA. Für die Leipziger Aufklärungsabteilung waren dies in den 70er Jahren der Leiter der Abteilung XI (USA), Oberst Jürgen Rogalla, und in den 80er Jahren der Leiter der Abteilung XII, Oberst Klaus Rösler.

Jürgen Rogalla, ein typischer »Fischkopp«, war wortkarg und etwas eigensinnig. Er trug die Aura eines im Kampf an der unsichtbaren Front bewährten Kundschafters. Er war Anfang der 60er Jahre unter dem Namen Krüger als legal abgedeckter Resident der HVA in der Vertretung der DDR in Accra (Ghana) tätig gewesen. Als am 24. Februar 1966 der prosozialistische Präsident Ghanas, Dr. Kwame Nkrumah, durch einen Militärputsch gestürzt wurde, verhaftete man Rogalla als »Spion« der DDR. Er hatte während des Putsches – trotz Warnung – das sichere Gebäude der Botschaft verlassen und auf eigene Faust seine Wohnung aufgesucht, um in seinen Augen wichtige Unterlagen zu holen. (Das erzählte mir Werner Sch., der 1966 leitender Mitarbeiter in der DDR-Vertretung in Accra war, während unseres gemeinsamen Aufenthaltes in Daressalam Anfang der 80er Jahre.) Die Regierung der DDR stellte im Gegenzug den 2. Sekretär der ghanaischen Wirtschafts- und Handelsmission in Berlin, Mbroh, unter Hausarrest. Gegen ihn bestand der Verdacht der Beihilfe zur Republikflucht von Bürgern der DDR. Die Militärregierung Ghanas, das *National Liberation Comitee* (NLC), antwortete mit einer Ausreisesperre für die noch in Accra verbliebenen Mitglieder der DDR-Handelsmission. Die DDR reagierte mit der gleichen Maßnahme gegen 350 ghanaischen Studenten. Ende Mai 1966 wurden nach heftiger diplomatischer Rangelei alle Maßnahmen aufgehoben und »Krüger«, der auch unter der Folter standhaft geblieben war, freigelassen.

Die meisten ghanaischen Studenten befanden sich damals in Leipzig. Ich nahm zur gleichen Zeit an einem Englisch-Kurs in der Bezirksverwaltung teil, der von einem älteren Lehrer des Herder-Institutes geleitet wurde, den wir »Lord« nannten. Er übersetzte die Gespräche der ghanaischen Studenten, die von der für Lauschangriffe zuständigen Abteilung O, später 26, mit Abhörtechnik konspirativ aufgenommen worden waren.

Jürgen Rogalla alias Krüger sah ich zuletzt im November 2001 in einem Film des *mdr* über den IM »Topas«, der als Spitzenquelle der HVA jahrelang in der NATO tätig gewesen war. Er berichtete darin über dessen Anwerbung als Perspektiv-IM, die durch ihn erfolgte.

Oberst Klaus Rösler war ein hochintelligenter, kluger und höflicher Leiter, der zwar den Chef nie herauskehrte, aber ähnlich wie sein Chef Markus Wolf elitär dachte. Er unterschied sich in vielem von Jürgen Rogalla, und beide waren sicher keine Freunde. Rösler publizierte 1992 als einer der ersten HVA-Mitarbeiter seine Erinnerungen unter dem Titel »Die Spione des Markus Wolf«. Darin warf er Rogalla indirekt vor, bei seinem Einsatz in Ghana den Militärputsch gegen Nkrumah nicht vorausgesehen zu haben. Da ich später während meines Aufenthaltes in Tansania mit ähnlichen Problemen in Berührung kam, halte ich eine solche Vorhaltung nicht für begründet.

Heute denke ich, daß sich Röslers Achtung vor den Mitarbeitern in Grenzen hielt. Zu dieser Ansicht kam ich durch ein persönliches Erlebnis. Im Sommer 1988 mußten wir in Leipzig den IM »Erik Weber«, der mit der Methode »Republikflucht« in die BRD übersiedelt worden war, wegen Alkoholismus zurückziehen. In Berlin diskutierten wir die Probleme seiner Wiedereingliederung, die eine ganze Reihe konspirativer und abgedeckter Maßnahmen bei den DDR-Behörden notwendig machte (Meldestelle, Sozialversicherung, Wohnung, Arbeitsstelle usw.). Überall mußte außerdem die Tatsache des ungesetzlichen Verlassens getilgt werden – ein sehr kompliziertes Unterfangen, wie sich zeigte. Rösler wollte das umgehen und schlug allen Ernstes vor, unter der Losung: »Niederlage in einen Erfolg umzumünzen« den IM offiziell als reuigen Rückkehrer aus der BRD zu behandeln. Der IM sollte außerdem auf Foren mit Bürgern der DDR auftreten und dort über seine »Erfahrungen« sprechen. Diesen Vorschlag lehnte ich ab, denn seine Realisierung wäre eine Zumutung und Bestrafung für »Erik Weber« gewesen. Für die Entscheidung über seinen Einsatz waren schließlich wir verantwortlich.

Der Leiter der Abteilung XV, der persönlich den Kontakt zu den HVA-Instrukteuren hielt, war gleichzeitig Stellvertreter des Leiters der Bezirksverwaltung. Dies wurde in den meisten Bezirksverwaltungen so praktiziert, um die Bedeutung der Aufklärung zu unterstreichen und die Möglichkeiten der Abwehrdiensteinheiten für die Unterstützung der Abteilung XV besser nutzen zu können. Dazu gab es eine entsprechenden Dienstanweisung, die diese Unterstützung zur Pflicht machte. Zu ihr gehörte als Anlage eine »Wunschliste«, die ständig überarbeitet wurde und in der alle interessierenden Objekte und Personenkategorien des Operationsgebietes verzeichnet waren. Um diese Dienstanweisung durchsetzen zu helfen, waren einzelne mittlere Leiter der Abteilung XV als Instrukteure den wichtigsten Abwehrdiensteinheiten zugeordnet. Ich zum Beispiel war verantwortlich für die Abteilung XVIII (Wirtschaft), eine der größten Abteilungen der BV.

Zusätzlich arbeiteten in sieben von zwölf Kreisdienststellen des Bezirkes Leipzig eigenverantwortliche »Mitarbeiter Aufklärung«, die alle anfallenden Verbindungen des Operationsgebietes im Kreis bearbeiteten. Dieses System führte dazu, daß der Abteilung XV im Bezirk kein Kontakt, keine Verbindung in die westlichen Länder entging.

1966 zählte die Abteilung XV Leipzig einschließlich der Leiter 20 operative Mitarbeiter, eine Sekretärin, eine Schreibkraft und einen Chauffeur. Im September 1989, also 24 Jahre später, war sie auf 40 Mitarbeiter, drei Sekretärinnen, zwei Auswerterinnen und drei Fahrer angewachsen. Damit lag sie im Trend des Ministeriums, denn die Gesamtzahl der Mitarbeiter im MfS hatte sich in dieser Zeit ebenfalls mehr als verdoppelt. Waren es 1966 ungefähr 40.000 Hauptamtliche gewesen, so zählte man Ende November 1989 bereits 91.000 Mitarbeiter. In dieser letzten Personalliste, die das Kollegium des MfS für den »Runden Tisch« erarbeitet hatte, sind die *Offiziere im besonderen*

Einsatz (OibE) und die *hauptamtlichen IM* (HIM) nicht berücksichtigt. Der Jahresetat der Abteilung XV Leipzig betrug 1989 rund 350.000 Mark der DDR und 350.000 DM.

Im Jahre 1989 führten die Mitarbeiter der Abteilung zirka 350 IM der DDR, von denen 77 als Werber oder Instrukteure im Operationsgebiet (OG) eingesetzt wurden (Einsatzkader). Der große Rest waren 132 IM in wichtigen gesellschaftliche Positionen, 71 Inhaber von konspirativen Wohnungen und 61 Deckadressen. 13 IM waren hauptamtlich tätig. Zirka 30 DDR-Werber, darunter hauptamtliche IM, arbeiteten an aktiven Werbevorgängen, sogenannten Kontaktpersonen (KP) in das Operationsgebiet.

Im gleichen Jahr wurden durch Mitarbeiter der Abteilung XV ungefähr 25 IM in der BRD angeleitet. Darunter gab es zwei Quellen von Bedeutung, den IM »Baron« und den IM »Schwarz«. Der IM »Baron« war Anfang der 70er Jahre in die BRD übersiedelt worden und arbeitete im Forschungsbereich eines großen Chemiekonzerns.

»Schwarz« wurde Ende der 50er Jahre unter fremder Flagge geworben. Diese »Flagge« war das Büro des französischen Ministerpräsidenten. Er war zuletzt freier Journalist und Mitglied des Wehrpolitischen Arbeitskreises der CSU. Überhaupt verfügte er über sehr gute Beziehungen zur Führung der CSU und zur bayerischen Staatskanzlei in München. Aus nachrichtendienstlicher Sicht war es eine außerordentliche Leistung der beteiligten Instrukteure und Mitarbeiter, diese »fremde Flagge« über 30 Jahre lang glaubhaft zu vertreten und durchzuhalten. Dabei wurde hoher finanzieller und zeitlicher Aufwand betrieben, um »Schwarz« zu suggerieren, er arbeite für die Franzosen. Stellt man jedoch die Frage nach der Leistung der Mitarbeiter aus menschlicher Sicht, fällt die Antwort anders aus. Ein Mann wurde getäuscht, weil er auf der Gegenseite stand, aber nützlich sein konnte. Um die Motivation der Quelle zu stärken, beschaffte der Leiter der Abteilung XII (NATO) der HVA, Oberst Rösler, beispielsweise eine hohe französische Auszeichnung, die dem IM bei einem Treff in feierlichem Rahmen überreicht wurde.

Als der Leiter der Abteilung XV das erste Mal unter Legende an einem Treff im Ausland teilnahm, beschäftigte er sich viele Wochen mit dem Leben und den Werken Theodor Storms, da dies der Lieblingsautor der Quelle »Schwarz« war und er sich in ein vorteilhaftes Licht rücken wollte.

Registratur, Konspiration und Legenden

Im Jahre 1966 war die Abteilung in eigener Verantwortung zuständig für das Territorium Nordrhein-Westfalen, die Landeshauptstadt Düsseldorf und zentrale Objekte wie die Staatskanzlei der Landesregierung. Ich wurde damals als Unterleutnant und Sachbearbeiter der sogenannten *Linie A* zugeordnet, die für die politische Aufklärung verantwortlich zeichnete. Daneben gab es die *Linie B* (Militärische Aufklärung), *Linie C* (Wirtschaft, Wissenschaft und Technik) und die *Linie D* (NATO-Länder, Dritte Welt).

Mir wurde als Objekt der Landesvorstand der SPD zugeteilt. Die dicke Akte, die ich darüber erhielt, der sogenannte Objektvorgang, trug den Decknamen »Scheinopposition«.

Wir waren damals der Ansicht, daß die SPD nicht an die Macht wollte und nur zum Schein opponierte, also Opposition *spielte*.

Diese Objektakte war eine Sammlung von offiziellen Informationen über den Landesvorstand der SPD in Düsseldorf einschließlich Namens- und Adressenlisten und einiger Berichte von IM der DDR, die sich bei Besuchen in Düsseldorf Lage und Umgebung der Gebäude angesehen hatten.

Schnell begriff ich, daß es überhaupt keine Voraussetzungen für eine erfolgversprechende Bearbeitung dieses Objektes gab. Es existierten keine Personendossiers, und ich erhielt auch keine IM, die über Möglichkeiten verfügt hätten, erfolgversprechend Zielpersonen aufzuklären und zu werben. Ich mußte von vorn anfangen.

Die Aufgabe war theoretisch einfach und übersichtlich, aber praktisch ein unglaubliches Unterfangen. Wichtige Informationen über politische Zusammenhänge in NRW erhielt man nur über kompetente Mandats- und Funktionsträger im Land. Diese mußten gefunden und aufgeklärt werden. Dann konnten geeignete IM aus der DDR oder dem OG, die vorher zu schaffen waren, an die Zielperson angeschleust werden, um Ansatzpunkte zu erarbeiten, die Werbemethode zu bestimmen und den Anwerbungsprozeß einzuleiten.

Ich begann also IM für den Einsatz in das Operationsgebiet BRD in der DDR zu suchen, sie zu werben und auszubilden und gleichzeitig alle Hinweise auf Personen, die aus Düsseldorf in den Bezirk Leipzig einreisten, hinsichtlich ihrer objektiven Möglichkeiten zur Bearbeitung des Objektes zu prüfen und gegebenenfalls mit ihrer Aufklärung zu beginnen.

Am Anfang mußte ich aber selbst erst einmal das Handwerk des

MfS-Mitarbeiters lernen. Die grundlegende Voraussetzung jeder nachrichtendienstlichen Aktivität war die Personenregistrierung. Ohne »Erfassung«, wie wir es nannten, durften weder Ermittlungen über Personen geführt noch Kontakt zu ihnen aufgenommen werden. Wenn man sich als Mitarbeiter des MfS für eine Person interessierte, mußte man als erstes ein kleines Formular (F 10), das auch »Suchzettel« genannt wurde, ausfüllen. Dieser ging an die zentrale Registratur, die Hauptabteilung XII des MfS, in der geprüft wurde, ob die Person bereits für andere Mitarbeiter »erfaßt«, also registriert war. Das Ergebnis wurde auf der Rückseite des F 10 vermerkt und der Suchzettel zurückgeschickt. Wenn die Person bereits erfaßt war, durfte man ohne Zustimmung des betreffenden Mitarbeiters nichts unternehmen, in der Regel war die Sache damit erledigt. Gute Leute waren meist bereits erfaßt. Dieses Problem machte zunehmend der Aufklärung zu schaffen. Es glich mitunter dem Wettlauf zwischen Hase und Igel.

Die Zahl der Mitarbeiter des MfS und damit auch der Mitarbeiter der Aufklärung wuchs systematisch von Jahr zu Jahr, während die Zahl der Bevölkerung zurückging. Das allein bedeutete schon rein mathematisch, daß immer mehr Bürger »erfaßt«, also registriert wurden. Gleichzeitig wurden Unterlagen zu den erfaßten Bürgern aus verschiedenen Anlässen gesammelt. Das führte dazu, daß zur Wende über viele Bürger Unterlagen beim MfS vorhanden waren und eine Flut von Anträgen auf Einsichtnahme hervorriefen, die die Gauck-Behörde immer wieder nutzt, um ihre Existenzberechtigung nachzuweisen. Die Aufklärung suchte vorrangig Bürger mit einer positiven Einstellung zur DDR und zum Sozialismus, die möglichst auch Mitglied der Partei waren. Das hatte zur Folge, daß bestimmte Bereiche, z. B. Universitäten und Fachschulen und dort besonders die gesellschaftswissenschaftlichen Bereiche, bei der Suche nach geeigneten IM besonders gern angesteuert wurden. Ein besonders signifikantes Beispiel dafür war die Sektion Journalistik der Karl-Marx-Universität Leipzig, die manche scherzhaft »Außenstelle der HVA« nannten. In den 70er und 80er Jahren waren dort die meisten Wissenschaftler und ein Großteil der Studenten für das MfS registriert. Ich selbst habe dort eine Reihe von IM geworben, entwickelt und eingesetzt und war Verbindungsoffizier der Aufklärung zu den Direktoren der Sektion Prof. Emil Dusiska und später Prof. Gerhard Fuchs. Diese Regelung wurde eingeführt, da beide sich weigerten, ständig die unterschiedlichen Mitarbeiter der Aufklärung des MfS wegen der Herauslösung von IM für Einsätze in das OG und die Erstellung von Beurteilungen zu empfangen.

Das bedeutete aber nicht, daß automatisch die ganze Sektion für das MfS tätig war. Viele waren auch aus Sicherheitsgründen erfaßt, einige hatten eine Zusammenarbeit abgelehnt oder waren in Zusammenhang mit anderen Gründen, die beispielsweise Verwandte betrafen, registriert worden. Ende der 60er Jahre hatte ich auch den wissenschaftlichen Oberassistenten Dr. Helmut Warmbier für eine Zusammenarbeit gewonnen. Er trug den Decknamen »Lektor«. Nachdem er sich vom Kritiker zum Gegner des realen Sozialismus in der DDR entwickelt hatte, brach er den Kontakt ab. Er gehörte 1989 zu den maßgeblichen Kräften in der Leipziger Bürgerbewegung.

Die wachsende »Nachfrage« nach geeigneten Kandidaten führte dazu, daß einzelne Mitarbeiter dazu übergingen, ganze Studienjahre prophylaktisch zu registrieren, um im Bedarfsfall einen gesicherten Zugriff zu haben.

Dies zu wissen ist wichtig, weil in Leipzig ausgebildete Journalisten einem Generalverdacht unterliegen. Viele Fälle sind in den letzten Jahren bekannt geworden, die Namen sind geläufig, und ich bedaure es, daß es uns nicht gelang, diese Personen vor öffentlicher Denunziation zu schützen. Vielleicht würden alle damit gelassener umgehen, wenn in gleicher Weise die Journalisten genannt werden würden, die für den Verfassungsschutz und andere Dienste arbeiten.

Doch weiter zum Vorgang der Registrierung. War die Person »frei«, mußte man zwei gelbe Karteikarten (F 16) mit den Personalien ausfüllen und diese zur Registratur in die HA XII des MfS schicken. Die zweite Karte wurde in der Registratur der HVA abgelegt. Jetzt war die Person erfaßt, und man konnte mit ihrer »Bearbeitung« beginnen, d. h. Ermittlungen führen, die Kaderakte einsehen und schließlich Kontakt aufnehmen. Nach der Werbung erhielt die Person eine Vorgangs-Nummer, die auf der gleichen Karte vermerkt wurde.

Diese F 16-Personenkartei, insbesondere jener Teil, der die Bundesbürger betraf, war 1990 bei der Auflösung des MfS natürlich das zentrale Objekt der Begierde für alle westlichen Geheimdienste. Aus Sicherheitsgründen wurde sie zum damals einzig sicheren Ort, der Zentrale des sowjetischen Geheimdienstes in Berlin-Karlshorst, gebracht und vom leitenden Verbindungsoffizier Alexander Prinzipalow zur Aufbewahrung übernommen. Danach erging es ihr wie dem Bernsteinzimmer: Die Kartei verschwand.

Einige Jahre später tauchte sie bei der CIA auf, wobei unklar ist, wie der USA-Geheimdienst sich ihrer bemächtigt hatte. Es wird unterstellt, daß Prinzipalow das hochbrisante Material verkauft habe. Er kann dazu nichts mehr sagen, denn er starb inzwischen – wie auch sein damaliger Mitarbeiter – an Herzversagen. Unter welchen Umständen ihn der Tod ereilte, ist mir nicht bekannt. Ich lernte Prinzipalow 1977 kennen. Nach seiner Enttarnung als Resident des KGB und der Ausweisung aus Norwegen verbrachte er einige Tage mit Frau und Tochter in unserem konspirativen Objekt »Musik« in Machern, ich war für die Betreuung verantwortlich.

Von grundsätzlicher Bedeutung in der nachrichtendienstlichen Arbeit war die Konspiration. Sie umfaßte die Tarnung und die Geheimhaltung der Arbeit mittels »Legenden«. Als Legende bezeichneten wir einen glaubhaften Vorwand, der weitgehend mit den objektiven Gegebenheiten übereinstimmte und einer Überprüfung standhielt. Legenden begleiteten uns immer. Das begann bereits bei der Tarnung der Arbeitsstelle oder »Firma«.

Wir waren angewiesen, für alle mündlichen Auskünfte und schriftlichen Äußerungen gegenüber Verwandten und Bekannten und in der gesamten Öffentlichkeit einen legendierten Arbeitgeber anzugeben. Als zentrale Legende wurde dabei das Ministerium des Innern (MdI) empfohlen, das auch im Sozialversicherungsausweis als Arbeitgeber eingetragen war. Da das Innenministerium aber auch ein militärisches Organ war, gab es immer wieder Irritationen. Viele wählten sich deshalb eine individuelle »Abdeckung« und nannten die Universität, den Rat der Stadt und andere Institutionen als ihren vermeintlichen Brötchengeber. Das aber hielt einer Überprüfung nicht stand. Schon eine telefonische Nachfrage konnte zur Dekonspiration führen. Im Laufe der Zeit wurde in der Wohnumgebung der einzelnen Mitarbeiter und auch bei den Arbeitsstellen der Ehepartner in der Regel unser tatsächlicher Job bekannt. Ich erinnere mich an einen Tanzabend im Lehrerkollektiv an der Schule meiner Frau, wo mir das deutlich demonstriert wurde. Die Tanzpaare wurden ausgelost, wobei offenkundig mein Los nicht ganz zufällig »007« hieß. Die mir zugeloste Partnerin hatte übrigens »4711« bekommen. Es war die große, korpulente Reinemachefrau und Küchenhilfe der Schule.

Das wissende Gelächter war riesengroß und wollte kaum enden.

Es gab aber auch Mitarbeiter, die es für notwendig hielten, selbst gegenüber den eigenen Kindern ihre wahre Profession zu verschweigen. Da gab es den tragischen Fall eines MfS-Ehepaares in einer kleinen Stadt, das sich nach der Wende das Leben nahm, weil die erwachsenen

Kinder nach der »Enttarnung« ihrer Eltern von ihnen aus Enttäuschung nichts mehr wissen wollten.

Ich habe mich in der Familie nie abgeschottet. Meine Kinder und engsten Verwandten waren eingeweiht. Trotzdem war es insbesondere für die Kinder eine psychische Belastung, da sie in der Schule nicht über meine Tätigkeit sprechen durften.

Nach der Wende und aufgrund meiner Erlebnisse im ersten Nachwendejob als Hausmeister entschied ich mich, meine Tätigkeit beim MfS geheimzuhalten. Ich war daran ein Leben lang gewöhnt und sah es überhaupt nicht ein, in einer Atmosphäre der gesellschaftlichen Ausgrenzung und des Hasses den Sündenbock abzugeben. Also habe ich die während meines Einsatzes als Resident in Tansania verwendete Legende für meine Arbeitsstelle (Rat des Bezirkes Leipzig, Abteilung Internationale Beziehungen) weiter benutzt, wobei es vorteilhaft war, daß diese Behörde nach der Wende ebenfalls nicht mehr existierte und ich tatsächlich vier Jahre im Ausland gearbeitet hatte. Damit ist nun Schluß.

Legenden wurden in der gesamtem Breite der operativen Arbeit benutzt. Alles wurde verdeckt und legendiert. Ermittlungen und Befragungen zu operativ interessanten Personen und Sachverhalten in der DDR, Kontaktaufnahmen zu interessanten Personen aus der BRD usw. Operative Reisen von IM in das Operationsgebiet hatten einen ganzen Komplex von Legenden zur Grundlage. Das begann mit der Legende für die Abwesenheit von Arbeitsstelle und Wohnort, ging über die Legenden für den Aufenthalt in den Hotels und im OG schlechthin und endete bei den Legenden im Falle der Verhaftung.

Wir waren Meister im Stricken von wirksamen Legenden aller Art.

Nach und nach arbeitete ich mich in meinem Arbeitsgebiet ein. Die spezielle Ausrichtung auf Nordrhein-Westfalen und die Struktur der Abteilung XV änderten sich Mitte der 70er Jahre. Die Abteilung XV erhielt die generelle Aufgabe, die gesamte Basis des Bezirkes, d. h. alle Personen, die einreisten oder auf dienstlicher Ebene Kontakte in den Bezirk pflegten, mit dem Ziel zu bearbeiten, die gesamte Breite der Aufgabenstellung der HVA abzudecken. Es wurden neue Referate gebildet.

Das Referat 1 führte die wichtigsten IM im Operationsgebiet.

Das Referat 2 war verantwortlich für die Werbung von IM im OG durch Nutzung der gesamten Basis des Bezirkes.

Das Referat 3 beschäftigte sich mit der Werbung von DDR-Einsatzkadern, Übersiedlungs- und sogenannten Austausch-IM (A-IM).

Das Referat 4 und die Operative Außengruppe (OAG) schufen operativ interessante Personen-Hinweise aus dem OG und verdichteten sie.

Dadurch hatte ich es im Laufe meines »Arbeitslebens« mit Perspektiv-IM, mit IM aus Drittstaaten, mit Übersiedlungs-IM und mit der gesamten Palette der DDR-Einsatzkader zu tun.

Das ständige Hauptziel aller nachrichtendienstlichen Tätigkeit durfte natürlich nie vergessen werden: das Eindringen in die politischen Entscheidungszentren in der Bundeshauptstadt Bonn. 30 Jahre später, am 15. Juni 1996, konnte ich, diese sarkastische Bemerkung sei mir gestattet, diesen Auftrag endlich auch als erfüllt betrachten. Ich nahm teil an der landesweiten Protestdemonstration des DGB in Bonn gegen das 50 Milliarden-Sparpaket der Bundesregierung. Vor der Kundgebung besichtigten wir während eines Spazierganges in der Adenauerallee die wichtigsten Regierungsgebäude.

Der Erfolgsdruck in der politisch-operativen Arbeit war immens und öfter auch Ursache nicht nur von Fehlschlägen, sondern auch von Fehlverhalten und tragischen Ereignissen. Als hauptamtlicher Mitarbeiter eines sozialistischen Aufklärungsorgans Erfolg zu haben, indem man Personen für eine geheimdienstliche Tätigkeit anwarb, hing von vielen Faktoren ab, die man nicht alle beeinflussen konnte. Auch der Faktor Zufall oder Glück spielte mitunter eine wichtige Rolle. Natürlich war es erstes Ziel unserer Arbeit, Menschen für die nachrichtendienstliche Tätigkeit zu gewinnen, indem wir sie von der Notwendigkeit einer solchen Aufgabe überzeugten, ohne zu verhehlen, daß sie dadurch Gesetze ihres Landes verletzten.

Das war die Hauptmethode der Arbeit.

Doch die Geheimnisträger in den Entscheidungsgremien der BRD waren nun einmal keine Freunde des Sozialismus oder der DDR. Aus diesem Grunde erfolgten auch Anwerbungen von IM auf der Grundlage ihrer materiellen Interessiertheit oder unter »fremder Flagge«, also der Vortäuschung eines ihnen genehmen Partners. Meist geschah das in Gestalt eines vermeintlich westlichen Geheimdienstes.

Durften wir das? Wir beriefen uns darauf, daß der Gegner diese Methoden anwandte und wir dadurch gezwungen seien, gleiches zu tun. Wir meinten, daß es für die beste Sache der Welt geschähe, für den Frieden, und damit sei alles erlaubt.

Durch unsere Arbeit wurden Existenzen zerstört, Menschen unglücklich gemacht. Alles im Namen »der Sache«. Der Zweck heiligte auch im sozialistischen Nachrichtendienst die Mittel.

Es gab in allen Dienstanweisungen, Arbeitskonzeptionen, Analysen die ständig wiederkehrende Forderung, nur solche Personen zu bearbeiten und zu werben, die einen qualitativen Zuwachs versprachen und wirklich bereit waren, eine schwierige Aufgabe an der unsichtbaren Front zu übernehmen. Selbstverständlich bewegte sich die HVA in diese Richtung, aber man brauchte sich nur die Struktur des gewaltigen Apparates anzusehen, um zu erkennen, daß auf allen relevanten Gebieten der Politik, der Wirtschaft, der Entwicklung von Wissenschaft und Technik sowie in allen wichtigen Ländern »spioniert« wurde. Da ein funktionierendes IM-Netz außerdem die verschiedenen Kategorien, von der »Quelle« bis zur »Deckadresse«, für sein reibungsloses Funktionieren brauchte und zwischen den Diensteinheiten ein scharfer Wettbewerb auch in quantitativer Hinsicht im Gange war, wurde jede ins Blickfeld des MfS geratene Person unabhängig von ihrem sozialen Status und ihren Möglichkeiten und Fähigkeiten »bearbeitet«, wenn die Chance einer »Bearbeitung« und späteren Werbung vorhanden war. Hinsichtlich der künftigen Stellung des neuen IM im Netz und den zu übernehmenden Aufgaben neigten wir zu Kompromissen. Wunschdenken war an der Tagesordnung.

Es galt unausgesprochen die Losung: Erst einmal anwerben, dann wird man schon sehen.

Die »Waldschule«

Um die neuen Mitarbeiter mit der politisch-operativen Arbeit vertraut zu machen, wurden sie zu Beginn ihrer Tätigkeit einer konzentrierten fachlichen Ausbildung unterzogen. Von September bis Dezember 1967 nahm auch ich an einem obligatorischen zehnwöchigen Einführungslehrgang an der Schule der HVA teil. Ihr streng geheim gehaltener Standort befand sich bei Belzig im Fläming, unauffällig, fast romantisch versteckt im Wald, weshalb sie auch »Waldschule« genannt wurde. Das war keine aus einschlägigen Filmen bekannte Ausbildungs- und Trainingsstätte für Agenten, Einzelkämpfer und Diversanten, sondern eine ganz normale Bildungseinrichtung mit Internat, etwa mit einer Fachschule vergleichbar. Gegenüber der Öffentlichkeit war sie abgedeckt als Zentralschule der »Gesellschaft für Sport und Technik« (GST), einer halbmilitärischen Jugendorganisation der DDR. Sie war eingezäunt wie ein militärisches Objekt und wurde rund um die Uhr von Soldaten bewacht, die dem Wachregiment des MfS angehörten.

Die Lehrer und auch die »Kursanten« trugen die olivgrünen Uniformen der GST. Das war eine bequeme Sache, Anzug und Krawatte konnten zu Hause bleiben. Nur mit dem Käppi hatte ich meine Schwierigkeiten, aber es störte auch niemanden, wenn man es nicht trug. Das Objekt bestand aus einem großen Schulgebäude mit Seminarräumen und Arbeitszimmern sowie der Bibliothek, dem Wirtschaftsgebäude mit Speisesaal, Küche und zugehörigen Einrichtungen, eine kleine Gaststätte, zwei Unterkunftsbaracken für die Studenten und den Wohngebäuden für die Lehrkräfte. Doch auch diese Schule wuchs und wuchs wie das MfS und die HVA in den proportional gleichen Dimensionen. In den letzten Jahren wurde sie der Juristischen Hochschule Potsdam-Eiche des MfS zugeordnet und erhielt das Promotionsrecht. Mitte 1988 wurde für sie ein völlig neues, riesiges Objekt in Gosen in der Nähe von Berlin gebaut. Während des Aufenthaltes an der Schule trugen die Mitarbeiter in den ersten Jahren Decknamen und durften nicht über ihre Herkunft und Privatsphäre sprechen. Als ich 1967 zusammen mit drei anderen Genossen aus Leipzig den Einführungslehrgang besuchte, hatte man allerdings von dieser Regelung bereits Abstand genommen.

Ein Genosse meiner Abteilung, Heinz-Peter B., der an dieser Schule bis 1967 einen Zweijahreslehrgang absolviert hatte, warnte mich, ich solle nicht zu sorglos sein, da eine aufmerksame Beobachtung der Kursanten erfolge. Um die Behauptung zu illustrieren, erzählte er mir ein Beispiel. Sein Kurs sollte einen Bogen anonym ausfüllen, auf dem die Frage beantwortet werden mußte: »Mit welchen Genossen deiner Seminargruppe würdest du in den illegalen Kampf gehen und mit welchem nicht? Nenne je einen Namen.« So glaubte man die unsicheren Kantonisten aufzuspüren.

Wir wurden in einer Baracke in Zweibettzimmern untergebracht, dem »Landhaus«. Das Objekt durfte während der zehn Wochen nicht verlassen werden, auch nicht für Ausgänge in die Stadt Belzig. Wir saßen abends also entweder in der Kneipe des Objektes, im Fernsehraum oder schafften uns auf der Kegelbahn. Unterricht gab es in verschiedenen Fächern, von denen ich nur die wichtigsten nennen will:

– *Operative Methodik* (Hauptmethoden der Werbung von IM, die Zusammenarbeit mit IM, das Verbindungswesen usw.)

– *Operative Regimeverhältnisse* (Parteien und Organisationen in der BRD, Sicherheitssystem der BRD, Strafgesetzbuch (StGB) und Strafprozeßordnung (StPO), soziale Situation usw.)

Ich habe an der Schule der HVA im Verlaufe meiner Zugehörigkeit zum MfS später noch zwei weitere Kurse besucht. 1975 weilte ich im Zusammenhang mit einem Fernstudium an der Juristischen Hochschule des MfS in Potsdam-Eiche zu einer Art politisch-operativen Qualifizierungslehrgang in der »Waldschule«, um meine Examensarbeit zu schreiben und Prüfungen in einigen Spezialdisziplinen abzulegen, und Anfang der 80er Jahre nahm ich teil an einer dreitägigen Weiterbildung für Führungskräfte. Dabei wurde für mich sichtbar, daß insbesondere der Lehrstuhl *Operative Methodik* zunehmend »verwissenschaftlichte«.

Es gab einen Gegenstand der Forschung, die Werbung von IM, und es wurden wissenschaftliche Theorien und Systeme dazu entwickelt, die auf Anleihen aus der Pädagogik, der Psychologie, der Philosophie u.a. fußten und Anspruch auf Allgemeingültigkeit erhoben. So entstanden merkwürdige Begriffe wie »Tschekistik« oder »Tschekismus«, und es wurden Gesetzmäßigkeiten für ein bestimmtes operatives Handeln in den verschiedenen Phasen eines Werbeprozesses formuliert.

Das schien mir eine ziemliche Hochstapelei, deren realer Nutzen in keinem günstigen Verhältnis zum Aufwand stand.

1967, zur Zeit meines ersten Besuches der Schule, war von solchen Ambitionen noch nicht die Rede, die Lehrer gaben sich bescheiden und selbstkritisch. Von den damaligen Teilnehmern des Kurses sind viele im Verlaufe der nächsten Jahre aus unterschiedlichen Gründen aus dem MfS ausgeschieden, einige haben Karriere gemacht. Zu ihnen gehörte Gunter Nehls von der Abteilung XV der Bezirksverwaltung Rostock, ein gewollt freundlicher, strebsamer Genosse, der durch besonderen Eifer auffiel und wegen seiner Fähigkeit, den Lehrkräften nach dem Mund zu reden. 1989, zur Zeit des Zusammenbruchs, hatte er es bis zum Leiter des Bereiches Äußere Abwehr der Abteilung IX der HVA gebracht, der sich mit den gegnerischen Geheimdiensten beschäftigte. Sein Auftreten war durch kühle Distanz und leichte Arroganz gekennzeichnet. Nach der Wende war auch er in Prozessen gegen seine IM mitangeklagt.

Werner Großmann, sein früherer Chef, ordnet ihn in seinem Buch »Bonn im Blick« den Mitarbeitern zu, die – zum Preise eigener Straffreiheit oder Strafmilderung – ihr Wissen offenbarten und zur Verurteilung von Kundschaftern beitrugen. Insbesondere im Prozeß gegen Klaus Kuron, Mitarbeiter der Spionageabwehr des Bundesamtes für Verfassungsschutz und Spitzenquelle der HVA/IX, nahm Nehls nach Informationen eines seiner Mitarbeiter den § 153 StPO in Anspruch, der im Fall der Aussagebereitschaft Befreiung von der Anklage möglich macht.

Als ich die Schule verließ, war ich umfassend mit den Problemen der Aufklärungsarbeit vertraut und konnte weitgehend selbständig meine Tätigkeit in der Abteilung XV fortsetzen.

Partei und MfS

Im Oktober 1966 nahm ich zum zweiten Mal nach meinem Eintritt in das MfS an einer feierlichen Dienstversammlung aller Mitarbeiter im großen Saal der Bezirksverwaltung teil. Ich hatte den Auftrag, zu Beginn dieser Festveranstaltung ein politisches »Kampfgedicht« zu rezitieren. Es handelte sich um einen Auszug aus dem Poem »W. I. Lenin« von Wladimir Majakowski über die Partei. Mit weichen Knien stand ich am Rednerpult und schleuderte dem Auditorium die Worte des sowjetischen Dichters in die erschrockenen Gesichter. »Hirn der Klasse – Sinn der Klasse – Kraft der Klasse – Ruhm der Klasse – das ist die Partei!« rezitierte ich und rollte das »r« wie Ernst Busch.

Es sei dahingestellt, ob »die Partei« wirklich Kraft, Macht und Ruhm der Arbeiterklasse verkörperte. Die Arbeiterklasse der DDR hatte jedenfalls ein gespaltenes Verhältnis zu ihrer selbsternannten führenden Kraft.

Der Begriff »die Partei« hatte nur einen Bezug, er meinte die Sozialistische Einheitspartei Deutschlands (SED). Die anderen – CDU, LDPD, NDPD, DBD – waren die Blockparteien. Ich war 26 Jahre Mitglied der SED und trat nach ihrer Umbenennung, die mit einem neuen Programm verbunden war, der PDS bei, bevor ich aufgrund der sich ausbreitenden Distanz der PDS-Führung zu den Genossen des MfS meine Mitarbeit einstellte.

Seit dem Eintritt in das MfS hatte ich aktive Parteiarbeit geleistet und viele Funktionen inne. Von einem politisch operativen Mitarbeiter, der inoffizielle Mitarbeiter anleitete, wurde verlangt, sich ständig und intensiv mit der politischen Entwicklung im Lande und in der Welt sowie mit den Beschlüssen und Dokumenten der Partei zu beschäftigen. Dafür hatte ich durch das vorhergehende Studium des Marxismus-Leninismus gute Voraussetzungen, die sich durchaus vorteilhaft auf meine operative Arbeit auswirkten. Ich engagierte mich und kämpfte ehrlich um Erfolge in der Arbeit.

In meiner Abteilungsparteiorganisation (APO) wurde mir nach und nach immer größere Verantwortung übertragen. Zuerst als Agitator in der Parteigruppe für die Organisation und Leitung der politisch aktuellen Seminare, die 14tägig von 7.30 bis 8.15 Uhr stattfanden, dann als Mitglied der APO-Leitung für die Anleitung der Agitatoren und Zirkelleiter für das Parteilehrjahr und die Organisation thematischer Mitgliederversammlungen und schließlich für mehrere Jahre als Sekretär einer Abteilungsparteiorganisation (APO).

Im MfS gehörten alle Mitarbeiter der SED an – eine Besonderheit, die nur diesen Bereich in der DDR betraf. Es gab keine »Masse«, die geführt werden mußte, wir *führten* uns selbst. Statistisch gesehen zählten alle SED-Mitglieder im MfS zur Arbeiterklasse, obwohl sie nach der Leninschen Klassendefinition eigentlich keine Arbeiter waren, da sie nicht am Produktionsprozeß teilnahmen. Das erhöhte natürlich den Anteil »der Arbeiter« in der Partei, der ein ständiges Sorgenkind der Führung war. Mit solchen statistischen Verrenkungen wurde die Quote über der vorgeschriebenen 50 Prozent-Marke gehalten.

Die Hauptaufgabe der SED-Parteiorganisation im MfS bestand in der »klassenmäßigen« Erziehung der Genossen und ihrer politisch-ideologischen Schulung. Jeder einzelne Mitarbeiter sollte durch das Studium der Beschlüsse der Parteiführung und die Auseinandersetzung mit ihren Inhalten immer besser in die Lage versetzt werden, seine operativen Aufgaben zu erfüllen. Ein umfangreiches System von Versammlungen, Schulungen und Aussprachen und ein umfangreicher Apparat von hauptamtlichen und ehrenamtlichen Funktionären sollte die Realisierung dieser Aufgabe sichern. Wir stahlen uns gegenseitig die Zeit. An der Spitze der Parteiorganisation im MfS stand eine Kreisleitung mit einem 1. Sekretär im Generalsrang, vier weiteren Sekretären und einem hauptamtlichen Apparat von 150 Mitarbeitern. In der Bezirksverwaltung Leipzig gab es drei hauptamtliche Sekretäre und weitere zwei hauptamtliche Mitarbeiter (Sekretärin, Sachbearbeiterin). Die Funktionäre in den Abteilungen der BV waren als gewählte Mitarbeiter ehrenamtlich tätig.

Angeleitet wurde die SED-Parteiorganisation zentral durch den Sekretär für Sicherheit im ZK und seine Sicherheitsabteilung, in den Bezirken durch die Abteilungsleiter für Sicherheit der jeweiligen Bezirksleitung der SED. Damit sollte die führende Rolle der SED gegenüber dem MfS sichtbar gemacht werden. Die Abteilungsleiter für Sicherheit waren in der Regel Offiziere im besonderen Einsatz (OibE) des MfS, eigentlich ein Widerspruch in sich. In Leipzig war das zuletzt der Sekretär der SED-Grundorganisation der Bezirksverwaltung, Karl-Heinz R.

R. hatte sich vorher seine Sporen als Abwehroffizier in der Kreisdienststelle (KD) Altenburg und als Leiter der KD Grimma verdient. Seine Aufgabe bestand darin, neben der politischen Anleitung der Parteisekretäre der verschiedenen bewaffneten Organe im Bezirk (MfS, VP, NVA, ZV) den 1. Sekretär der SED-Bezirksleitung, dem er direkt unterstellt war, in Sicherheitsfragen zu »beraten«.

Eine externe Kontrolle der Bezirksverwaltung des MfS erfolgte nicht und war in der Praxis auch nicht möglich. Der Leiter der Bezirksverwaltung war Mitglied der Bezirksleitung der SED. Mit dem Leiter der Sicherheitsabteilung erfolgten lediglich »kameradschaftliche Beratungen«. Der Minister für Staatssicherheit Erich Mielke hätte sich jede Kontrolle sowieso verbeten. Er war Mitglied des Politbüros und hatte besondere Beziehungen zu Honecker.

Eine weitere Spezifik der Parteiarbeit im MfS bestand darin, daß sie in einem militärischen Organ erfolgte, das auf dem Prinzip der Einzelleitung und von Befehlen basierte. Eine Gewerkschaft gab es nicht. Das stellte hohe Anforderungen insbesondere an die dienstlichen Leiter, aber auch an die Parteisekretäre, die de facto zum Interessenvertreter der einzelnen Genossen wurden. Ein gutes Verhältnis und ein enges und vertrauensvolles Zusammenwirken zwischen Leiter und Parteisekretär in den Abteilungen waren also enorm wichtig. Ein Problem dieser Konstellation war, daß die meisten dienstlichen Leiter als SED-Funktionäre in übergeordneten Parteigremien saßen, parteimäßig gesehen also auch Vorgesetzte des zugeordneten Sekretärs waren.

Minister Mielke gehörte dem Politbüro an, die Leiter der Bezirksverwaltungen waren Mitglieder der entsprechenden Bezirksleitungen, und die Leiter der Kreisdienststellen saßen in den regionalen Kreisleitungen. Viele Abteilungsleiter wurden in die zentralen Parteileitungen ihrer Dienststellen gewählt.

Zweitens bestand das Dilemma darin, daß die hauptamtlichen und ehrenamtlichen Parteifunktionäre militärische Ränge bekleideten und hinsichtlich Auszeichnung und Beförderung von eben dem Leiter abhängig waren, mit dem sie vertrauensvoll, aber auch kritisch zusammenarbeiten sollten.

Außerdem war es im MfS üblich, daß über Parteifunktionen Karriere gemacht wurde. Wer erfolgreiche Parteiarbeit leistete, wurde auch bei der Besetzung von dienstlichen Leitungsfunktionen vorrangig berücksichtigt. Ich wurde nach mehrjähriger Tätigkeit als APO-Sekretär in die Funktion des stellvertretenden Abteilungsleiters eingesetzt. Den beruflichen Aufstieg vor Augen, hielt sich naturgemäß die parteiliche Kritik am Vorgesetzten in Grenzen.

Die ehrenamtlichen Parteisekretäre waren nun einmal disziplinarisch dem dienstlichen Leiter untergeordnet, arbeiteten unter seiner Anleitung und hatten die Arbeitspläne zu erfüllen.

Letztlich war aus all diesen Gründen der dienstliche Leiter in der Vorhand. Ob das verhängnisvoll oder günstig war, hing von dessen charakterlicher Struktur ab. Der dienstliche Leiter wurde von seinen Vorgesetzten in erster Linie an den Arbeitsergebnissen gemessen und ordnete alles diesem Kriterium unter. Arbeitete die Diensteinheit erfolgreich, war auch die Parteiarbeit automatisch gut.

Bei den Auseinandersetzungen um hohe Arbeitsergebnisse und der Bewertung der Arbeit des Einzelnen war die Konspiration ein spürbares Hemmnis und damit eine weitere Sonderbedingung der Parteiarbeit im MfS. Sie erschwerte den offenen Leistungsvergleich. Einen umfassenden Einblick in die Ergebnisse des einzelnen Genossen hatten nur die dienstlichen Leiter. Dazu kam, daß Werbung nicht gleich Werbung war. Die einzelnen Vorgänge unterschieden sich teilweise beträchtlich hinsichtlich Aufwand, Schwierigkeit und Ergebnis, auch Glück spielte eine große Rolle.

Die Mitgliederversammlung in der Abteilung sollte das wichtigste Forum der Parteiorganisation sein. Hier sollte jeder Genosse offen seine Meinung zu allen Problemen der Arbeit und der politischen Lage äußern, Fragen aufwerfen und Kritik äußern, »ohne Ansehen der Person«, wie es im Statut hieß.

Um eine offene und kritische Atmosphäre in diesen Versammlungen zu schaffen, wäre Ehrlichkeit in der Darlegung der Politik der Partei von Seiten der Parteileitung und eine objektive und ungeschminkte Einschätzung der Probleme und Ergebnisse der fachlichen Arbeit notwendig gewesen. Da die reale Lage jedoch meist beschönigt, die Arbeitsergebnisse positiv frisiert und Diskussionen über grundsätzliche Fehler unerwünscht waren, blieb das jedoch ein frommer Wunsch. Dennoch wurde permanent in der Parteileitung darüber gestritten, wie man es anstellen könnte, daß mehr Genossen offen ihre Meinung in den Versammlungen äußerten.

Ein einziges Mal erlebte ich eine völlig offene Aussprache – das war auf unserer letzten Mitgliederversammlung im November 1989. Es ging um die Frage Auflösung und Neugründung der SED, also um grundsätzliche Fragen der weiteren Parteiarbeit. Jetzt fielen wir ins andere Extrem. Der Parteisekretär brandmarkte selbstkritisch seine Fehler und verkündete entschlossen, was er alles nicht mehr so machen würde wie vorher. Alle Genossen ohne Ausnahme äußerten sich, teilweise in lamentierenden Beiträgen, zur Lage. Die jahrelange Verkrustung und Verspannung brach auf. Aber es war zu spät.

Mit der innerparteilichen Demokratie im MfS sah es bis dato nicht besser aus als in anderen Institutionen. In der Partei gab es ein beherrschendes Organisations- und Leitungsprinzip, das »Prinzip des demokratischen Zentralismus«. Dieses Dogma war im Statut der SED verankert und bestimmte, daß alle Parteiorgane von unten nach oben demokratisch gewählt werden, daß die gewählten Organe zur regelmäßigen Berichterstattung über ihre Tätigkeit vor den Parteiorganisationen verpflichtet sind und daß alle Beschlüsse der höheren Parteiorgane für die nachgeordneten verbindlich sind, straffe Parteidisziplin zu üben ist und die Minderheit sowie der Einzelne sich den Beschlüssen der Mehrheit diszipliniert unterzuordnen haben.

Die Parteigruppen als kleinste Organisationsform wählten einmal im Jahr den Parteigruppenorganisator (PO), meist nach entsprechender Diskussion in offener Abstimmung und gegenseitigem Einvernehmen. Es war bei fünf bis zehn Genossen nicht notwendig, geheim abzustimmen. Wer mit dem neuen PO nicht einverstanden war, sagte es. Dann wurde diskutiert, bis Konsens hergestellt war.

Die Kandidaten für die Leitung der Abteilungsparteiorganisation und für die Delegiertenkonferenz der Grundorganisation wurden vorher in einem längeren Meinungsbildungsprozeß einschließlich der Gespräche mit den Betroffenen ausgewählt, wobei die dienstlichen Leiter, insbesondere der Abteilungsleiter, ein wichtiges Wort mitzureden hatten.

In der Wahlversammlung wurde jeder Kandidat zur Diskussion gestellt und in offener Abstimmung nominiert, d. h. auf die Wahlliste gesetzt. Die eigentliche Wahlhandlung erfolgte geheim. Jedes Mitglied erhielt einen Wahlzettel mit den Namen der Kandidaten. Er konnte streichen und neue Namen hinzufügen.

Nach Auszählung der Stimmen zog sich die neue Leitung zu ihrer konstituierenden Sitzung zurück und wählte den Parteisekretär, der meist vorher bereits nominiert war.

Dieses Prozedere bedeutete, daß jeder Genosse ausgiebig Zeit und Möglichkeit hatte, zu jedem einzelnen Kandidaten Stellung zu nehmen, ihn abzulehnen und nicht zu wählen.

Ich behaupte also, daß an der Basis der Parteiorganisation des MfS eine solide innerparteiliche Demokratie herrschte. Natürlich setzte sich, auch kraft besserer Argumente, in vielen Personalfragen der dienstliche Leiter durch, aber gewählt wurde durch die Vollversammlung.

Je weiter man jedoch nach oben kam, um so dirigistischer wurden die »Wahlveranstaltungen«. Der Parteitag war dann nur noch Demonstration der Einheit und Geschlossenheit, die Anwesenden durfte den Rednern und Beschlüssen des Politbüros Beifall spenden und der Wahl der Parteiführung zustimmen. Überraschungen wurden durch die sorgfältige Auswahl und Kontrolle der Delegierten verhindert. Der Parteitag arbeitete nicht, er applaudierte und hob die Hand.

Die Delegiertenversammlung der SED-Grundorganisation der Bezirksverwaltung Leipzig, die zuletzt ungefähr 2.000 Genossen repräsentierte, wurde ironisch bereits als »kleiner Parteitag« bezeichnet. Als ich daran das erste Mal 1971 als Delegierter teilnahm, war ich doch etwas erschrocken. Die hauptamtlichen Sekretäre der Parteileitung hatten an alles gedacht, nichts dem Zufall überlassen, nichts vergessen. Da an diesen Wahlveranstaltungen, um bei diesem zutreffenden Begriff zu bleiben, meist Gäste von übergeordneten Leitungen teilnahmen, etwa der 1. Sekretär der SED-Bezirksleitung oder, wie in diesem Fall, Minister Mielke, ging es in erster Linie darum, den »hohen Gästen« eine ordentliche Inszenierung zu bieten. Alle Diskussionsbeiträge waren vorbereitet, kontrolliert und abgesegnet worden. Ich galt damals als junger, hoffnungsvoller Kader und sollte einen Diskussionsbeitrag über die Arbeit der Aufklärung halten. Im Frühjahr des gleichen Jahres war in den Kinos der DEFA-Film »KLK an PTX – Die Rote Kapelle« angelaufen, ein sehr guter, vielbeachteter Film über die Widerstandsorganisation Schulze-Boysen/Harnack, die in der Zeit des Faschismus unter anderen für die Sowjetunion Kundschafterdienste leistete. Was lag also näher, als sich mit diesem Thema in einem Beitrag zu beschäftigen, zumal Mielke sich über den Film sehr lobend geäußert hatte. Vor allem sollten Schlußfolgerungen aus dem Kampf der Roten Kapelle für die aktuelle Arbeit der Aufklärung gezogen werden.

Mein Abteilungsleiter, Paul B., las sich den von mir erarbeiteten Beitrag durch und forderte mich auf, den Satz »Auch aus ihren Fehlern können wir lernen« zu streichen. Nach langer Diskussion, die B. mit dem Satz »Wir haben nicht das Recht, über die Fehler dieser hervorragenden Kämpfer zu urteilen«, beendete, strich ich den Satz.

Die Veranstaltung nahm ihren Lauf. Nach der »Diskussion« genannten Verlesung der einzelnen Beiträge – einen Meinungsstreit gab es nicht, Kritik wurde höchstens an Nebensächlichkeiten geäußert – sprach Mielke das Schlußwort und ergänzte meinem Beitrag. »Da gibt es doch Genossen, die meinen, diese hervorragenden Kämpfer gegen Faschismus und Krieg hätten Fehler gemacht. An die Adressen solcher Kritikaster sei gesagt: Wir haben überhaupt nicht das Recht ...«

In der Pause kam Paul B. zu mir und meinte: »Der hätte dich in der Luft zerrissen. Ich hoffe, du hast heute etwas gelernt.«

Die Anwesenheit Mielkes prägte die gesamte Veranstaltung. Auf der einen Seite wurde seine Teilnahme als große Ehre für die Parteiorganisation herausgestellt, auf der anderen Seite fürchteten sich alle vor seinem höhnenden Spott, wenn ihm etwas mißfiel. Alle dienstlichen Leiter und Parteifunktionäre waren darauf eingeschworen, ein ihm genehmes Bild abzugeben. Mielke saß im Präsidium auf der Bühne, seine Reaktionen bei den einzelnen Redebeiträgen wurden genauestens verfolgt. Hatte er da etwa überrascht die Augenbraue gehoben? Ging nicht soeben sein Mundwinkel nach unten? Oh, er hatte den Anflug eines Lächelns erkennen lassen ... Alle warteten auf seinen Beitrag, der dann als Schlußwort gewertet wurde.

Für mich war sein Auftritt eine einzige große Enttäuschung. Er erschien mir als kleiner Gernegroß. Als Mielke den Saal betrat, erhoben sich alle von den Plätzen und spendeten minutenlangen Beifall. Mit einer herrischen Geste beendete er den Beifall und sagte: »Wir wollen mal sehen, ob ihr nach der Wahlversammlung auch noch so klatscht.«

In der Pause erregte im Nebenzimmer eine transportable Wahlkabine seinen Unmut. Das Partei-Statut sah ein solches Möbel vor, falls in der geheimen Wahl ein Genosse den Wunsch hatte, eine solche aufzusuchen. Mielke meinte, die Verantwortlichen seien wohl nicht ganz klar im Kopf und forderte die sofortige Entfernung des »Monstrums«.

Zur Parteiarbeit gehörte auch die Förderung und Unterstützung der Kultur, der massenpolitischen Arbeit und des Sports. Die Mitarbeiter der Abteilung XV waren überwiegend Absolventen von Hoch- und Fachschulen, hatten ein hohes Allgemeinwissen. Viele Genossen gingen regelmäßig ins Theater oder Konzert, einige hatten das sogenannte Ring-Anrecht bei den Leipziger Theatern, sie besuchten also abwechselnd Aufführungen in allen Spielstätten. Mit den Ehepartnern zusammen wurden Ausflüge organisiert, z. B. in den Wörlitzer Park oder nach Berlin, um die dortigen Theater zu besuchen. Festliche Abende am Jahresende oder zu besonderen Anlässen wurden nie ohne »kulturelle Umrahmung« veranstaltet. Eine gern gesehene Gruppe war bei uns das Kabarett »Academixer«. 1968 traten diese noch für 50 Mark pro Vorstellung und freies Essen/Getränke im Arthur-Nagel-Klubhaus auf. Später, als sie bereits Profis waren, luden wir sie in das Restaurant des Konsument Warenhauses ein. Da waren sie schon etwas teurer. Die Mitglieder des Kabaretts zeigten sich überrascht über unsere Zustimmung und den großen Beifall für ihr Programm.

Die Mitarbeiter unserer Abteilung gehörten zu den besten Kunden einer kleinen Buchhandlung in der Bezirksverwaltung, die ein Rentner pro Woche zweimal öffnete. Sein Trick bestand darin, die gewünschten Bücher (»Nimm's mit, Bruder«) auszuhändigen, anzuschreiben und erst am Gehaltstag zu kassieren.

Hinsichtlich der sogenannten massenpolitischen Arbeit wurde von jedem Genossen erwartet, daß er sich aktiv engagiert. Viele Mitarbeiter waren aktiv an den Schulen ihrer Kinder in den Elternbeiräten und Elternaktivs tätig, ich arbeitete im Elternaktiv der Klasse meiner Tochter und später auch meines Sohnes mit, leitete das FDJ-Lehrjahr in einer 10. Klasse und sprach zu ausgewählten Themen. Einmal beschäftigte ich mich tagelang mit *Heavy Metal*, um mitreden zu können. Andere Genossen arbeiteten in Wohngebietsausschüssen und in den Massenorganisationen mit.

Eine besondere Rolle spielte im MfS der Sport. Leider mußte das MfS, angetrieben von Mielke, auch eine führende Rolle in der Sportorganisation »Dynamo« spielen. Zuletzt war er ihr Vorsitzender. Ich wurde zum Beispiel nach meinem Auslandseinsatz als Sektionsleiter Volleyball eingesetzt. Wir organisierten Trainingszentren an Schulen, rekrutierten Übungsleiter, nahmen mit zwei Männermannschaften am Spielbetrieb teil..

Deutsche Tschekisten

In der schriftlichen Verpflichtung mußten die künftigen Mitarbeiter des MfS sich verpflichten, die Verbundenheit mit den Angehörigen des Komitees für Staatssicherheit der Sowjetunion weiter zu festigen und stets im Sinne des sozialistischen Internationalismus zu handeln. Das KfS ging auf die nach der Oktoberrevolution gegründete Tscheka zurück.

»Tschekist sein kann nur ein Mensch mit kühlem Kopf, heißem Herzen und sauberen Händen.« Dieser Ausspruch des Begründers der Tscheka, Felix Edmundowitsch Dzierzynski, prangte unübersehbar in der zweiten Etage des Gebäudes der Bezirksverwaltung Leipzig auf einer Tafel neben dem Eingang zum Sekretariat des Leiters, Generalmajor Hummitzsch.

Das MfS sah sich in der Tradition des sowjetischen Sicherheitsorgans. Der Ehrenname »Tschekist«, der oft in offiziellen Ansprachen und Kampfgelöbnissen fiel, sollte für die Mitarbeiter des MfS eine Aufforderung sein, sich als Erben der Kämpfer der Tscheka zu betrachten und ihnen nachzueifern. Auch der Begriff »Schild und Schwert der Revolution« wurde übernommen und lediglich abgewandelt in »Schild und Schwert der Partei«, eine Sprachregelung, die im Zusammenhang mit dem Begriff »Schwert« meiner Ansicht nach mißverständlich ist.

Der Name »Tschekist« war abgeleitet vom russischen Wort »Tscheka«, einer Abkürzung der russischen Bezeichnung für »Außerordentliche Kommission«, die 1918 für den Kampf gegen Konterrevolution, Spekulation und Sabotage in der jungen Sowjetrepublik gebildet wurde. Ihre Gründung war eine Reaktion auf den Widerstand der inneren und äußeren Feinde gegen den durch die Oktoberrevolution 1917 geschaffenen Sowjetstaat. Sie arbeitete sehr erfolgreich in den Jahren des Bürgerkrieges und der ausländischen Intervention. Ihr Vorsitzender, Dzierzynski, war ein Bolschewik polnischer Abstammung. Über die erbarmungslose blutige Auseinandersetzung in diesen Jahren, in denen Tausende Tschekisten ihr Leben ließen, existieren zahlreiche Dokumente und historische Unterlagen. Der Tscheka gelang es, eine Reihe von nationalen und internationalen Verschwörungen aufzudecken, Agenten und Saboteure, teilweise vom Ausland eingeschleust, zu entlarven und Anschläge auf Staat und Volkswirtschaft abzuwehren. In Erwiderung der maßlos brutalen Angriffe, insbesondere der weißgardistischen Banden (Weißer Terror), wurde auch durch die Tscheka und andere militärische Organe nicht mit Samthandschuhen gearbeitet (Roter Terror).

1922 wurde die Kommission aufgelöst, an ihre Stelle trat die Staatliche Politische Verwaltung (OGPU), die später umbenannt wurde in NKWD, NKGB, MGB und schließlich in KGB (Komitee für Staatssicherheit). Der Sicherheitsdienst war maßgeblich an den Verbrechen Stalins beteiligt.

Mit der Besetzung der östlichen Gebiete Deutschlands durch die Rote Armee waren natürlich auch Vertreter der sowjetischen Geheimdienste nach Deutschland gekommen. Alle Institutionen wurden nach sowjetischen Muster aufgebaut, auch das MfS. Gleichzeitig wurden in allen größeren Städten der DDR Dienststellen des KGB eingerichtet, deren Hauptaufgabe die nachrichtendienstliche Arbeit gegen die Bundesrepublik war. Wie bekannt, war Rußlands Präsident Putin Mitarbeiter in der KGB-Filiale in Dresden.

Die Zentrale befand sich in Berlin-Karlshorst.

Auch in Leipzig existierte eine Außenstelle des KGB (Bereich Aufklärung). Sie befand sich in einem villenähnlichen Gebäude in der Richterstraße 8 in Gohlis. Dieses Gebäude war 1910 als Dienst- und Wohnsitz eines kommandierenden Generals erbaut worden, diente nach dem 1. Weltkrieg als Städtische Bücherhalle und hatte danach noch verschiedene andere Nutzer. Das Gebäude war umgeben mit der für sowjetische Militärobjekte typischen hohen Mauer, wodurch ein Blick auf das Gelände nicht möglich war. Dort befanden sich ständig ungefähr zehn (die Zahl schwankte) speziell für den Einsatz in Deutschland ausgebildete Aufklärer, die ausgezeichnet deutsch sprachen. Die Leiter dieser Einheit waren in der Regel Oberste. Das Gebäude wurde von einer Einheit der in der DDR stationierten Sowjettruppen bewacht. Wenn man das Objekt betreten wollte, klingelte man an dem mit Eisenblech beschlagenen großen Tor. Es wurde ein kleines Fenster in der Tür geöffnet und ein Wachtposten beäugte den Besucher. Der Torposten sprach in der Regel kein Wort Deutsch. Er rief deshalb den Wachhabenden, der den Eintritt genehmigte, wenn der Name eines im Objekt tätigen sowjetischen Geheimdienstmitarbeiters genannt wurde.

Nach der Wende wurde das Gebäude umfassend saniert und im November 2001 Sitz des Sächsischen Finanzgerichtes.

Ich kam mit der Gruppe der sowjetischen Aufklärer das erste Mal im Frühjahr 1967 in Berührung. Wir bereiteten die Feier des 50. Jahrestages der Oktoberrevolution vor, der als internationalistischer Festtag galt und dementsprechend in allen sozialistischen Ländern begangen wurde. Die »Freunde« hatten über ihren Chef, Oberst Archipow, die Bitte an uns herangetragen, anläßlich des Ehrentages einen sportlichen Wettkampf zu veranstalten. Diesen wollten sie natürlich gegen ihre »Waffenbrüder«, die deutschen Aufklärer in Leipzig, austragen. Da ich damals Sportorganisator der Abteilung XV war, nahm Hauptmann Arthur Pjatin, ein Leningrader, Kontakt zu mir auf, um die Sache zu bereden. Dieser sportliche Wettkampf wurde Tradition. Er wurde jährlich in den Disziplinen Volleyball, Schach, Tischtennis und Pistole, später auch Fußball und Kegeln, ausgetragen. Wettkämpfe im Volleyball, Tischtennis und Schach fanden auch im Gebäude des KGB statt. Es hatte eine kleine Sporthalle.

Lediglich bei den Wettkämpfen lernten wir uns gegenseitig kennen, private Kontakte waren von sowjetischer Seite nicht erwünscht und fanden darum kaum statt. Wir kannten weder die Wohnadressen der Mitarbeiter, noch wußten wir viel über ihre familiären Verhältnisse. Dadurch blieb immer eine gewisse Fremdheit.

Damit ist das Hauptproblem der »Waffenbrüderschaft« genannt. Wir trieben Sport zusammen, tranken miteinander, feierten Feste, aber alles blieb in einem abgesteckten, kontrollierten Rahmen. Über die Arbeit oder das private Umfeld durfte von sowjetischer Seite grundsätzlich nicht gesprochen werden. Dazu kam, daß die sowjetischen Mitarbeiter häufig wechselten und immer wieder neue Gesichter auftauchten, während bekannte plötzlich und unangekündigt verschwanden. Nur wenige verabschiedeten sich. Arthur Pjatin aus Leningrad gab sogar eine richtige »Good bye-Party«. Andere waren einfach nicht mehr da, und man tendierte dazu, dahinter Fragwürdiges zu vermuten. Aller drei bis fünf Jahre wechselten auch die Leiter dieser kleinen Kollektive.

Die sowjetischen Genossen betrachteten die DDR als Operationsgebiet, und manche fühlten sich als die direkten Nachfolger der Sieger und Besatzer. Ein typischer Vertreter dieser Spezies war Oberst Anatoli Schalnjew, der in den 70er Jahren einige Zeit die Gruppe der sowjetischen Aufklärer in Leipzig leitete. Seine Ehefrau Dina war mit dem Generalsekretär der KPdSU, Leonid Breshnew, verwandt. Schalnjew gab sich unnahbar, rigoros und autoritär. Er strahlte menschliche Kälte aus. Einmal fragte ich ihn in geselliger Runde nach dem Verbleib eines beliebten Mitarbeiters, worauf er mir einen zwanzigminütigen Vortrag in russischer Sprache über die Grundsätze der Kaderpolitik hielt, Obgleich ein Dolmetscher übersetzte, wurde ich aus der Philippika nicht so richtig schlau. Als Schalnjew in die Sowjetunion zurückkehrte, wurde er in Moskau zum General des KGB befördert. Nach dem Tod von Breshnew 1982 hat man ihn nach Aussage des Leiters der Abteilung Sicherheit der Bezirksleitung Leipzig, der über exzellente Beziehungen zu den »Freunden« verfügte, aus dem Geheimdienst entlassen.

Wir deutschen Aufklärer befanden uns objektiv in Konkurrenz zur sowjetischen Aufklärung. denn »die Freunde« rekrutierten ihre IM zum Einsatz gegen die westlichen Zentren auch aus der Bevölkerung der DDR. Dazu kam das Gebot der unbedingten Konspiration und Geheimhaltung hinsichtlich unserer Arbeit. So blieben wie auch in anderen gesellschaftlichen Bereichen der DDR die Reden über die unverbrüchliche Freundschaft und Zusammenarbeit vielfach reine Lippenbekenntnisse. Wir hatten den gleichen Gegner, arbeiteten mit den gleichen Methoden – aber marschierten streng getrennt. Hin und wieder leisteten wir »internationalistische« Hilfe und übergaben einzelne IM oder Vorgänge. Einmal habe ich in der »Villa« einen Vortrag über die Arbeit mit Übersiedlungs-IM gehalten.

Heute bin ich überzeugt, daß die »Freunde« auch IM in den Reihen des MfS hatten.

In den vielen Jahren habe ich eine ganze Reihe von sowjetischen

Aufklärern kennen gelernt, einschließlich eines zurückgezogenen Residenten aus Norwegen, der in einem unserer konspirativen Treffobjekte Urlaub machte.

Während meines Einsatzes in Tansania arbeitete ich eng mit dem Residenten des KGB in Daressalam zusammen.

Im Ministerium für Staatssicherheit existierte auch eine riesige Organisation der Gesellschaft für Deutsch-Sowjetischen Freundschaft (DSF), deren führende Funktionäre ebenfalls hauptamtlich tätig waren. In der Regel war jeder Mitarbeiter auch Mitglied der DSF, denn die Freundschaft zur Sowjetunion war in der Verpflichtung für Mitarbeiter verankert. In Leipzig gab es eine Grundorganisation, die von einem Stellvertreter des Leiters der BV geleitet wurde, und in allen Abteilungen DSF-Gruppen. Wichtigstes Resultat der Mitgliedschaft in der DSF waren die Mitgliedsbeiträge. Einmal im Jahr gab es eine große Festveranstaltung, auf der ein großer Teil der Rücklaufgelder »verbraten« wurde.

Bei einer Tombola wurden Reisen in die Sowjetunion verlost.

Überhaupt erbrachten die Mitarbeiter des MfS zahlreiche finanzielle Leistungen für die Gesellschaft der DDR. Zuerst sind hierbei die Beiträge für die Solidarität mit den unterdrückten Völkern und antiimperialistischen Befreiungsbewegungen zu nennen. Jeden Monat spendeten z. B. alle Genossen meiner Diensteinheit zwischen ein und drei Prozent des Monatsgehalts für die Solidarität. Das fiel nicht allen leicht und mancher sprach ironisch von der Soli-Steuer. Doch Solidarität, so dachten wir, muß weh tun.

Jahre in der Aufklärung

Das Operationsgebiet der Diensteinheiten der Aufklärung erstreckt sich insbesondere auf die USA, die BRD, die anderen NATO-Staaten und Westberlin. Zunehmende Bedeutung gewinnt die operative Arbeit in Richtung VR China, in internationale Krisenzonen und in ausgewählten Entwicklungsländern.
Richtlinie Nr. 2/79 des MfS

Anfang 1968 entschied der Leiter der Abteilung XV, Paul B., in Absprache mit der Abteilung II der HVA, die für die Aufklärung der politischen Parteien in der BRD verantwortlich war, mich mit der Entwicklung eines sogenannten Spitzenvorganges in der SPD zu beauftragen. Bei der »operativ interessanten Person« handelte es sich um Dr. phil. Erhard Eppler aus Dornstetten bei Freudenstadt in Baden-Württemberg. Der SPD-Bundestagsabgeordnete war von einem in die DDR übergesiedelten Bekannten »getippt« worden, der sich bereiterklärte, bei der Herstellung eines Kontaktes zu helfen.

Eppler war vor 1956, dem Jahr seines Eintrittes in die SPD, Mitglied der Gesamtdeutschen Volkspartei (GVP) gewesen, die Gustav Heinemann gegründet hatte. Seit 1961 gehörte er dem Bundestag an, er galt als sachlich und ehrlich und rechnete zu den Linken in der SPD.

Für die »Bearbeitung« Epplers wurde als ebenbürtiger Gesprächspartner der IM »Ring«, ein Philosoph an der Karl-Marx-Universität Leipzig, ausgewählt. Ich kannte ihn bereits vom Studium. Seine Vorlesungen waren gefragt und immer gut besucht, da er sie interessant gestaltete und platte Agitation vermied. Außerdem riskierte er auch ab und zu Einschätzungen und Bemerkungen, die nicht immer mit der »Linie der Partei« übereinstimmten, wobei er sicher die Grenzen des Erlaubten kannte. Nun sollte ich sein »Führungsoffizier« werden. Mein Leiter ging davon aus, daß er mich als diplomierten Historiker akzeptieren würde.

IM »Ring« sollte eines stabilen persönlichen Kontakt zu Eppler aufbauen, Informationen über die Politik der SPD gegenüber der DDR abschöpfen und Eppler dahingehend beeinflussen, daß er einen Dialog zwischen SPD und SED befürwortete. Eine Werbung von Eppler stand jedoch nicht auf der Tagesordnung. Das war, darin waren sich alle Beteiligten einig, illusorisch. Operativ gesehen sollte er eine »Kontaktperson« (KP) bleiben.

Als Kontaktpersonen bezeichneten wir Bürger aus dem Operationsgebiet, zu denen eine stabile Verbindung unterhalten wurde, die Zugang zu operativ bedeutsamen Informationen hatten und deren Werbung als IM aus politischen oder anderen Gründen nicht möglich oder notwendig schien.

»Ring« besuchte Eppler an dessen Wohnort, um Grüße eines gemeinsamen Bekannten – eben jenes nach Leipzig Übergesiedelten – zu überbringen. Diese Brücke sollte Eppler signalisieren, daß zu ihm ein inoffizieller Kontakt gesucht wurde. Denn was sollte es sonst für einen Grund geben, daß ein wildfremder Mensch aus der DDR vor der Tür steht und Grüße einer allenfalls peripher bekannten Person übermitteln möchte?

Eppler nahm den IM »Ring« freundlich und interessiert auf.

Ab sofort erfreute ich mich der direkten Anleitung durch den Leiter des *Referates SPD* der Abteilung II der HVA, Major Kurt Gailat. Ihm mußten weitere Einsatzpläne zur Bestätigung zugeschickt werden. Gailat nahm auch an den vorbereitenden Treffs mit dem IM »Ring« teil.

Insgesamt fanden bis Juni 1968 drei Treffen zwischen Eppler und »Ring« in der Bundesrepublik statt, bei denen unser IM Informationen über Ansichten der SPD-Führung zu einem Dialog SPD-SED abschöpfen konnte. Diese wurden von der Abteilung VII der HVA, der Auswertungsabteilung, als wertvoll eingeschätzt. Mit dem Wissen von heute muß ich allerdings sagen, daß das von Eppler Gesagte, wie manches andere auch, von uns überbewertet wurde. Da es aber von einem führenden Vertreter der SPD kam, mußte es zwangsläufig bedeutend sein. Außerdem wurde vermutet, daß Eppler sich mit SPD-Fraktionschef Herbert Wehner abgestimmt hatte, mithin handelte es sich nicht um eine singuläre Meinung.

Auf Weisung der HVA-Führung wurden im Juni 1968 die bereits geplanten Treffen mit Eppler ausgesetzt. Dafür gab es mehrere Gründe. Zum einen zeichnete sich ab, daß Eppler im Oktober in der Großen Koalition Minister werden sollte. Zum anderen fürchtete man nicht nur eine Enttarnung des IM »Ring«, sondern auch, daß unterstellt werden könnte, das MfS würde sich auf diese Weise politisch zu stark in der Bundesrepublik engagieren. IM »Ring« wurde also zurückgezogen.

Er reiste in das »Operationsgebiet« mit »doppelter Dokumentation« und war damit besonders gefährdet. Die Grenze nach Westberlin überschritt er am Bahnhof Friedrichstraße mit einem gefälschten Westberliner Personalausweis, d. h. er vermittelte den Eindruck, er kehre von einem Tagesaufenthalt in Ostberlin zurück. Auch gegenüber den DDR- und BRD-Kontrolleuren im Zug bei der Transitreise ins Bundesgebiet wie auch am Übernachtungsort im Hotel wies er sich mit diesem Dokument aus. In seiner Reisetasche, die ein Geheimfach hatte, führte er einen auf seinen richtigen Namen lautenden DDR-Reisepaß mit, der auch das Visum für die Reise in die BRD und die aktuellen Grenzübertrittsstempel aufwies. Den sollte er Eppler oder anderen im Bedarfsfall vorweisen, um seine DDR-Herkunft zu belegen.

Eppler wußte, mit wem er es zu tun hatte. In seinen Erinnerungen »Komplettes Stückwerk – Erfahrungen aus fünfzig Jahren Politik« berichtete er auf Seite 174: »Heute weiß ich, daß Ring, der seit den sechziger Jahren dem Ministerium für Staatssicherheit zuarbeitete, schon damals auf mich angesetzt war.« Weitere Details bleibt er schuldig.

Die Einstellung unserer Aktivitäten enttäuschten mich sehr, verband ich doch mit diesem Vorgang Hoffnungen auf weitere mich fordernde Aufgaben und die Aussicht auf nachrichtendienstlichen Ruhm.

Unbeschadet dessen: Zu »Ring« und seiner Ehefrau unterhalte ich noch heute eine freundschaftliche Verbindung.

Der Vorgang »Dialog« sollte während der Auflösung des MfS noch einmal eine Rolle spielen: Im April 1990, nach den Volkskammerwahlen, beauftragte mich mein ehemaliger Chef Claus B., wieder Verbindung zum IM »Ring« aufzunehmen, der bereits viele Jahre vor der Wende auf Eis gelegt worden war, als er in den Kreis der bekanntesten und profiliertesten Gesellschaftswissenschaftler der DDR aufrückte. Grund dieses Ansinnens war eine Bitte von Oberst Kurt Gailat, der zuletzt Leiter der Abteilung II der HVA war. Er wollte mit dem IM besprechen, ob dieser erneut Kontakt zu Eppler aufnehmen könnte. Eppler sollte gebeten werden, sich dafür einzusetzen, daß die westdeutsche Seite auf eine strafrechtliche Verfolgung der Mitarbeiter der HVA verzichte und für ihre angemessene materielle Sicherstellung sorge.

Abgesehen davon, daß der IM eigene Probleme, die mit der Wende zusammenhingen, verkraften mußte, hielt er eine solche Aktion nach so langer Zeit und unter den aktuellen Bedingungen für unrealistisch, wozu ich ihm aus meiner Sicht nur beipflichten konnte.

Mich störte vor allem die Intention, »würdige Bedingungen« separat für die HVA aushandeln zu wollen.

Es war dies zugleich der ultimativ letzte Auftrag, den ich mir von früheren Vorgesetzten aufdrängen ließ.

Arbeit mit Perspektiv-IM

Ende der 60er Jahre begann die Entspannung zwischen den beiden Paktsystemen. Diese gründete im wesentlichen auf dem atomaren Patt zwischen den Supermächten. Ein *Roll back* schien unmöglich und nur noch zum Preis des eigenen Unterganges zu haben. Folglich mußte man sich miteinander arrangieren.

Die veränderte Großwetterlage schlug auch auf das Verhältnis der beiden deutschen Staaten durch. Die BRD und die DDR bekamen mehr Spielraum zur Neuordnung ihres Verhältnisses. Dabei war es hilfreich, daß im Oktober 1969 erstmals die SPD in Bonn den Regierungschef stellte. Die nunmehr agierende sozialliberale Koalition begann eine neue Ostpolitik.

Die Leitung der HVA orientierte in dieser Situation darauf, die günstigen Bedingungen für die Werbung von Perspektiv-IM zu nutzen. Das waren solche IM, die aufgrund ihrer Fähigkeiten und Voraussetzungen vermuten ließen, daß sie künftig eine operativ interessante Stellung in der Gesellschaft einnehmen würden und deshalb eine Funktion als Quelle, Werber oder Führungs-IM ausüben konnten. In erster Linie handelte es sich um Studenten, die gute Chancen hatten, eine erfolgversprechende Karriere zu beginnen.

Ich konzentrierte mich auf die Nutzung des einsetzenden politischen Besucherverkehrs. In Leipzig gaben sich Studiengruppen, Delegationen von Universitäten und politischen Parteien gleichsam die Klinke in die Hand. Insbesondere Mitglieder des Sozialdemokratischen Hochschulbundes (SHB) und der Jungsozialisten nutzten ein mit der FDJ-Bezirksleitung Leipzig beschlossenes Programm zu Besuchs- und Studienreisen.

Bei vielen von ihnen hatten die politischen Denkverbote und Tabuierungen in der reformunwilligen BRD, in der radikale Kritik an den gesellschaftlichen Verhältnissen unerwünscht war, das Gegenteil bewirkt. Sie wurden provoziert zum Studium der Geschichte, gesellschaftspolitischer Ideen und alternativer Lösungsansätze. So waren sie zu Andersdenkenden geworden, für die die DDR – zumindest aus der Distanz – als eine interessante Alternative erschien.

»Wenn's dir nicht paßt, geh doch nach drüben«, waren sie in der BRD beschimpft worden. Diese platte Aufforderung befolgten sie nun erst einmal mit einem Reiseprogramm, das ironischerweise »Sozialismus in fünf Tagen« genannt wurde. In der DDR fanden sie Gesprächspartner, die ihre Fragen beantworteten, die sie ernst nahmen, bei denen sie sich offenkundig verstanden und auch wohl fühlten.

Wir nutzten das für unsere politisch-operative Werbearbeit.

Diese Aufgabe lag mir besonders. Die Werbung von IM für eine langfristige »Perspektive« konnte nur auf freiwilliger Basis erfolgreich sein. Druck, die Verwendung von erpresserischen Kompromaten oder Segeln unter »fremden Flaggen« schieden von vornherein aus. Im wesentlichen fußte diese Zusammenarbeit auf Ehrlichkeit – soweit dieser Begriff in der Geheimdienstarbeit überhaupt verwendet werden kann.

Auch die materielle Seite spielte kaum eine Rolle. In der Regel wurden höchstens Spesen erstattet.

Der Sozialdemokratische Hochschulbund war 1960 als antikommunistisches Gegengewicht zum Sozialistischen Deutschen Studentenbund (SDS) gegründet worden. Er wurde vertraglich auf das neue Parteiprogramm, das im Vorjahr in Bad Godesberg verabschiedet worden war, verpflichtet. Mitte der 60er Jahre kam es zu Auseinandersetzungen des SHB mit der Führung der SPD, Konfliktfelder waren die Oder-Neiße-Grenze, die Notstandsgesetze und der Vietnamkrieg. Die Situation spitzte sich derart zu, daß der SHB 1968 auf seiner Bundesdelegiertenversammlung in Saarbrücken eine globale Wahlunterstützung für die SPD ablehnte, da diese im Rahmen der Großen Koalition immer mehr der CDU folgte. In seinem 1969 erarbeiteten Grundsatzprogramm orientierte der SHB auf eine Zusammenarbeit mit marxistischen Kräften und den Gewerkschaften. Auf der 11. Bundesdelegiertenversammlung 1970 wurde gar die Zusammenarbeit mit Kommunisten als notwendiges Mittel des Kampfes postuliert. 1972 nach einer Präzisierung des Grundsatzprogrammes wurde dem SHB durch die Führung der SPD der Name »sozialdemokratisch« entzogen, die Parteimittel waren bereits 1969 gestrichen worden. Der SHB nannte sich fortan »Sozialistischer Hochschulbund« und bezeichnete sich als Organisation der sozialdemokratischen und sozialistischen Studenten der Hochschulen, die für eine demokratische Wissenschafts- und Bildungspolitik kämpfte. Ziel war die Stärkung der fortschrittlichen Sozialdemokratie und ihre Orientierung auf den Kampf für den Sozialismus.

Man kann heute berechtigt die Frage stellen, ob es richtig war, diese progressiven Kräfte zu »bearbeiten« und zu werben, da ihre Wirkung im offenen Kampf gegen den Imperialismus viel nachhaltiger war, als eine mit vielen Fragezeichen versehene perspektivische Arbeit an der unsichtbaren Front. Wir beschäftigten uns selbstverständlich mit diesem

Problem, hatten Einsichten – aber auch einen Auftrag. Wir glaubten, diesen Widerspruch durch individuelle Prüfung aufheben zu können.

Als erstes mußte die Genehmigung der FDJ-Bezirksleitung eingeholt werden. Das war schon der erste Regelbruch: Es galt unverändert die Vorschrift, daß wir die Politik der Partei nicht stören oder diskreditieren durften.

Der nächste Schritt war die Kontaktaufnahme und die Entwicklung einer vertrauensvollen Zusammenarbeit mit dem in der Bezirksleitung der FDJ für die sogenannte Westarbeit Zuständigen. Denn nur er konnte umfassend über geplante Ein- und Ausreisen, Besuchsprogramme und Betreuungspersonen informieren.

Ein dritter Aufgabenbereich war die Auswahl vorhandener und die Werbung von neuen DDR-IM aus den Reihen der Delegationsbetreuer sowie die Einschleusung von IM in diese Personengruppen. Weiterhin wurden IM bei den aus Kenntnis des Besuchsprogrammes bekannten Gelegenheiten ins Blickfeld der Zielpersonen gebracht und zu den interessanten Personen auf unverfängliche Art Kontakt aufgenommen, eine Methode, die besonders erfolgreich war, da diese IM nicht als offizielle Betreuer galten und mithin unverdächtig waren.

Eine solche »Anschleusung« erfolgte in einigen Fällen auch mittels Kontaktaufnahme in der BRD durch geeignete IM. Sie verfügten über Kenntnisse zu diesen Personen, die in der DDR zuvor erarbeitet worden waren. Diese wurden als Legenden verwendet. Man kam beispielsweise von einem »Institut für Imperialismusforschung« oder gehörte einem »Arbeitskreis für westdeutsche Fragen« an. IM der DDR wurden zu politischen Veranstaltungen in die BRD geschickt, wo sie auf der Zufallsbasis versuchten, interessante Personen kennenzulernen. Mitunter operierten solche IM legendiert als BRD-Bürger.

Die größte Schwierigkeit bestand darin, entstandene individuelle Kontakte schnell zu tarnen und zu konspirieren, da davon ausgegangen werden mußte, daß in die Reisegruppen auch Agenten der feindlichen Geheimdienste eingeschleust waren. Deshalb versuchten die eingesetzten IM, die Verbindung möglichst schnell auf die private Ebene zu verlagern. Sie luden die »operativ interessanten Personen« in ihre Wohnungen ein. Gleichzeitig wurde möglichst unverfänglich um Vertraulichkeit gebeten.

Je nach Verlauf und Bearbeitungsstand des Kontaktes, der sich in der Regel über einen längeren Zeitraum einschließlich Besuchen in der BRD durch den DDR-IM erstreckte, erfolgte dann die Werbung durch Einführung des hauptamtlichen Mitarbeiters der Abteilung XV.

Anfang der 70er Jahre gelang es uns, eine ganze Reihe junger Menschen für eine Zusammenarbeit zu gewinnen. Sie erklärten sich bereit, gemeinsam mit uns an der unsichtbaren Front gegen Imperialismus und für eine gerechtere Gesellschaft zu kämpfen.

Hinsichtlich ihres Traumes von einer sozialistischen Gesellschaft sind viele früher oder später aus verschiedenen Gründen bitter enttäuscht worden. In den meisten Fällen führte es zur Beendigung der Zusammenarbeit. Aus verständlichen Gründen möchte ich nur einige charakteristische Beispiele nennen.

»Asta«

Beim Aufenthalt einer Studenten-Delegation des Landesverbandes Nordrhein-Westfalen des SHB im Jahre 1970 lernte der als Betreuer der FDJ-Bezirksleitung fungierende Hochschullehrer »Hagen« ein Mitglied des Ausschusses für Studentenangelegenheiten (AStA) der Universität Bochum näher kennen. Es handelte sich um einen sehr intelligenten, politisch aktiven linken Sozialdemokraten, der in wesentlichen Fragen antiimperialistische Positionen vertrat, die politischen Verhältnisse in der BRD ablehnte und eine sympathisierende Haltung zur DDR einnahm. Der Kontakt wurde in die private Sphäre des IM verlagert, wobei es sich als günstig erwies, daß die Ehefrau des IM »Hagen« Rechtsanwältin war, denn »Asta« studierte Jura.

Nach dem Leipzig-Aufenthalt erfolgte ein Besuch des IM »Hagen« in der BRD und die Festigung des Kontaktes. Dabei »offenbarte« unser IM, daß er in einer wissenschaftlichen Arbeitsgruppe tätig sei, die sich mit der Analyse der Tätigkeit studentischer Organisationen in der BRD befasse und bot »Asta« eine ehrenamtliche Mitarbeit an. Es kam zur Vereinbarung eines weiteren, diesmal individuellen Besuchsaufenthaltes in Berlin. »Asta« sollte weitere Mitglieder des Arbeitskreises kennenlernen. Zur Bestreitung der Reisekosten wurde ihm ein angemessener Betrag überreicht.

Er akzeptierte, mit dem Flugzeug nach Westberlin zu reisen und mittels Tagesaufenthaltsgenehmigung in die DDR-Hauptstadt zu kommen, damit ihm kein Einreisevisum in den Paß gestempelt werden mußte. Das war bereits ein wichtiges Signal für unsere Absichten.

Als ich unseren künftigen IM in Berlin kennenlernte, war ich doch etwas überrascht. Er war ohne Gepäck und lief barfuß in leichten Sandalen, die wir Jesuslatschen nannten. Als ich ihm meine wahre Identität nannte, griente er nur wissend. Wir vereinbarten eine langfristige Zusammenarbeit, wobei wir uns vorerst auf den SHB und die SPD konzentrieren wollten.

Unsere Verbindung entwickelte sich sehr gut, aber nach einem Jahr war alles vorbei. Daran waren wir nicht schuldlos. »Asta« hatte auf dem Bahnhof Friedrichstaße einen ihm bekannten Studenten aus dem SHB getroffen. Man tauschte sich aus – und »Asta« schlußfolgerte zutreffend, daß auch sein Kommilitone in gleicher Mission aktiv war. Irritiert zog er sich von uns zurück.

»Udo«

Mit einer Studiendelegation des SHB besuchte die Jura-Studentin Leipzig. Sie kam von der Universität Bonn. Während des Aufenthaltes lernte sie zufällig bei einer Veranstaltung an der Fakultät für Chemie der Karl-Marx-Universität den IM »Brom« kennen. Dieser machte sie mit den Mitarbeitern der Abteilung XV unter einer politischen Legende bekannt. Nach mehreren Gesprächen und Zusammentreffen auch in geselliger Form wurde deutlich, daß sie eine außerordentlich positive Einstellung zum Sozialismus und der DDR besaß, so daß wir uns entschlossen, die Karten aufzudecken und zu versuchen, sie sofort und direkt als IM der Hauptverwaltung Aufklärung zu gewinnen. Die Werbung gelang.

»Udo« entwickelte sich zu einer zuverlässigen und verantwortungsbewußten Mitarbeiterin, die fleißig und erfolgreich tätig war und ausgezeichnet die Grundlagen der geheimdienstlichen Zusammenarbeit beherrschte. Sie wurde 1975 als P-IM an die Abteilung II der HVA übergeben.

»Altermann«

Er war promovierter Journalistikwissenschaftler an der Universität Bonn und als Sozialdemokrat Assistent mehrerer SPD-Bundestagsabgeordneter. Wir kannten ihn aus dem Studium der verbandsinternen SHB-Zeitschrift »Frontal« und aus anderer Unterlagen, die uns übergeben worden waren. Daraus ging hervor, daß er zum äußersten linken Flügel der SPD zu rechnen war. Der Kontakt zu ihm stellte 1970 IM »Taube« her, ein Dozent der Sektion für Journalistik der

KMU Leipzig. Auch hier war der Ansatzpunkt das Angebot einer wissenschaftliche Zusammenarbeit mit politischer Zielstellung.

Beim ersten Treff in Berlin bemerkten wir, daß wir uns in direkter Konkurrenz zur DKP befanden. Genossen dieser Partei unterhielten bereits seit längerer Zeit Kontakt zu ihm und nutzten ihn als Auskunfts- und Einflußperson in der SPD. Aus diesem Grunde war schnelles Handeln geboten. Der Bonner ließ sich zu einer Zusammenarbeit mit der HVA überreden und willigte ein, eine »Karriere« in der SPD anzustreben, um eventuell später als Quelle tätig zu werden oder in unserem Auftrag andere operativ interessante Personen anzuwerben. Beim nächsten Treff, der bereits nachrichtendienstlich gesichert in Leipzig stattfand, offenbarte er uns, daß er mit seinen Freunden gesprochen und sich entschlossen habe, in die DKP einzutreten. Der verdeckte Kampf läge ihm nicht. Aus meiner Sicht war das eine richtige Entscheidung, wenn sie auch für uns mit dem Verlust eines hoffnungsvollen P-IM »Altermann« verbunden war, denn entsprechend unseres Grundsatzes – keine geheimdienstliche Zusammenarbeit mit Mitgliedern der DKP – mußten wir den Kontakt abbrechen.

»Alexander«

Sein bürgerlicher Name lautete Friedhelm Julius Beucher. Er sitzt noch immer für die SPD im Bundestag, leitet den Sportausschuß und trat als Mitglied des Untersuchungsausschusses in der CDU-Spendenaffäre wiederholt in Erscheinung. Ich lernte Beucher 1972 kennen, als er an der Pädagogischen Hochschule Bonn studierte und im SHB arbeitete. Sein Ziel war es, in die Politik zu gehen – ein Vorhaben, das uns natürlich elektrisierte. Das wußten wir seit 1971. IM »Poet«, Wissenschaftler der Sektion Journalistik, hatte in Bonn zu ihm Kontakt aufgenommen. Beucher schrieb damals gerade seine Examensarbeit zum Sport in der DDR und nahm eine Einladung nach Leipzig gern an, um hier die Bibliothek der DHfK für seine Studien zu nutzen. Ihm war durchaus bewußt, daß diese Reise (inklusive der mehrtägigen Betreuung und kostenlosen Unterkunft bei der Familie des IM) über politische Kanäle organisiert worden war und so etwas wie eine Vorleistung bedeutete. Die weitere Entwicklung zeigte, daß er sich allem Anschein nach im klaren darüber war, wer hier die Strippen zog. Da er dies offenkundig akzeptierte, wenngleich auch nur stillschweigend, werteten wir das als positives Zeichen. Folgerichtig signalisierte er bei der Abreise Bereitschaft, den Kontakt zu halten und zu einem Treff nach Berlin zu kommen.

Er war ein wenig cleverer als wir. Er erschien, ohne abzusagen, nicht zum Termin und meldete sich auch nie wieder.

Werbung von Studenten aus »Drittländern«

Als *dritte Länder* wurden, abgeleitet von dem in der DDR nicht üblichen Begriff »Dritte Welt«, die Entwicklungsländer bezeichnet. In vielen war der Einfluß der DDR aufgrund ihrer konsequent antiimperialistischen Politik und der Solidarität mit den um ihre Befreiung kämpfenden Völkern von Jahr zu Jahr gewachsen.

Im Mai 1969 hatten der Irak, im Juli 1969 Ägypten, im April 1970 die Zentralafrikanische Republik und Somalia und später weitere Länder diplomatische Beziehungen mit der DDR aufgenommen. Mit der Anerkennungswelle in den 70er Jahren erhielt die HVA, Abteilung III, die Möglichkeit, in diesen Ländern legal abgedeckte Residenturen zu installieren und die nachrichtendienstliche Arbeit bedeutend zu verstärken, was auch Auswirkungen auf die Abteilungen XV in den Bezirken hatte.

Die Abteilung XV Leipzig erhielt dabei die Aufgabe, die Bearbeitung der ausländischen Studenten bedeutend zu verstärken. In Leipzig gab es zahlreiche Ausbildungsstätten – Karl Marx Universität, die Bauhochschule, die DHfK etc. –, an denen insbesondere Personen aus der Dritten Welt studierten. Hier befand sich auch das Herder-Institut, die zentrale Sprachausbildungsstätte, an der alle Ausländer, die in der DDR studieren wollten, zunächst in einem einjährigen Kurs die deutsche Sprache erlernten. Diese ausländischen Studierenden bildeten ein schier unerschöpfliches Reservoir zur Werbung von Perspektiv-IM für verschiedene Aufgaben in den Entsendestaaten, aber auch in imperialistischen Ländern.

Anfang der 70er Jahre wurde dieses Arbeitsgebiet Teil meines Leitungsbereiches. Auch hier war die Arbeit so organisiert, daß wir in den Schlüsselbereichen der Ausbildungseinrichtungen, insbesondere am Herderinstitut und der Karl-Marx-Universität, zunächst DDR-IM anwarben, die uns interessierende Ausländer aufklärten, bei Notwendigkeit andere IM anschleusten oder die direkte Kontaktaufnahme durch Mitarbeiter der Abteilung XV organisierten und unterstützten.

Die Arbeit mit den Vertretern verschiedener Nationalitäten war außerordentlich kompliziert, galt es doch, die unterschiedlichen Mentalitäten und ethnischen Eigenheiten zu beachten. Wir mußten uns ferner intensiv mit der politischen Situation in den jeweiligen Ländern und ihrer Geschichte vertraut machen. Dazu kam, daß sich in dieser Szene viele Geheimdienste, einschließlich des in der DDR stationierten KGB, umtaten. Wir waren nicht die einzigen, die Begehrlichkeiten hatten. Das alles machte die Sache interessant, und ich entdeckte bald meine Vorliebe für dieses Arbeitsgebiet. Auch wenn dieser oder jener heute darüber lachen mag: Ich glaubte daran, auf diese Weise unmittelbar Einfluß nehmen zu können auf eine nichtkapitalistische Entwicklung in diesen Ländern. Damit leistete ich, so wähnte ich, einen meßbaren Beitrag im antiimperialistischen Kampf.

In Leipzig studierten vor allem Personen aus arabischen Staaten wie Syrien, Ägypten, Libanon und Jordanien, in denen die DDR aufgrund ihrer antizionistischen Politik gegen Israel geachtet wurde.

»Omar«

Der Jordanier war Anfang Dreißig, ledig und sah gut aus. Sein Vater war ein bekannter Rechtsanwalt, wohlhabend, mit sehr guten Verbindungen zu maßgebenden Familien in Kairo und der Palästinensischen Befreiungsorganisation (PLO). Er hätte auch in der BRD oder in Frankreich studieren können, aber aus politischen Gründen – er war in der PLO engagiert – kam er in die DDR. Er studierte an der Bauhochschule. Nach den vorliegenden Einschätzungen standen ihm nach Rückkehr in den Nahen Osten aufgrund der Herkunft gute Chancen für einen Aufstieg offen. Kurz vor Abschluß seines Studiums 1973 stellte er Antrag auf eine Aspirantur in der DDR. Seine Familie hatte beschlossen, daß er promovieren sollte. Dieser Antrag wurde jedoch von der Hochschule abgelehnt, da das Prinzip galt, daß sich die in der DDR Ausgebildeten nach dem Abschluß des Studiums möglichst schnell ihrem Entsendestaat wieder zur Verfügung stellen sollten.

Omar beschwerte sich daraufhin bei einem unserer wichtigsten inoffiziellen Mitarbeitern. IM »Rot« hatte einige Jahre als Spezialist im Sudan gearbeitet und kannte die Mentalität der Araber. Als Mitglied der Ausländerkommission an der Karl-Marx-Universität war er außerdem ständiger Ansprechpartner für arabische Studenten. Da er aufgrund seiner Hilfsbereitschaft und Uneigennützigkeit sehr beliebt war, wurde sein Name unter den Arabern immer wieder an Neuankömmlinge weitergegeben, was für unsere Arbeit unschätzbar war.

Es mußte schnell gehandelt werden. Als erstes wurde geprüft, ob eine Korrektur der Entscheidung der Hochschule möglich sei. Nach der positiven Klärung über die Abwehrdiensteinheit XX (Hoch- und Fachschulen) rief ich »Omar« an, teilte ihm mit, daß ich mit der Prüfung der Angelegenheit beauftragt sei und vereinbarte einen Termin mit ihm. Bei diesem Gespräch wollte ich ausloten, ob er für eine Zusammenarbeit geeignet war.

»Omar« erwies sich als offener und intelligenter Araber, der gut deutsch sprach und sehr gut informiert schien. Ich sagte ihm, daß ich von der Sicherheit sei und mich erst seit kurzer Zeit mit der gesamten Ausländerproblematik beschäftige. Insbesondere fiele es mir schwer, mich mit den verschiedenen Mentalitäten und unterschiedlichen Denkweisen vertraut zu machen. Ich suche Berater, die mir dabei helfen könnten. Dabei bleibe es ihnen überlassen, worüber sie mit mir sprechen wollten und worüber nicht. »Omar« gab sofort und ohne Zögern seine Zustimmung, vorausgesetzt, sein Antrag auf eine Aspirantur an der Bauhochschule würde positiv entschieden und die Aufenthaltsgenehmigung verlängert werden. Damit war der Weg frei zu seinem Verbleib. Ich habe dann ein Jahr lang ohne Komplikationen vertrauensvoll mit ihm den Kontakt gepflegt, wobei ich es vermied, direkt Einschätzungen über andere Personen abzufordern. Ich wollte vermeiden, daß er den Eindruck gewann, er wäre ein Agent oder Spitzel. Wenn ich Einschätzungen erbat, dann über Sachverhalte, die sein Land betrafen oder Probleme der ausländischen Landsmannschaften in Leipzig. Viele Dinge, die mich interessierten, erarbeitete ich durch Abschöpfung im Gespräch.

Vor Abschluß seiner Promotion und Rückkehr in den Nahen Osten wurde er an die Abteilung IX der HVA übergeben, die sich schwerpunktmäßig mit der Bekämpfung feindlicher Geheimdienste befaßte. Aufgrund ihres guten Eindruckes von »Omar« und seiner Offenheit in allen Fragen legte der dafür zuständige Oberst Geyer fest, ihn nach einer Phase der Überprüfung in der Blickfeldarbeit im Nahen Osten einzusetzen. Diese Form der Arbeit hatte zum Ziel, einen IM in das »Blickfeld« eines gegnerischen Geheimdienstes zu bringen, ihn für diesen interessant zu machen, so daß eine Ansprache und eventuell eine Anwerbung erfolgte. Eine solche Doppelagententätigkeit stellte an den betroffenen IM höchste Ansprüche und war mit hohem persönlichen Risiko verbunden.

Ich sah bei »Omar« kein zwingendes Motiv, warum er diese Belastung auf sich nehmen sollte – aber die Übergabe eines IM an die Zentrale wurde intern als ein hervorragendes Arbeitsergebnis gewertet. Also tat ich es.

Ich sollte recht behalten. Nach vielen Jahren erfuhr ich, daß es mit dem IM »Omar« Schwierigkeiten gegeben habe. Dabei stellte sich auch heraus, daß »Omar« sofort nach meinem ersten Anruf in Leipzig seinen Vater in Kairo über das Interesse des DDR-Geheimdienstes an ihm informiert hatte. Dieser verlangte seine sofortige Abreise, und nur mit Mühe konnte »Omar« ihn überzeugen, abzuwarten. Der IM hat mir damals nicht geglaubt und war davon ausgegangen, daß die Aspirantur auf unser Betreiben abgelehnt wurde, um einen Grund zur geheimdienstlichen Ansprache und die Voraussetzungen für eine Anwerbung zu schaffen. Was sollte er eigentlich auch anderes denken? Warum sollte er mir die Wahrheit sagen?

Geheimdienste haben generell einen schlechten Ruf. Ich war damals naiv und glaubte, wir seien davon ausgenommen.

»Abdul«

Er kam aus Damaskus und konnte dorthin nicht zurückkehren, da er sich der Wehrpflicht in Syrien entzogen hatte und bei Wiedereinreise Probleme bekommen hätte. Mittels beneidenswerter Überredungskunst war es ihm gelungen, in Leipzig zu promovieren und danach einen roten Personalausweis zu erhalten, der ihn berechtigte, sich unbegrenzt in der DDR aufzuhalten. Da er auch noch den syrischen Paß besaß, den ihm die Botschaft in Berlin immer wieder verlängerte, konnte er auch jederzeit nach Westberlin und die BRD reisen.

Ich lernte ihn kennen, nachdem der ihn führende Mitarbeiter, Hauptmann Horst B., aus gesundheitlichen Gründen vom operativen in den administrativen Bereich der Abteilung wechselte. »Abdul« erzählte viel, war aber nicht bereit, schriftliche Berichte abzufassen. Er nahm auch gern Geld, insbesondere natürlich DM, unterschrieb aber ungern Quittungen, und wenn, dann nur mit seinem Vornamen. Überdies war er auch noch unzuverlässig. Er erfüllte übernommene Aufgaben oberflächlich und nicht zum Termin, versäumte ohne Entschuldigung Treffs und erschien meist unpünktlich. Aktiv wurde er immer nur, wenn es um seine eigenen Interessen ging. Er unterhielt zahlreiche zweifelhafte Verbindungen und nutzte seine Reisemöglichkeit, undurchsichtige Geschäfte zu tätigen. Außerdem war er auch sehr promisk und kannte viele Prostituierte. Ein weiblicher IM unserer Abteilung, »Angelika Dostal«, erzählte mir, daß er über sie wie ein Tier hergefallen sei, als sie sich einmal mit ihm eingelassen habe.

IM »Omar« sagte über ihn: »Wenn er in den arabischen Raum zurückkehre, werde er eine Weinhandlung eröffnen und auf das Ladenschild schreiben: Dr. Abdul Abdullah – Weinhändler.«

Seine hervorstechendste Eigenschaft war seine Beredtsamkeit, ein typischer Basarhändler. Mit dieser »Waffe« überrumpelte er jeden. So kam er durchs Leben und setzte Ziele und Wünsche durch – auch beim MfS. Mir war er von Anfang an suspekt. Ich habe mir die Sache eine Weile angesehen und dann den Kontakt abgebrochen.

Abdul ging 1975 nach Libyen. Zwei Jahre später rief er mich während der Leipziger Frühjahrsmesse an. Er berichtete, daß er eine Handelsfirma in München und wichtige Informationen habe. Ich traf mich mit ihm in unserem konspirativem Objekt »Museum«.

Abdul offenbarte, daß er in den internationalen Waffenhandel eingestiegen sei. Mit meiner Hilfe wolle er in der DDR Kalaschnikow in größeren Mengen für seine Partner kaufen. Das Geschäft könne sehr einträglich für uns sein.

Aus den Waffengeschäft wurde natürlich nichts. Ich habe von dem windigen Burschen nie wieder etwas gehört.

Hinsichtlich der afrikanischen Länder war die politisch-operative Situation eine andere. Nach dem Zusammenbruch des portugiesischen Kolonialsystems durch die »Nelkenrevolution« im Jahre 1975 engagierte sich die DDR stark in den ehemaligen Kolonien Angola und Mocambique, die einen sozialistischen Entwicklungsweg beschritten. Dazu kam als weiterer Schwerpunkt Äthiopien. Die Beziehungen waren bald sehr eng, zahlreiche Experten arbeiteten in den Ländern, und es existierten Beratergruppen des MfS für die nationalen Geheimdienste. Diese Arbeit wurde von der HVA, Abteilung III, geführt.

Eine unterstützende Arbeit vom Territorium der DDR war nicht notwendig, der Einfluß der DDR auch so gesichert.

Außerdem zeigten unsere Erfahrungen in der Bearbeitung von Afrikanern (»Freund«, »Narbe«, »Sara«, »Halef«), daß die nachrichtendienstliche Arbeit mit ihnen außerordentlich kompliziert und nicht sonderlich effektiv war.

Eine Sonderstellung in der Bearbeitung von Ausländern in der DDR nahmen die Chilenen ein. 1973 war dort mit Hilfe der CIA die demokratisch legitimierte Regierung gestürzt und ein präfaschistisches Regime installiert worden. Die DDR nahm Tausende Flüchtlinge auf.

Der HVA wurde die Aufgabe gestellt, IM in den Emigrantenorganisationen zu werben, die nach Chile zurückkehren und dort arbeiten sollten.

»Maria« und »Pierre«

Die Lehrerin gehörte der Sozialistischen Partei Chiles an und hatte ihr Land nach dem Putsch verlassen müssen. Wir nahmen zu ihr Kontakt auf, um überhaupt erst einmal einen »Stützpunkt« unter den chilenischen Bürgern in Leipzig zu gewinnen. Sie war sofort bereit, mit dem MfS zusammenzuarbeiten; uns verbanden gleiche politische Auffassungen und der gemeinsame Wunsch, etwas gegen die Militärdiktatur in Chile zu tun.

»Maria« half uns zunächst zu klären, »wer ist wer?«. Das war wichtig, um geeignete Kader für eine Rückschleusung nach Chile und den illegalen Kampf gegen das volksfeindliche Militärregime zu finden. »Maria« ging uns verloren, als sie in Leipzig »Pierre«, einen Gaststudenten aus einem westeuropäischen Land, kennenlernte. Beide wollten heiraten und später in seine Heimat gehen. Sie überzeugte ihren künftigen Mann, einen humorvollen, zuverlässigen Linken, von der Notwendigkeit des konspirativen Kampfes und brachte ihn zum Treff mit. Dadurch änderte sich die nachrichtendienstliche Perspektive, wir schalteten einen Mitarbeiter der HVA ein, der für das betreffende Land verantwortlich war, und übergaben ihm das Ehepaar zur weiteren Ausbildung und Vorbereitung auf den Einsatz.

Was aus ihnen geworden ist, entzieht sich meiner Kenntnis.

»Juan«

Im Juli 2000 wurde ich in einem Geschäft in Leipzig von einer hübschen Angestellten bedient. Als ich meinen Blick von ihren schönen dunklen Augen gelöst hatte und das kleine Namensschild am Revers ihrer Kostümjacke las, erinnerte ich mich an eine junge Journalistikstudentin, die 1974 mit einem Chilenen zusammengelebt und mit ihm ein Kind gehabt hatte. Ich fragte sie, ob ihre Mutter mit Vornamen S. heiße. Das träfe zu, sagte sie überrascht.

Also stand die Tochter unseres früheren IM »Juan« vor mir.

»Juan« war nach dem Putsch in Chile in die DDR gekommen, hatte an einer Hochschule gearbeitet und sich 1975 zur Zusammenarbeit bereiterklärt. Seine Lebensgefährtin S. hingegen, deren Vorbilder Che

Guevara und Tamara Bunke hießen, hatte leider eine Zusammenarbeit mit uns abgelehnt. Wir vermuteten, daß sie Kontakt zu den kubanischen Genossen hatte, was sich aber nie bestätigte. Die Lebensgemeinschaft ging später in die Brüche. S. arbeitete als Journalistin. Nach der Wende fiel sie mir durch unsachliche und haßerfüllte Kommentare zu Kuba und insbesondere Fidel Castro auf. Was hatte sie zu einer solch harten Haltung veranlaß?

»Juan« führte uns später zu einem Landsmann (»Techniker«), den wir ebenfalls für eine Zusammenarbeit gewinnen konnten.

Übersiedlungs-IM

Am 6. September 1993 berichtete die britische Zeitung »The Times« in einem kurzen Artikel über die Jagd des britischen Geheimdienstes MI 5 nach vermutlichen »Stasi-Agenten«. Unter den mit Decknamen aufgeführten Personen befand sich neben dem bereits geouteten »Armin« auch der IM »Sender«.

Der IM »Sender«, Bürger der DDR, war 1972 zusammen mit seiner Ehefrau, Deckname »Radio«, durch Oberleutnant Günter V. in Leipzig geworben worden. Günter V., der mich, wie bereits erwähnt, als Mitarbeiter für das MfS gewonnen hatte, war inzwischen im Kollektiv meines Referates verantwortlich für die Schaffung von Übersiedlungs-IM, einen Auftrag, den er sehr erfolgreich erfüllte.

»Sender« war damals Lehrer für Englisch und hatte an der Universität eine sehr gute Entwicklung als Anglist genommen. Das Ehepaar erklärte sich bereit, in das Operationsgebiet zu übersiedeln und wurde zur Vorbereitung auf eine Einsatzvariante 1973 an die zuständige Fachabteilung VI der HVA übergeben. Mit ihnen verließ auch Günter unsere Diensteinheit. Aufgrund seiner guten Fähigkeiten im Umgang mit IM wurde er ebenfalls in diese Diensteinheit versetzt, was zur Folge hatte, daß er die übergebenen IM weiter betreuen konnte. Leider harmonierten die beiden Partner, die jeder für sich liebenswert waren, nicht miteinander. Die Ehe kam ausgerechnet im Übersiedlungsprozeß in die Krise und mußte geschieden werden. IM »Sender« wurde allein übersiedelt. Wegen seiner perfekten Sprachkenntnisse und hervorragenden operativen Fähigkeiten zog er nach England.

Von dort mußte er später, zum Glück nicht zu spät, zurückgezogen werden, da es Probleme mit seinem Pseudonym und seiner Abdeckung gab. Seine Sicherheit konnte nicht mehr gewährleistet werden. Als der britische Geheimdienst MI 5 nach der Wende aufgrund von Verrat eines leitenden HVA-Offiziers auf seine Spuren stieß, war das Nest bereits leer.

Noch heute verneige ich mich tief vor allen IM, die sich bereit erklärten, auf ein gesichertes Leben in der DDR zu verzichten und die große und schwerwiegende Belastung eines möglicherweise lebenslangen Einsatzes in der BRD, meistens unter falschem Namen und geliehener Identität, auf sich zu nehmen.

Nicht nur, daß sie das ständige Risiko einer Entdeckung mit der Konsequenz einer strafrechtlichen Verfolgung und jahrelanger Inhaftierung auf sich nahmen, sie mußten ihre persönliche Entwicklung und Lebensweise dem operativen Auftrag des MfS unterordnen.

Übersiedlungs-IM waren DDR-IM, die im Operationsgebiet meist Funktionen als Werber oder Resident ausübten, da man davon ausging, daß nur in der DDR aufgewachsene und eng mit der Arbeit des MfS vertraute Genossen diese Aufgaben erfüllen konnten.

Suche, Auswahl, Erprobung und Übersiedlung geeigneter Personen gehörte zu den schwierigsten, langwierigsten und kompliziertesten Aufgaben in der Aufklärung. Im Durchschnitt zog es sich über zwei bis drei Jahre; die Ausfallquote war hoch.

Die IM durften nicht älter als 35 Jahre sein und mußten ihre politische Zuverlässigkeit, Standhaftigkeit und operative Eignung in der bisherigen Zusammenarbeit nachgewiesen haben. Sie sollten lebenserfahren und risikobereit sein und über eine Reihe wichtiger charakterlicher Eigenschaften und intellektueller Voraussetzungen verfügen. Ihre berufliche Ausbildung mußte ein schnelles Fußfassen in der BRD ermöglichen, sie durften keinen spezifischen DDR-Dialekt (sächsisch) sprechen und sollten möglichst noch eine Fremdsprache beherrschen. Ehepaare mußten ihren Kinderwunsch begraben, und mancher in der DDR hochqualifizierte IM mußte im Operationsgebiet eine untergeordnete Tätigkeit verrichten.

Nur wenige IM waren den Anforderungen und Belastungen dauerhaft gewachsen. Es gab Ehepaare, die bereits im Prozeß der Vorbereitung auf die Übersiedlung scheiterten, weil ihre Ehe sich nicht als stabil genug erwies. Probleme in den Beziehungen untereinander wuchsen zu schwerwiegenden Risikofaktoren, in Einzelfällen »starb« die Liebe und es kam zur Scheidung.

Die »einfache« Methode der Übersiedlung bestand vor allem in den 50er Jahren im operativ organisierten, ungesetzlichen Verlassen der DDR – der Republikflucht. Der sogenannte Kanzlerspion Günter Guillaume ist für diese Methode ein Beispiel.

Nach dem Bau der Mauer und dem wachsenden Ausbau des Grenzregimes an der »grünen« Grenze zur DDR schied dieser Weg nahezu aus. Außerdem hatten sich die westlichen Geheimdienste auf diese Methode immer besser eingestellt. Flüchtige DDR-Bürger wurden in den Auffanglagern gründlich befragt, ihre Angaben teilweise durch konspirative Ermittlungen in der DDR überprüft und verdächtige Personen einer langfristigen begleitenden Kontrolle unterzogen. Da unsere IM in der Regel bewußte DDR-Bürger und Mitglieder der SED waren, was sich kaum verbergen ließ, wurden sie ohne Zweifel langfristig überwacht.

Deshalb wurden Anfang der 60er Jahre neue Methoden der Übersiedlung entwickelt, die mit bedeutend höheren Anforderungen an die beteiligten IM verbunden waren. Die IM schlüpften in die Haut eines Doppelgänger, der Bürger der BRD war. Er war entweder verstorben, für immer ins ferne Ausland verzogen oder in die DDR übersiedelt. Sie reisten mit nachgemachten Dokumenten ihres Doppelgängers in ein Drittland, meist Südamerika, hielten sich dort eine gewisse Zeit auf, besorgten sich bei Möglichkeit einen neuen Originalpaß bei den BRD-Botschaften und kehrten nach einer gewissen Zeit in die BRD »zurück«, wo sie sich aber nicht an jenem Ort niederließen, in dem der Doppelgänger gewohnt hatte, sondern möglichst weit weg von diesem »Gefahrenpunkt«. Nach kurzer Zeit zogen sie wieder um. Übersiedelte Ehepaare gingen diese Weg ins Ausland getrennt und »heirateten« nach »Rückkehr« in die BRD faktisch ein zweites Mal. Durch diese und andere Maßnahmen erhielten die IM letztlich echte Papiere. Nach dieser »Legalisierung« genannten Zeit begannen sie mit der operativen Arbeit.

Das erste ÜIM-Ehepaar, das durch die Abteilung XV geworben, erprobt und zur spezifischen Ausbildung und Übersiedlung an die Fachabteilung (HVA VI) übergeben wurde, waren 1972 die IM »Reiter«/»Blume«. 1976 wurden beide verhaftet, da das Bundesamt für Verfassungsschutz die Übersiedlungsmethode der HVA durchschaut hatte. In der Aktion »Anmeldung« wurden zahlreiche übersiedelte IM enttarnt und festgenommen. Das BfV hatte die oben genannten Merkmale in einem Raster zusammengefaßt und gründlich alle Bürger überprüft, die von einem zeitweiligen Aufenthalt im Ausland in die BRD eingereist waren. Bei der gewaltigen Kleinarbeit waren sie auf viele übersiedelte IM der HVA gestoßen.

Nach dieser Niederlage mußte die Arbeit umorganisiert werden.

Jetzt wurden Personen geworben, die in der DDR einen Antrag auf Übersiedlung in die DDR gestellt hatten. Diese IM wurden Austausch-IM (A-IM) genannt, weil sie in die DDR kamen, während der Übersiedlungs-IM aus der DDR in den Westen ging. Der Austausch vollzog sich gesteuert unter ihrer Mitwirkung. Mitwirkung bedeutete, daß die A-IM beim Wegzug aus ihrem Wohnort niemanden darüber informierten, daß sie in die DDR übersiedelten. Die Ü-IM tauchten dann mit der angenommenen, also getauschten Identität in einer anderen Stadt der BRD auf. Mitunter war diese auch von den A-IM in der Umgebung als Umzugsziel angegeben worden.

Der Aufwand war gewaltig, zumal die A-IM nach der Einreise in die DDR zusätzlich noch unter Kontrolle gehalten werden mußten.

Die komplizierteste Frage, die es bei jedem Ü-IM zu beantworten galt war: Wird er die in der BRD herrschenden Verhältnisse, die jedem, der über genügend finanzielle Mittel verfügte, ein angenehmes Leben, Reisefreiheit und Sicherheit gewährleisten konnten, politisch-moralisch richtig verarbeiten? Wird er den damit verbundenen Anfechtungen widerstehen können? Die meisten IM hielten der DDR und dem Sicherheitsorgan die Treue. Sie wußten, daß ihre Tätigkeit ein Beitrag zur Sicherung des Friedens und für die Zukunft des Sozialismus war. Es gab allerdings auch Ausfälle. Ich erinnere mich an eine Lehrerin, die zusammen mit ihrem Ehemann, einem Bürger aus einem afrikanischen Land, übersiedelt wurde. Ihre Haltung zu uns wurde im Laufe der Zeit immer ablehnender, bis sie in Feindschaft umschlug. Sie erklärte zuletzt auf unser Ansinnen, wieder in die DDR zurückzukehren, sie würde eher als Blumenmädchen am Kölner Hauptbahnhof arbeiten, als in die DDR zurückzukehren.

Um solche Überraschungen zu verhindern und von vornherein sicher zu sein, daß der vorgesehene Aufwand an Kraft und materiellen Mitteln nicht vergeblich war, wurde bei Verdachtsmomenten trotz aller Bedenken operative Technik eingesetzt, das heißt, die IM, insbesondere Ehepaare, wurden vor operativen Reisen in den Hotelzimmern oder konspirativen Objekten »belauscht«. Auch wenn diese Methode in einem konkreten Leipziger »Fall« (König/Königin) die HVA vor großem Schaden bewahrte, zeigt sie auch, wie pervers Geheimdienstarbeit sein kann.

Eine zweite grundsätzliche Fragestellung war: Sind die IM psychisch in der Lage, die Belastungen, die die geheimdienstliche Arbeit im Operationsgebiet mit sich bringt, zu verkraften? Um diese Frage beantworten zu können, mußten sie sich einem psychodiagnostischen Prüfverfahren stellen, das ihre Eignung und Befähigung feststellte. Eine spezielle Arbeitsgruppe bei der Abteilung VI der HVA unter Leitung von Oberstleutnant Schirmer führte diesen komplexen Test durch. Der oder die betreffenden IM wurden für mehrere Tage in einem konspirativen Objekt untergebracht und in Gesprächen und Testreihen auf Herz und Nieren geprüft. Getestet wurden Intelligenz, intellektuelle Beweglichkeit und Scharfsinn, psychische Belastbarkeit, Konzentrationsfähigkeit, Grad der Nervosität, Aggressivität oder Depressivität, Vorhandensein von Ängstlichkeit, Entscheidungsfreude usw.

Im Falle des Ü-IM »Guß« führte das Verfahren zur Ablehnung, weil festgestellt wurde, daß er die Belastungen einer eventuellen Inhaftierung im Operationsgebiet nicht verkraften würde.

Werber im zeitweiligen Einsatz

Als Werber wurden in der Aufklärung *IM des Operationsgebietes* bezeichnet, die planmäßig operativ interessante Personen mit dem Ziel bearbeiteten, ihre operative Perspektive festzustellen und sie für eine bewußte operative Zusammenarbeit zu gewinnen. Diese Personen sollten über eine entsprechende gesellschaftliche Stellung (Rechtsanwalt, Journalist, Manager, Hochschullehrer etc.) und über Kenntnisse und Fähigkeiten verfügen, die sie in die Lage versetzten, ausgewählte Zielpersonen so zu beeinflussen, daß sie einer Zusammenarbeit zustimmten. Wenn sie eine solche gesellschaftliche Stellung nicht innehatten, mußten sie diese zumindest vortäuschen können.

Es gab in der Aufklärung die ungeschriebene Ansicht: »Ein Werber ist ein Werber, wenn er einen IM tatsächlich geworben hat.« Viele IM des Operationsgebietes waren statistisch als Werber eingestuft, aber nur wenige verdienten auch diese Bezeichnung. Ihr Hauptproblem bestand darin, daß sie sich gegenüber der Zielperson offenbaren mußten und sie bei Fehlschlag der Werbung gefährdet waren. Das Risiko des Verrats wurde verständlicherweise von vielen Werbern gescheut.

Deshalb wurde seit Mitte der 70er Jahre auch in den Abteilungen XV verstärkt dazu übergegangen, für diese Aufgabe DDR-IM einzusetzen. Ähnlich wie bei den Ü-IM ging man davon aus, daß insbesondere in der sozialistischen DDR aufgewachsene und langfristig aufgebaute IM diese Aufgabe erfolgreich erfüllen konnten.

Diese Werber hatten einen Arbeitsvertrag als hauptamtliche IM (H-IM). Ihr Auftrag bestand darin, unter westdeutschem Pseudonym im Operationsgebiet Personen zu suchen, zu kontaktieren und ihre objektiven Möglichkeiten und subjektiven Befähigung für eine Zusammenarbeit zu prüfen. Gegenüber ihrer Umgebung in der DDR waren sie in der Regel getarnt als Freiberufler, d. h. als unabhängig tätige Journalisten, Wissenschaftler oder ähnliches.

Für diese außerordentlich komplizierte und anspruchsvolle Aufgabe wurden nur erprobte und überprüfte IM ausgewählt, die über die notwendigen Voraussetzungen (einschließlich einer hochdeutschen Aussprache) verfügten und bereits Erfahrungen und Erfolge in der Kontakt- und Werbearbeit nachweisen konnten. Ihre subjektiven Fähigkeiten, nämlich andere Menschen beeinflussen und gewinnen zu können, waren der Hauptfaktor des Erfolges, davon hing fast alles ab. Die Strategie des Einsatzes war so angelegt, daß nach der Schaffung von festen und perspektivreichen Kontakten entschieden wurde, auf welche Weise eine Werbung erfolgen sollte: durch den IM selbst oder durch eine neue, in den Vorgang einzuführende Person, die z. B. eine »fremde Flagge« verkörpern konnte. Am günstigsten erwies es sich, wenn man diese Werber aus der DDR mit einem Werber aus der BRD zusammen agieren ließ, denn das Problem des DDR-Werbers war immer die Abdeckung im Operationsgebiet.

»Patrick« war ein für diese Arbeitsmethode sehr geeigneter und fähiger Genosse. Der IM war 35 Jahre alt, Journalist, sprach französisch und englisch. Auch mit Esperanto hatte er sich bereits beschäftigt. Er war verheiratet, unerschrocken, ausgeglichen, beharrlich und konnte auf Menschen zugehen. »Patrick« interessierte sich für Außenpolitik und speziell Afrika. In der DDR konnte er aber nur außenpolitischen Journalismus »von innen« betreiben. Es war außerordentlich schwierig, als Auslandskorrespondent des ADN, der Nachrichtenagentur der DDR, eingesetzt zu werden. Er wollte etwas mit seiner Arbeit zu bewegen, Weltanschauung nicht nur als Ausdruck einer Ideologie verstehen, sondern die Welt auch wirklich anschauen. Die ihm durch die Aufklärung angebotene Aufgabe entsprach damit voll seinem Anliegen und Wünschen.

Wir schickten ihn zu Sprachlehrgängen nach London und Paris, er reiste zur Abdeckung seiner Legende »Afrikanist/Journalist« auch in afrikanische Länder, nahm an Skisafaris in die Alpen und Bergsteigerexpeditionen teil. Er wurde Mitglied in der westdeutschen Esperanto-Gesellschaft. Solche Einsätze dauerten je nach Notwendigkeit vier bis acht Wochen. Danach kam er immer wieder in die DDR zurück, um nach Auswertung der Arbeitsergebnisse, Krafttanken in der Familie und mit neuen Instruktionen versehen erneut abzureisen.

Ausgangspunkt seiner Aktivitäten in der Bundesrepublik war ein kleines Häuschen in der Nähe von Bad Hersfeld, das er sich gemietet hatte und wo sich seine Sachen, Ausrüstungsgegenstände und Geld befanden. Zum Vermieter bestand ein herzlicher Kontakt. Er gehörte fast schon zur Familie. Für sie war er der Journalist und Afrikanist Patrick, der viel unterwegs war und gern zum Schreiben und zur Erholung ins hessische Bergland kam. Sie hoben für ihn die eingegangene Post auf. Im übrigen war ihnen die zusätzliche Miete willkommen, natürlich am Finanzamt vorbei. Das bedeutete zugleich eine gewisse Sicherheit für »Patrick«: Man redete nicht viel über den Gast.

Dieses Quartier hatte auch den Vorteil, daß »Patrick« nicht mit Koffern auf dem Schienenweg die Grenze zur BRD passieren mußte. Die westdeutsche Seite hatte die Kontrolle, verdeckte Beobachtung und Recherchemöglichkeiten über mobile Funkgeräte in den Transitzügen immer mehr verfeinert.

»Patrick« wurde durch Offiziere der Abteilung »Arbeitsgruppe Grenze« der HVA, später Abteilung XVII, über die »grüne Grenze« geschleust, das heißt er überquerte diese in einem unübersichtlichen Gebiet illegal. Während seiner Aufenthalte entwickelte er eine ganze Reihe von interessanten Kontakten. Hervorzuheben waren hierbei eine feste Freundschaft zu einem Volkswirtschaftler (»Ludwig Bach«), der mehrere Sprachen sprach und auf dem Sprung in das Auswärtige Amt stand, und der Kontakt zu einem Anwendungsprogrammierer in einem Amt der Bundeswehr. Ihm gaben wir den Decknamen »Roboter«. Er war der Lebensgefährte einer Optikerin. »Patrick« hatte beide auf einer Skisafari in den Alpen kennengelernt. »Roboter« erzählte ausführlich über seine Tätigkeit, die mit der Überwachung der militärischen Kräfte des Warschauer Paktes zu tun hatte, berichtete über den Einsatz von Simultandolmetschern zum Abhören des Telefon- und Funkverkehrs der Ostblockstaaten, den Einsatz von Fernfahrern zur Feststellung militärischer Bewegungen in der DDR usw.

Probleme ergaben sich bei der Entwicklung und Pflege von Kontakten zu weiblichen Personen. Während eines Sprachlehrganges in London lernte »Patrick« die Japanerin Hiroo Y. kennen, die ein mehrwöchiges Zusatzstudium an der *School of Oriental and African Studies* absolvierte. Sie hatte internationale Politik in Tokio studiert und wollte nach ihren Studien in Europa beim japanischen Civil Service arbeiten. Sie verliebte sich in ihn und wollte nach Deutschland übersiedeln. Eine ähnliche Konstellation entwickelte sich, als »Patrick« ein halbes Jahr später in einem Esparanto-Club Rita L., eine Rechtsanwältin aus

Bonn kennenlernte, die bei der EU in Luxemburg tätig war. Nach mehreren Zusammentreffen kam es zu Komplikationen, da sich Intimitäten auf die Dauer nicht mehr vermeiden ließen.

Mit der Schwester seiner Vermieterin in Bad Hersfeld, einer geschiedenen Beamtin aus München, unternahm er im hessischen Bergland Wanderungen und Radpartien mit dem Ergebnis, daß sich »Kolibri«, wie wir sie nannten, Hoffnungen auf eine feste Bindung zu ihm machte.

Nachteilig war auch sein unstetes Leben: Er war laut Legende unverheiratet und hatte keine Familie in Deutschland. Der Vater war danach verstorben, seine Mutter lebte in einem Altersheim in Frankreich, Geschwister gab es nicht. Er tauchte auf und verschwand wieder. In seiner Umgebung galt er als ruheloser Globetrotter.

Insgesamt stießen wir bei der Anwendung dieser Methode immer wieder an nur schwer zu überwindende objektive Grenzen. Viel Können des Werbers im zeitweiligen Einsatz und viel Glück waren notwendig, um zum Erfolg zu kommen.

Zeitlicher und finanzieller Aufwand standen nach meinen Erfahrungen jedoch in keinem günstigen Verhältnis zum Ergebnis.

Die Leipziger Messe

Zweimal im Jahr, im März und September, veränderte sich für zehn Tage das gesamte Stadtbild augenscheinlich, Leipzig erhielt internationales Flair und geriet fast aus den Fugen. Die Bezirksverwaltung der Staatssicherheit verwandelte sich in der Messezeit aus einer ruhig vor sich hin arbeitenden Behörde in ein hektisch pulsierendes Sicherheits-Center.

Wie in militärischen Organen üblich, erhielt die umfassende Sicherung der Leipziger Messe einen Code-Namen: »Treffpunkt«. Hinter dem Decknamen wechselte nur immer die Jahreszahl und die Buchstaben »F« für Frühjahrsmesse und »H« für Herbstmesse, z.B. »Treffpunkt 88F«.

Die Führung der Aktion und damit des gesamten Sicherheitsapparates in Leipzig lag in dieser Zeit in den Händen eines stellvertretenden Ministers des MfS, die Hauptverwaltung Aufklärung hatte, wie auch andere Hauptabteilungen, einen Stab in Leipzig etabliert. Aus der Republik zugeführte Kräfte sicherten die zahlreichen Veranstaltungen, insbesondere den traditionellen Messerundgang der Partei- und Staatsführung. Viele Diensteinheiten, etwa die Abteilungen XII (Registratur), VIII (Observation), XVIII (Volkswirtschaft), 26 (Lauschangriffe), M (Postkontrolle) und natürlich die Rückwärtigen Dienste (Kfz., Verpflegung, Betreuung, materielle Sicherstellung), wurden beachtlich aufgestockt.

Es galt für alle erhöhte Einsatzbereitschaft, die Dienstzeit wurde auf die Wochenenden ausgedehnt und betrug täglich elf Stunden (8.00 bis 19.00 Uhr), es gab für alle Frühstück, Mittag- und Abendessen zu subventionierten Preisen.

Auch wir in der Abteilung XV bereiteten uns speziell auf die Aktion »Treffpunkt« vor. Jeder Mitarbeiter mußte einen Plan erarbeiten, in dem festgelegt war, wie die besonders günstigen Möglichkeiten der Messe für Treffs mit IM des Operationsgebietes, die Werbung neuer IM, die Anbahnung neuer Kontakte, die Überprüfung von DDR-IM und die Beschaffung von messespezifischen Informationen genutzt werden sollten. Für die Verwirklichung dieser Konzeptionen wurde das gesamte IM-Netz aktiviert, insbesondere eine breit gefächerte »Residentur« im Leipziger Messeamt.

Wie immer, wenn Druck gemacht wird und Erfolgsmeldungen gefragt sind, kam es auch hier zu Aktionismus und Aufbauschung von Maßnahmen und Ergebnissen. Die Konzentration von Mitarbeitern der HVA und der Aufklärungsabteilungen anderer Bezirke bewirkte, daß insbesondere Aussteller aus dem Westen und ihr Personal, Besucher aus operativ interessanten Bereichen der westlichen Länder oder mit interessanten Berufen der ungeteilten Aufmerksamkeit der Aufklärung ausgesetzt waren.

Doch auch die westlichen Geheimdienste, allen voran die CIA und der BND, nutzten die Messe. Allerdings bleibt das in den seit 1990 vorgenommenen »Analysen« über die Arbeit des MfS meist unerwähnt. Was wunder: Man könnte daraus einen Grund ableiten, daß die DDR sich gezwungen sah, sich zur Wehr zu setzen. Kein Rauch ohne Feuer, ohne Angriffe keine Abwehr. Darüber aber wird der Mantel »demokratischen« Schweigens gebreitet.

Einen besonderen Stellenwert nahm während der Leipziger Messe die Kontaktarbeit ein. Insbesondere IM, aber auch hauptamtliche Mitarbeiter, agierten in Gaststätten, Bars, anderen Begegnungszentren, auf Veranstaltungen, Empfängen und Pressekonferenzen. Mitunter wurden Besucher zielgerichtet in ihren Quartieren aufgesucht und unter Legenden (Arbeitsgruppe Besucheraussprachen, Arbeitskreis für gesamtdeutsche Fragen u. a.) kontaktiert und abgetastet, ob es Voraussetzungen für eine Zusammenarbeit gab. Auch zahlreiche weibliche IM streckten ihre Fühler (und anderes) nach interessanten Kontakten aus.

Ich erinnere mich hier an einen speziellen Vorgang, der den Decknamen »Stieglitz« trug. Es handelte sich um einen Mitarbeiter einer Westberliner Pharmaziefirma, zu dem ein intimer Kontakt durch einen weiblichen IM unserer Abteilung hergestellt worden war. Die außerordentlich zuverlässige Genossin, eine promovierte Naturwissenschaftlerin, war attraktiv, intelligent und das, was man unter lebens- und abenteuerlustig versteht. Sie sollte Ansatzpunkte für eine Werbung auf materieller Basis herausarbeiten. Wir mußten aber nach zwei Jahren einschätzen, daß Herr S. ein Zusammenarbeit mit dem MfS unter allen Umständen ablehnen würde.

Oft wurden weibliche IM zur Überprüfung von inoffiziellen Mitarbeitern männlichen Geschlechts eingesetzt. Dies geschah immer dann, wenn Zweifel an der Zuverlässigkeit und moralischen Integrität des inoffiziellen Mitarbeiters bestanden. Daß dies notwendig war, demonstrierte auf geradezu peinliche Weise der Fall des IM »Gerd«. Dieser besuchte bei seinem ersten operativen Aufenthalt in Westberlin, der unter BRD-Identität erfolgte, eine »Oben ohne«-Bar auf dem Kurfürstendamm. Die dort tätigen Damen nahmen ihn völlig aus, so daß er nicht einmal mehr sein Hotelzimmer bezahlen konnte. Der Inhaber des Hotels behielt daraufhin seine Sachen als Pfand ein. »Gerd« kam nach Ostberlin zurück, rief den zuständigen Mitarbeiter an, der sofort von Leipzig nach Berlin fuhr, um »Gerd« den notwendigen Betrag zu überreichen, damit er die Hotelrechnung bezahlen und seine Sachen auslösen konnte.

Überprüfungen im Bett waren meines Erachtens zutiefst unmoralisch. Zudem beseitigten sie selten vorhandene Zweifel, zumal dann, wenn die IM die Übung durchschauten und sich entsprechend verhielten. Das Spiel mit Gefühlen und Hormonen war in des Wortes ureigener Bedeutung unterhalb der Gürtellinie. Es ist aber ein offenes Geheimnis: Die Dienste aller Länder spielen es noch immer.

Während der Aktion »Treffpunkt« wuchs auch das Informationsunwesen ins Gigantische. Alle Mitarbeiter waren aufgefordert, ihre Treffs mit IM und Kontaktpersonen zu nutzen, um »messespezifische« Informationen zu erarbeiten. Neben wichtigen wirtschaftlichen und politischen Informationen wurden auch Kritiken an einzelnen Erscheinungen und Stimmungsberichte in einem Tagesbericht unserer Abteilung, den ich meist unterschrieb, verarbeitet. Er wurde an die zentrale Auswertungsabteilung des Messestabes weitergeleitet.

Da die Erarbeitung von solchen Informationen ein Gegenstand der Bewertung der Arbeit des Einzelnen war, wurde hier stark die Quantität bedient. Dichtung und Wahrheit lagen eng beieinander. Die Staatssicherheit interessierte sich für alles und hatte auch genug Leute, die Papiere beschrieben, diese hin- und her transportierten, zusammenfaßten, lasen und schließlich abhefteten.

Zusammenarbeit mit der Abwehr

Westliche Dienste beschieden sich nicht mit der Informationssammlung über den Vorposten des Warschauer Vertrages, sondern setzten das ganze Spektrum des verdeckten Kampfes ein, um dem »Arbeiter- und Bauernstaat« das (Über-)Leben schwer zu machen.
Prof. Dr. Erich Schmidt-Eenboom

»Im traurigen Monat November war's, die Tage wurden trüber, der Wind riß von den Bäumen das Laub, da …«

Es war der 17. oder 18. November 1976. Ich hatte wieder einmal Nachtdienst als Gehilfe des Offiziers vom Dienst (OvD) in der Bezirksverwaltung. Diesen Dienst mußten alle operativen Mitarbeiter von Zeit zu Zeit verrichten. Er reichte vom Dienstschluß um 17.00 Uhr bis zum Dienstbeginn um 8.00 Uhr morgens. Die Beanspruchung hielt sich in Grenzen. Man saß in einem kleinen tristen Raum, der war ausgestattet mit einem ausgesonderten Schreibtisch, einem wackligen Büroschrank und einem Feldbett. Man wartete auf kleine Aufträge des OvD wie: »Ich geh' mal kurz auf Toilette, bleib' mal am Telefon«, oder: »In der Funkstelle ist ein Fernschreiben abzuholen«. Das größte Ereignis war die Abmeldung des »Chefs«. Er kam immer persönlich und genoß es, wenn er bei der dann fälligen militärischen Meldung den aufgeregten OvD hinters Licht führen konnte. Das war kein Kunststück, denn das war meist ein älterer oder nicht voll einsatzfähiger Genosse.

An diesem Tag war häßliches Wetter, und ich saß mißmutig wegen der zu erwartenden schlaflosen Nacht im abgewetzten Schreibtischstuhl. Vor mir lag das Diensttagebuch des OvD, eine Art Logbuch. In ihm wurden alle Vorkommnisse, die im Bezirk Leipzig passierten, chronologisch aufgezeichnet. Volkspolizei, Feuerwehr und andere Staatsorgane hatten eine entsprechende Meldepflicht. Die abgehefteten Protokolle, von den OvD persönlich auf einer Schreibmaschine getippt, enthielten also Meldungen über Brände, kriminelle Delikte, Selbstmorde, Havarien usw. Ich las gerade ein Protokoll über eine Schlägerei zwischen Arabern vor der Leipziger Nachtbar »Esplanade«, als der OvD mich unterbrach. Ich solle ein dringendes Fernschreiben aus der Funkstelle holen.

Dort wurde mir eine lange »Fahne« ausgehändigt. Als ich den Bogen überflog, stellte ich fest, daß es sich um einen Befehl des Ministers handelte. Neugierig begann ich noch im Fahrstuhl zu lesen. Berichtet wurde über einen Protest von Schriftstellern und Künstlern gegen die am 16. November 1976 erfolgte Aberkennung der Staatsbürgerschaft eines mir bis dahin völlig unbekannten Wolf Biermann. Es folgte eine politisch-operative Einschätzung der Situation und Befehle für die verschiedenen operativen Diensteinheiten, insbesondere die Abteilung XX. Diese betrafen die Verhinderung von weiteren »öffentlichkeitswirksamen« Aktionen, die operative Kontrolle und Bearbeitung potentieller Protestler und Schwerpunkte des Informationsbedarfs.

Überrascht war ich, als ich die Namen der Unterzeichner der Resolution las. Unter ihnen waren bekannte und von mir geschätzte Schriftsteller: Stefan Heym, von dem ich fast alle Romane besaß, Christa Wolf, die für eine Belebung der DDR-Literatur gesorgt hatte, Franz Führmann und Stephan Hermlin. Zu meiner großen Verwunderung fand sich auch die Unterschrift von Fritz Cremer unter der Resolution. Der bekannte Bildhauer hatte das Denkmal »Buchenwaldhäftlinge« geschaffen, das weithin sichtbar auf dem Ettersberg bei Weimar steht.

Das Politbüro der SED, insbesondere Honecker und Mielke, setzte mit der Ausweisung und der Behandlung der Proteste eine Lawine in Gang, die zu irreparablen Veränderungen in der Gesellschaft der DDR führen sollte.

Das primär politische Problem hätte politisch gelöst werden müssen – doch die SED-Führung delegierte wie stets, wenn sie sich ihren Aufgaben nicht gewachsen zeigte, das Problem ans MfS. Die Unfähigkeit, mit Widerspruch umzugehen, zeigte sich auch im Umgang mit dem Leipziger Schriftsteller Erich Loest. Dieser war 1957 zu einer siebenjährigen Haftstrafe verurteilt worden. Er gehörte meines Wissens zu einer oppositionellen Gruppierung, die für einschneidende Veränderungen in der DDR, ähnlich wie sie in Ungarn angestrebt wurden, eingetreten war. Die verschärfte politische Konfrontation zwischen den Blöcken in Folge der Ungarnereignisse von 1956 hatte auf das Verfahren und das Urteil maßgeblichen Einfluß.

Die Haft in Bautzen II hatte Loest verständlicherweise geprägt. Nach der Entlassung arbeitete er sich wieder hoch und gehörte nach meiner Ansicht viele Jahre lang zu den »Begünstigten«, um einen im Neudeutschen üblichen Begriff zu verwenden. Die Unterstützung, die ihm überall zuteil wurde, resultierte auch aus dem Willen zur Wiedergutmachung für ihm angetanes Unrecht. Er durfte schreiben und in den

Westen reisen, seine Bücher wurden gedruckt, seinen Kindern standen alle Entwicklungsmöglichkeiten offen. Aufgrund seiner zunehmend kritischen Haltung wurde er jedoch im Laufe der Jahre immer argwöhnischer von den Ideologie-Wächtern im ZK der SED und im Ministerium für Kultur beobachtet.

Nach der Biermann-Ausbürgerung erging an das MfS der Auftrag, Beweise für strafbare Handlungen zu erbringen. Die Abteilung XX begann den Operativ-Vorgang »Autor«. Insbesondere Mielke übte starken Druck auf die daran beteiligten Diensteinheiten aus, weil sie nachweisen sollten, daß es sich bei kritischen Schriftstellern um Feinde der DDR handele.

In unserer Diensteinheit gab es einen IM, der mit Loest persönlich bekannt war. Die Abteilung XX stieß natürlich bei der Überprüfung des Umfeldes von Loest auf den IM und ersuchte uns um Unterstützung. Der Mann berichtete in bestimmten Abständen mündlich über Äußerungen von Erich Loest zur Kulturpolitik der SED und anderes. Diese Berichte wurden durch seinen Führungsoffizier Major Gerhard J. in Gedächtnisprotokollen niedergeschrieben und als Informationen an die zuständige Abteilung XX weitergeleitet. Das war für uns selbstverständlich, zumal wir von dieser Diensteinheit auch profitierten. Sie half uns bei der Rekrutierung von Einsatzkadern in der Universität und unterstützte uns bei der Herauslösung der Betreffenden für Reisen in das Operationsgebiet.

Die konkreten Maßnahmen der Kontrolle und Überwachung von Erich Loest waren uns natürlich nicht bekannt. Soweit mir erinnerlich, mußte der Operativ-Vorgang »Autor« eingestellt werden, weil sich der Verdacht von staatsfeindlichen Handlungen nicht bestätigte. Loest, der Kontakte zu westdeutschen Verlagen hatte, entschied sich 1981 zur Übersiedlung in die BRD. Das lag auch im Interesse der SED-Führung, denn die war immer froh, wenn sich ein Problem durch Weggang erledigte. Tatsache ist, daß dieser Vorgang Loests Marktwert erhöhte, was er insbesondere nach der Wende konsequent zu nutzen wußte.

Die westdeutschen politischen Parteien und die Medien der BRD wiederum nutzten die wachsenden Widersprüche zwischen der SED-Führung und den Künstlern und Schriftstellern der DDR. Daraus wurden in der Partei und im MfS falsche Schlüsse gezogen. Die propagandistischen Angriffe wurden unter dem zentralen Begriff der »Politisch-ideologischen Diversion« (PID) zusammengefaßt. Unter PID verstand man eine »planmäßige Zersetzung des sozialistischen Bewußtseins der Menschen durch die imperialistischen Länder mit dem Ziel der Herausbildung von antisozialistischen Einstellungen«, wie es in der internen Fachliteratur hieß. Ein zweiter Begriff, der damals geprägt wurde, war der von der »Politischen Untergrundtätigkeit« (PUT). Andersdenkende wurden solcher »Untergrundtätigkeit« verdächtigt und verfolgt. Der Kampf gegen PID und PUT führte direkt zur Unterdrückung von Kritik und Drangsalierung von Schriftstellern wie Loest.

Die Aufklärung wurde in diesem Kampf beauftragt, die »Träger« und »Initiatoren« der PID aufzuspüren. Dazu gab es eine lange Liste von Institutionen und Organisationen in der BRD, von denen angeblich die ideologische Diversion ausging. Dort waren auch alle wissenschaftlichen Institutionen erfaßt, die sich mit der Erforschung der Geschichte der sozialistischen Länder und der DDR beschäftigten.

Ich versuchte, einen Wissenschaftler aus einer »Institution der PID« zu werben, um damit diese Flanke unserer Arbeit abzudecken. Es handelte sich um einen wissenschaftlichen Assistenten des Osteuropa-Instituts der Freien Universität Berlin, dem wir den Decknamen »Steinbach« gaben. Unter großem Aufwand war es dem IM »Dialektik« gelungen, zu diesem jungen Mann Kontakt herzustellen und eine gemeinsame Basis für eine politische Zusammenarbeit zu finden. »Steinbach« sollte uns helfen, nachzuweisen, welch »subversiven Charakter« die Ostforschung hatte, wer die »Auftraggeber« waren und welche »Ziele« sie verfolgten. Noch heute sehe ich die Irritation und das Unverständnis in seinen Augen, als wir mit ihm über diese Angelegenheit sprachen. Diese Sache ging natürlich schief.

Wenn es um die Aufklärung geht, wird immer wieder die Frage gestellt, inwieweit auch sie in eine flächendeckende Kontrolle der DDR-Bevölkerung einbezogen war. Diese Frage kann relativ klar beantwortet werden: Was in den Möglichkeiten der Aufklärung lag, die Abwehr zu unterstützen, wurde ohne Wenn und Aber erledigt. Insbesondere die Abteilungen XV in den Bezirken bemühten sich nach Kräften, jeglichem Verdacht entgegenzuwirken, sie seien sich dazu zu fein. Die Einschränkung, die hinsichtlich der Unterstützung der Abwehr durch die Aufklärung gemacht werden muß, betrifft die objektiven Möglichkeiten der IM. Viele waren Mitglieder der SED oder zumindest die DDR bejahende Bürger. Außerdem konzentrierten sie sich insbesondere in den gesellschaftswissenschaftlichen Bereichen der Universitäten, der Fachschulen, der wissenschaftlichen Institutionen und im Staatsapparat. In der Abteilung XV betraf das 1989 etwa 75 Prozent der IM. Der Zugang zu sicherheitsrelevanten Informationen oder negativen Kreisen war also gering. Die inoffiziellen Mitarbeiter berichteten vor allem über die Situation im Arbeitsbereich, Mängel und Fehler, Stimmungen unter Kollegen etc.

Die Aufklärung wurde im MfS aufgrund ihrer besonderen Arbeitsbedingungen, ihres Arbeitsgegenstandes und den scheinbaren oder vermuteten Vorteilen, die sich aus der Tatsache ergaben, daß sie mit dem Ausland zu tun hatte, von den anderen Diensteinheiten, inbesondere der Abwehr, immer mit Skepsis, teilweise auch mit Neid betrachtet.

Die konkrete Arbeit zur Sicherung des Staates nach innen mußte die Abwehr machen. Ihre Tätigkeit war der Ausgangspunkt auch für Strafverfahren, sie mußten die Beweise erbringen, auf deren Grundlage Ermittlungsverfahren eingeleitet wurden. »Aufklärer sind keine ›richtigen‹ Tschekisten«, sagte darum mancher. Die Vorbehalte gegenüber der Aufklärung machten auch vor Mielke nicht halt. Nur ihre Arbeitsergebnisse besänftigten ihn, denn er konnte damit vor Honecker glänzen.

Aber die Abwehr machte nun einmal Abwehrarbeit mit spezifischen Mitteln und Methoden und die Aufklärung ihrerseits Aufklärungsarbeit. Beide unterstützten sich gegenseitig, jeder profitierte vom anderen, auch wenn sie getrennt marschierten.

Auch die Möglichkeiten der *Abteilung M* (Postkontrolle) und der *Abteilung 26* (Lauschangriffe) wurden von der Aufklärung umfangreich genutzt. Sicher hatten viele von uns mit dieser »spezifischen« Tätigkeit nicht viel im Sinn, eine gewisse Scham war immer mit im Spiel. Doch auch die Dienste der entsprechenden Mitarbeiter wollten wir nicht verzichten. Man liebte die Zuarbeit, aber nicht den Zuarbeiter. Als ich 1966 meinen Dienst in der Bezirksverwaltung Leipzig antrat, war die *Abteilung M* noch eine kleine Diensteinheit. Die operativen Mitarbeiter mußten, wenn sie eine Postkontrolle beantragt hatten, selbst in den Leseraum der *Abteilung M* gehen, um die herausgefilterten Briefe zu lesen.

Schon nach wenigen Wochen hatte ich die Möglichkeit, die Arbeitsweise der M kennenzulernen. Durch die Leitung unserer Abteilung war ein Pauschalantrag erteilt worden, alle Briefe, die aus Düsseldorf, der Landeshauptstadt von Nordrhein-Westfalen kamen, zum Lesen auszusondern. Ich ging also in den Leseraum, wo in einem gesonderten Fach diese Briefe lagen. Ich sah sie durch und las stichprobenartig. Die ausgewählten Briefe wurden dann von einer Genossin durch ein kleines Fenster nach nebenan gereicht, wo sie geöffnet und später auch wieder geschlossen wurden. Die dafür benutzte Technik habe ich zum ersten Mal im Museum »Runde Ecke« in Leipzig im Jahre 2001 gesehen.

Wenn aus den Briefen Hinweise auf die Tätigkeit des Absenders ersichtlich und diese operativ interessant erschienen, wurde die Verbindung bearbeitet, d. h. die DDR-Beziehungspartner wurden ermittelt und geprüft, ob eine Zusammenarbeit mit diesen Personen möglich war.

Nach wenigen Wochen gab ich es auf, bei der M meine Zeit zu verschwenden, da in den Briefen kaum Hinweise auf berufliche Fragen fand. Die entsprechenden Aufrufe der Bundesbehörden an die Bundesbürger, nichts über ihre Arbeit zu schreiben, wurden offensichtlich befolgt. Deshalb wurde die *Abteilung M* in den folgenden Jahren nur noch gezielt bei konkreten Vorgängen genutzt. Wenn man bereits auf eine operativ interessante Verbindung gestoßen war, beantragte man Einzelkontrolle und erhielt dann Kopien aller abgefangenen Briefe zu der Person über einen Zeitraum von einem Vierteljahr.

Die *Abteilung M* wurde auch bevorzugt zur Kontrolle bereits eingeleiteter operativer Maßnahmen genutzt. Es gab durchaus Fälle, wo DDR-Bürger kontaktiert wurden und diese sich zu einer »Bearbeitung« ihrer Verwandten bereiterklärt hatten, im nächsten Brief jedoch schrieben: »Achtung, die Stasi war da!« Damit war alles klar.

Die Möglichkeiten der *Abteilung 26* wurden von der Abteilung XV ausschließlich zur Kontrolle und Überprüfung von inoffiziellen Mitarbeitern genutzt. Es gab im MfS den Slogan: »Die 26 bringt es an den Tag.«

Die Ehefrau eines Werbers im zeitweiligen Einsatz nutzte die Abwesenheit ihres Mannes, um ein außereheliches Verhältnis zu pflegen; ein Hinweis darauf, daß die Ehe gestört war. Ein anderes Ehepaar, das übersiedelt werden sollte, unterhielt sich, wie es nach der Übersiedlung das MfS »abzuhängen« gedachte. Wir waren also gewarnt.

Ein IM machte beim Zusammensein mit einem Geschäftsmann aus der BRD diesen darauf aufmerksam, daß er einen Auftrag habe und beide besprachen, was er berichten solle. Auch der war verbrannt.

Ein weiblicher IM bereitete mit der Kontaktperson aus der BRD die Republikflucht vor ...

Man könnte diese Beispiele in ihren Einzelheiten schildern, doch in mir sträubt sich alles, diese unangenehmen Begebenheiten, die damit zusammenhängenden Umstände und die dunklen Seiten unserer Arbeit noch weiter zu beleuchten.

Leider gewöhnten wir uns daran, und die Gewohnheit ist ein unkritischer Begleiter.

Episoden aus dem Geheimdienst

*Jeder Mensch sollte wissen,
daß die Folgen nicht kalkulierbar sind,
wenn er sich mit einem Geheimdienst einläßt.*
Manfred Bols

»Schlag« gegen den USA-Imperialismus

Eines Tages flatterte uns ein interessanter Bericht der Kreisdienststelle Leipzig-Stadt auf den Tisch. Ein Oberwachtmeister der Verkehrspolizei, Mitglied der SED, verheiratet und Vater eines Sohnes, unterhalte eine private Beziehung zu einer US-Bürgerin, hieß es dort.

Bei dieser handelte es sich um eine 40jährige Bardame aus Chicago, die in Leipzig Verwandte besucht und mit deren PKW schuldhaft einen Verkehrsunfall verursacht hatte. Der mit der Aufnahme des Unfalls beauftragte Verkehrspolizist verhielt sich umsichtig und aufmerksam. Er half der Amerikanerin, den PKW abschleppen zu lassen und beriet sie in Versicherungsfragen. Als Gegenleistung lud sie ihn zu einem Kaffee und später zu noch mehr ein. Es entwickelte sich ein enger Kontakt, den die »Weiße Maus«, wie die Verkehrspolizisten in der DDR genannt wurden, als Angehöriger der Volkspolizei nicht hätte eingehen dürfen. Zumindest hätte er seinen Vorgesetzten darüber Mitteilung machen müssen. Daß er es nicht tat war aufgrund des Charakters der Beziehung und der Tatsache, daß er verheiratet war, menschlich verständlich.

Die Sache wurde ruchbar und der Gelegenheitsliebhaber mußte sich unangenehme Fragen gefallen lassen. Diese stellte der Mitarbeiter des MfS, der für die Sicherung des Kreisamtes der Volkspolizei, wozu die Verkehrspolizei gehörte, verantwortlich war.

In solchen Sachen verstand man in der DDR keinen Spaß, dem Polizisten drohte eine disziplinarische Strafe. Er erklärte sich deshalb bereit, als »Wiedergutmachung« ausführlich über die Bardame zu berichten und verpflichtete sich zur Zusammenarbeit mit dem MfS. Er wählte sich den Decknamen »Klaus«. Nachdem die Abwehr geprüft hatte, ob eine Bearbeitung des Polizisten durch einen feindlichen Geheimdienst (CIA) vorliegen könnte und dieser Verdacht sich nicht bestätigte, bot sie diesen »Vorgang« der Aufklärung an.

Ein Mitarbeiter der Abteilung XV nahm an einem Treff mit dem IM »Klaus« teil, um zu prüfen, ob Möglichkeiten einer Bearbeitung der USA-Bürgerin bestünden. Es stellte sich heraus, daß die Amerikanerin aus Deutschland stammte und als junges Mädchen in die USA ausgewandert war. Einmal im Jahr besuchte sie ihre Verwandten in West- und in Ostdeutschland. Sie wurde von »Klaus« als abenteuerlustig, kontaktfreudig, aber politisch unwissend und nicht besonders gebildet geschildert.

Die objektiven Möglichkeiten von »Dame«, wie wir den Vorgang inzwischen getauft hatten, für eine nachrichtendienstliche Tätigkeit und ihre Fähigkeiten waren für eine Werbung eigentlich nicht überzeugend. Die Frau arbeitete in einer Tagesbar im Zentrum von Chicago und war eine der tausend kleinen Angestellten, wie sie es in Großstädten gab. Da es sich aber um eine Bürgerin aus den USA, dem Hauptfeind des Sozialismus, handelte und Werbungen von Amerikanern sehr selten waren, überredete mich der Mitarbeiter, einen Werbeversuch zu unternehmen. »Klaus« erklärte sich bereit, uns dabei zu unterstützen.

Im Werbeplan für »Dame« wurde nun eine operative Perspektive konstruiert, was nicht schwer war. Sie sollte später in unserem Auftrag wieder in die BRD zurückkehren, dort in einem Standort der US-Army im Gastronomiebereich eine Tätigkeit aufnehmen und für die HVA Dossiers über Offiziere erarbeiten. Jetzt sah die Sache natürlich schon besser aus.

»Klaus« wurde beauftragt, seiner Intimpartnerin zu beichten, daß das Verhältnis zu ihr seinen Vorgesetzten bekanntgeworden sei und mit ihm Gespräche durch die Spionageabwehr erfolgt wären, weil man den Verdacht hegte, daß er durch den amerikanischen Geheimdienst bearbeitet würde. Er hätte jede Menge Schwierigkeiten und bitte sie, ihm zu helfen, indem sie den Verdacht in einem Gespräch mit den zuständigen Leuten ausräume.

Die Sache verlief wie geplant. Das Treffen, an dem der vorgangsführende Mitarbeiter und ich als sein Vorgesetzter teilnahmen, fand an einem Nachmittag in einer konspirativen Wohnung statt. »Klaus« nahm an diesem Gespräch nicht teil. Seiner »Dame« wurde erzählt, daß er mit unserem Anliegen nichts zu tun habe. Außerdem wollten wir über ihn ihre Reaktion nach dem Gespräch in Erfahrung bringen.

Um es kurz zu machen: »Dame« erwies sich als echte Amerikanerin und Kumpel, der Freunde nicht im Stich läßt. Sie räumte unsere Bedenken aus«und unterschrieb eine allgemeine Verpflichtung zur Zusammenarbeit mit der »DDR-Aufklärung« als Zeichen ihres guten Willens, des Wunsches zur Wiedergutmachung und der Liebe zu »Klaus«.

Danach fanden noch zwei Treffs in Leipzig statt. »Dame«, die scheinbar nicht richtig verstanden hatte, um was es ging, lud uns nach Chicago ein, da wir durchblicken ließen, daß wir viel unterwegs seien. Das brachte uns in Schwierigkeiten, denn es war natürlich völlig unmöglich, nach Chicago zu fliegen, obwohl wir es natürlich liebend gern getan hätten. Wir hielten diese Variante einfach offen und vereinbarten, uns bei ihrer Besuchsreise in die DDR im nächsten Jahr wieder zu treffen.

Die Begleitumstände der drei Treffs waren sicher amüsant, gaben aber auch Anlaß zum Nachdenken. Wir vergeudeten unsere Zeit, veralberten im Prinzip eine unbescholtene Bürgerin, weil wir wußten, daß die ganze Angelegenheit keine Perspektive hatte. Die große, blondierte, bereits etwas verblühte Frau hingegen fühlte sich außerordentlich geehrt durch das Interesse von zwei Boys vom State Department in East-Germany, die sich viel Zeit für sie nahmen.

Es wurde getrunken und gescherzt, zum Abschied gar geküßt.

Wir hatten im Hauptland des Imperialismus einen Stützpunkt.

Gottlob ließ er nie wieder etwas von sich hören.

Folgen der Anhörung eines Selbstanbieters

1970, während der Leipziger Messe, wurde mir der Brief eines westdeutschen Besuchers übergeben. Der Text des Briefes mit Leipziger Absender lautete: »Hiermit bewerbe ich mich für eine Tätigkeit beim Ministerium für Staatssicherheit und bitte um eine Unterredung.«

Solche Bewerbungen, Fachjargon »Selbstanbieter« oder »Selbststeller«, kamen selten, aber es gab sie von Zeit zu Zeit. Ihnen haftete stets der Verdacht an, ein feindlicher Geheimdienst versuche, uns einen Agenten unterzuschieben. Ich suchte den »Bewerber« in seinem Leipziger Quartier auf, um die Sache zu prüfen.

Der etwa 50 Jahre alte, untersetzte Mann arbeitete im Gastronomiebereich in Saarbrücken. Er war Kellner in einem gut gehenden bürgerlichen Restaurant. Auf die Standardfrage, warum er sich beworben habe, reagierte er verunsichert. Wie meist in solchen Fällen ging auch hier der Interessent davon aus, daß er willkommen sei und es nur noch um den Auftrag gehen könnte. Nach einigem Hin und Her erklärte er, daß er die westdeutsche Gesellschaft ablehne. Er sei deshalb auch bereits der Deutschen Kommunistischen Partei beigetreten und hoffe, daß ihn diese Entscheidung über alle Zweifel erhaben mache.

Nun wurde mir doch mulmig. Entweder wollte man uns provozieren, oder dieser Mann ging tatsächlich davon aus, daß die DKP eine Außenstelle des MfS sei. Ich erklärte ihm, daß wir mit Mitgliedern der DKP nicht zusammenarbeiten, da wir damit der Politik unseres Staates schaden und die DKP kompromittieren würden.

Nun schwenkte er um. Er wäre noch nicht »richtig« eingetreten. Der ausgefüllte Aufnahmeantrag läge noch zu Hause. Er würde ihn zerreißen.

Jetzt folgte die in diesen Fällen übliche zweite Standardfrage: was er denn für das MfS tun wolle?

Darüber habe er sich Gedanken gemacht, erklärte er zuversichtlich. Er wolle »Wanzen« installieren in den Räumen seines Restaurants, in denen politische Beratungen und Seminare stattfänden.

Ich befragte ihn ausführlich zu seinen persönlichen Verhältnissen und seinem Werdegang. Es schien mir, daß er existentiell stark unter Druck stand und kaum eine Möglichkeit sah, auf »normalem« Weg seine Lage zu verbessern.

Dann machte ich den entscheidenden Fehler. Statt mich zu verabschieden, schlug ich ein erneutes Treffen in Berlin vor. Bis dahin wollten wir seine Angaben prüfen. »Vielleicht fällt mir bis dahin noch etwas ein«, dachte ich.

Wir vereinbarten einen Termin in Ostberlin, und ich erklärte ihm, daß er sich ein Hotel in Westberlin suchen und über den Grenzübergang S-Bahnhof Friedrichstraße in die Hauptstadt kommen solle. Die Kosten für seine Anreise würden wir ihm erstatten. Den Vorgang nannte ich »Serviette«.

Sechs Wochen später rief plötzlich »Serviette« an einem Vormittag aus Berlin-Ost an. Er wäre jetzt da, und wir könnten uns treffen. Einziges Problem – er habe kein Geld mehr und könne das Hotel in Westberlin nicht mehr bezahlen. Auch sei er entlassen worden, mithin arbeitslos.

Ernüchtert und meine Gutmütigkeit verfluchend, holte ich mir aus der Kasse 600 DM, setzte mich in den PKW, fuhr die 250 km nach Berlin, übergab ihm nach einem gemeinsamen Essen im Restaurant das Geld, verabschiedete mich und fuhr zurück.

Zur nächsten Messe reiste er wieder in Leipzig an, meldete sich telefonisch und verlangte einen Treff. Er hätte wichtige Mitteilungen zu machen. Auch diesen Treff mußte ich sicherheitshalber wahrnehmen, ließ mir aber jetzt auf Anraten meines Chefs ein Schriftstück unterschreiben, in dem »Serviette« erklärte, keine Ansprüche an das MfS zu haben.

Diese letzte Begegnung mit dem Selbstanbieter kostete das MfS noch einmal 200 DM.

Schindlers Liebste

Sie war promovierte Biologin und Freundin der Literatur, Mitglied der Partei, Tochter eines bekannten Wissenschaftlers in der DDR und geschieden. Sie verfügte über zahlreiche interessante Verbindungen in die USA und BRD, Gespräche mit ihr waren Höhepunkte im tristen Einerlei der operativen Tätigkeit. Ihr Deckname: »Maria«.

Ein junger, gut aussehender sportlicher Typ, Mitarbeiter der Abteilung XV und ebenfalls Literaturfreund, hatte sie angeworben. Sein Deckname: »Schindler«.

Während »Maria« über sich und ihre persönlichen Verhältnisse dem Führungsoffizier alles erzählte, offen und ehrlich war, wie es ihrem Naturell entsprach, verwendete »Schindler«, das Gebot der Konspiration mißbrauchend, Legenden über seine persönlichen Verhältnisse. Wahrheitswidrig ließ er durchblicken, er sei lediglich mit dem MfS verheiratet.

Eines Tages wechselte »Maria« aus beruflichen Gründen nach Berlin. In solchen Fällen war es üblich, den IM einer Diensteinheit der HVA anzubieten und ihn an eine interessierte Abteilung zur weiteren Zusammenarbeit zu übergeben. Diese Übergabe lehnten »Schindler« und »Maria« ab. So etwas war nicht selten. Die Zusammenarbeit gestaltete sich nun so, daß »Schindler« den IM immer in Berlin traf, wenn er dienstlich in der Hauptstadt zu tun hatte. Die Bearbeitung ihrer Verbindungen machte gute Fortschritte.

»Maria« hatte eine schöne, gemütliche Wohnung, und unsere beiden Literaturfans diskutierten dort bei Rotwein oft über Schicksal und Liebe. Dabei beantworteten sie die Frage positiv, »warum sollen zwei Menschen, die sich sympathisch sind, die keine feste Bindung mit einem anderen Partner haben und eine solche auch nicht miteinander eingehen wollen, nicht trotzdem miteinander schlafen?«.

Doch »Schindler« war ein Pechvogel. »Maria« wurde schwanger, und nun sah die Sache für sie etwas anders aus. Sie glaubte, »Schindler« sei ledig, liebe sie und würde sie nun vielleicht heiraten.

Es kam zum Konflikt.

Liebesbeziehungen von Mitarbeitern zu weiblichen IM waren verpönt. »Schindler« mußte sich entscheiden: Scheidung von seiner Frau und Ausscheiden aus dem MfS – oder Trennung von »Maria« und Bestrafung, aber Verbleib im MfS. Unser Mitarbeiter entschied sich mit Rücksicht auf seine Ehefrau und aus Liebe zum Beruf für die zweite Variante. Er wurde in seiner dienstlichen Stellung herabgestuft und erhielt eine Rüge. Später wurde er nach Berlin zur HVA versetzt.

IM »Maria«, die wegen der erwarteten Niederkunft wieder nach Leipzig zu ihrer Mutter zurückgekehrt war, blieb dem MfS treu verbunden. Ich hielt zu ihr den Kontakt, was nicht uninteressant war, und mir wurde bewußt, daß sie tatsächlich unsterblich in »Schindler« verliebt war. Bald wurde ein Mädchen geboren, das natürlich den Namen Maria erhielt. »Maria« heiratete dann einen anderen Mann und wurde wieder geschieden. Nach der Wende gründete sie eine kleine Immobilienfirma, die erfolgreich arbeitete.

»Schindler« kehrte nach vielen Jahren ebenfalls nach Leipzig zurück, und seine frühere Geliebte nahm den nun stellungslosen ehemaligen Führungsoffizier in die Arme und in ihre Firma auf.

Dies ist der Stoff, aus dem die große Literatur entsteht, die beide so liebten.

Verführung eines Führungsoffiziers

Für die Arbeit mit weiblichen IM gab es in einigen Abwehrdiensteinheiten bestimmte Sonderregelungen. Eine davon legte fest, daß Treffs mit diesen möglichst durch zwei Mitarbeiter, dem Führungsoffizier und dem Vorgesetzten, wahrzunehmen seien. Natürlich hing es von der Persönlichkeit des IM, der Grundlage der Zusammenarbeit und der Struktur des Mitarbeiters ab, ob solches Vorgehen notwendig war. Bei leichten Mädchen und großzügigen Damen empfahl sich das allemal. Die Vorschrift hatte also ihre verständlichen Gründe. Bei der Aufklärung gab es eine solche Regelung nicht. Trotzdem fand bei der Zusammenarbeit mit weiblichen IM das Problem der potentiellen Gefährdung der Mitarbeiter immer Beachtung.

Viele Treffs fanden in den Abendstunden statt, die konspirativen Wohnungen waren teilweise hübsch ausgestattete Appartements, bei Einsätzen im Operationsgebiet waren manchmal Hotelübernachtungen von Mitarbeiter und IM in Berlin notwendig usw.

Es entstanden also immer wieder, wenn auch zugegebenermaßen

selten, Verhältnisse zwischen weiblichen IM und männlichen Mitarbeitern. Wehe dem Mitarbeiter, wenn der weibliche IM mit seiner Hingabe dunkle Absichten verfolgte.

Herold, ein mittlerer Leiter unserer Diensteinheit, war ein erfahrener, ehrlicher und aufrichtiger Genosse, gut aussehend und mit seinen 45 Jahren noch vital und aktiv. Er war glücklich verheiratet und Vater von drei Kindern. Eines Tages bot ihm eine Abwehrdiensteinheit eine weibliche inoffizielle Mitarbeiterin zur Übernahme an. Ihr Deckname war »Ilona«. Herold studierte die Akten, nahm an einem Treff teil und stimmte der Übernahme zu.

Ilona war Mitte Dreißig, intelligent, attraktiv und lebenslustig. (In Briefen an das MfS sollte sie sich später als außergewöhnliche Frau bezeichnen, was nicht in Abrede zu stellen war.) H. plante, sie vor allem während der Leipziger Messen auf operativ interessante Besucher aus der BRD »anzusetzen«.

Ilona ging nicht nur mit westdeutschen Besuchern ins Bett, sondern wollte ihre Wirkung auch bei ihrem Führungsoffizier testen. Vielleicht wollte sie ihre Qualitäten aber nur überzeugend demonstrieren. Während eines Treffs verführte sie Herold, wie er mir später erzählte, nach allen Regeln der Kunst. (Welche Kunstregeln das waren, erfuhr ich nicht, konnte es mir aber später besser vorstellen, als ich die zahlreichen Fotos sah, die nach dem unausbleiblichen Eklat bei der Durchsuchung ihrer Wohnung entdeckt wurden.)

Das Verhängnis nahm seinen Lauf, als Herold, ein anständiger und rechtschaffener Genosse, diese außergewöhnliche Situation nicht verkraftete und sich tatsächlich in Ilona verliebte. Diese durchaus menschliche Reaktion wurde ihm zum Verhängnis, denn Ilona erwiderte diese Gefühle nicht, sondern nutzte sie aus. Sie war weder anständig noch rechtschaffen. Ihre Kontakte zu westdeutschen Geschäftsleuten nutzte sie für Devisenschmuggel und andere zweifelhafte Geschäfte. Eines Tages wurde sie dadurch ein Fall für die Kriminalpolizei. Natürlich behauptete sie in ihrer Not, die Betrügereien im Auftrag des MfS organisiert zu haben, nannte es »streng geheime Staatsangelegenheit«. Jetzt wanderte der Vorgang zu der zuständigen Abwehrdiensteinheit des MfS, die nach der üblichen Überprüfung darauf stieß, daß es sich bei Ilona um einen IM der Abteilung XV handelte. Man befragte also Herold, der einen riesigen Schreck bekam und in Panik erklärte, ihm sei das bekannt, es hätte unerwartete Komplikationen gegeben, er würde die Angelegenheit klären, Ilona sei ein wichtiger IM etc.

Damit schien die Sache zunächst ausgestanden. Herold stellte seine inoffizielle Mitarbeiterin und Geliebte zur Rede. Sie bagatellisierte die Dinge, wickelte ihn ein mit schönen Versprechungen und traurigen Augenaufschlägen und gelobte Besserung.

Doch die Elster ließ das Mausen nicht. Als sie ein weiteres Mal mit dem Gesetz und seinen Hütern in Konflikt geriet, schrieben die zuständigen Kriminalisten verärgert einen Bericht, der über die Bezirksbehörde der Volkspolizei zum Chef der Bezirksverwaltung des MfS gelangte. Nunmehr ging es um schwerwiegende Verletzungen der sozialistischen Gesetzlichkeit durch einen IM des MfS.

Ohne Herold zu informieren, wurde eine Hausdurchsuchung vorgenommen. Neben den verfänglichen Bildern, mit denen sie wohl auch handelte, fand die Polizei Diebesgut, Devisen und – Liebesbriefe vom MfS-Führungsoffizier.

Der damalige Parteisekretär der Bezirksverwaltung bot mir mit den grobschlächtigen Worten: »Das will ein Tschekist sein, der schreibt Gedichte!« die Briefe zum Lesen an. Ich lehnte die Lektüre ab. Und nicht nur aus Mitleid mit Herold.

Ilona gab sich nicht so leicht geschlagen und drohte mit Eingaben an die Parteiführung. Sie outete sich als Opfer – eine Methode, die nach der Wende Massencharakter annehmen sollte.

Der Leiter der BV glaubte, die Sache im gegenseitigen Einvernehmen klären zu können und nahm unter dem Decknamen »Schneider« als leitender Mitarbeiter an einem Treff teil. Später, als die Angelegenheit außer Kontrolle zu geraten schien, mußte er die Konspiration aufgeben und Dienstgrad und Dienststellung nennen.

Aber »Ilona«, eine wirklich außergewöhnliche Frau, kannte die Männer, große, kleine, mächtige und eitle. Sie kämpfte. Das Ende der Geschichte verlor sich im Dunst der Staatsräson.

Herold aber ereilte die Strafe. Er wurde degradiert und in eine unbedeutende Abteilung versetzt. Man beachtete fair seine Verdienste, es hätte ihn auch schlimmer treffen können.

Alkohol und Tod

Zum Thema Alkohol und Staatssicherheit könnte man eine lange, aufschlußreiche Geschichte schreiben und sie mit vielen komischen, aber auch traurigen Kapiteln füllen.

Hinter den streng bewachten Mauern der Dienstobjekte des MfS und in den hervorragend abgedeckten konspirativen Wohnungen der Aufklärung wurde allerhand »geschluckt«.

Der Alkohol entwickelte sich mit den Jahren zu einem gefährlichen Feind, der oft zu Konflikten mit tragischem Ausgang führte. In den letzten Jahren war es daher verboten, während des Dienstes Alkohol zu trinken. Trotzdem gab es immer wieder Vorkommnisse, insbesondere mit labilen Genossen, die persönliche Konflikte oder Mißerfolge in der Arbeit zu bewältigen hatten.

Er hieß Siegfried, war inoffizieller Mitarbeiter (IM »Dan«) und sollte zusammen mit seiner Ehefrau (IM »Dana«) in das Operationsgebiet übersiedelt werden. Siegfried war überzeugter Kommunist und stellte alles in den Dienst der geplanten Aufgabe. Doch in der Zeit der Zusammenarbeit mit der Aufklärung waren Verwandte der beiden IM Mitarbeiter des MfS geworden. Damit zerschlug sich die vorgesehene Perspektive. Aufgrund einer zentralen Weisung war es nicht statthaft, daß hauptamtliche Mitarbeiter Verwandte im Westen hatten – auch wenn diese im Auftrag des MfS zu Westverwandten werden sollten.

Nunmehr sollte Siegfried als Mitarbeiter in die Abteilung XV eingestellt werden, aber die Abteilung Kader lehnte den Vorschlag ab, weil er bereits Reisen in das Operationsgebiet BRD im Rahmen seiner Ausbildung unternommen hatte. Gegen soviel Bürokratie wehrte sich Siegfried berechtigt und richtete eine Eingabe an den Minister Mielke. Die Beschwerde wurde positiv geklärt und Siegfried 1974 in die Abteilung XV Leipzig eingestellt. Dabei wurde wenig beachtet, daß er erblich vorbelastet war. Sein Vater starb infolge Alkoholmißbrauchs.

Auch Siegfried trank bereits regelmäßig, aber in Maßen.

Er entwickelte sich zunächst zufriedenstellend, bis ihm das Arbeitsgebiet USA zugeteilt wurde, das vorher als Querschnittsaufgabe von der Abteilung bearbeitet worden war.

Seine Aufgabe bestand darin, aus dem gesamten Einreiseverkehr in den Bezirk und aus allen IM-Verbindungen der BV Leipzig Bürger der USA herauszufiltern, aufzuklären, die Möglichkeiten einer erfolgversprechenden Bearbeitung zu prüfen und schließlich Werbungen abzuschließen.

Jeder wußte, daß diese Aufgabe außerordentlich schwierig war. Der Mißerfolg war im gewissen Sinne vorprogrammiert, aber diese Arbeit mußte aufgrund zentraler Weisung getan werden. Die USA waren schließlich der Hauptfeind. Siegfried konnte machen, was er wollte, die Sache war nicht zu packen.

Jetzt kamen seine verborgenen Schwächen zum Vorschein. Gutmütigkeit und mangelnde Konsequenz behinderten die Arbeit, und die geerbte Neigung zum Alkohol wurde stärker.

Eines Tages im Jahre 1978 bestellt ihn sein Abteilungsleiter zu sich und fragte in Anwesenheit eines Instrukteurs der HVA Berlin, wie viele Werbevorgänge er auf dem Arbeitsgebiet USA entwickelt habe. Siegfried mußte diese Routinefrage abschlägig beantworten. Völlig kopflos verließ er das Dienstzimmer.

Abends begannen wir ihn zu suchen und entdeckten in seinem Stahlschrank das leere Pistolenfutteral. Ich fuhr sofort los und klapperte all unsere konspirativen Objekte ab.

Als ich in eine kleine Erdgeschoßwohnung in der Rudolf-Breitscheid-Straße kam, war auch diese, wie die vorher aufgesuchten, abgeschlossen. Es steckte kein Schlüssel von innen. Ich öffnete dennoch die Tür. Im Flur hing der Mantel von Siegfried, es roch nach Alkohol. Ich rechnete mit dem Schlimmsten. Doch Siegfried lag betrunken auf der Couch. Auf dem Tisch standen leere Gläser und Flaschen. Er erblickte mich und zottelte unter der Decke seine Pistole hervor. Mir fiel ein, daß ich nicht allein hätte nach ihm suchen sollen, aber es war nicht mehr zu ändern.

»Gib schon her«, sagte ich. Er reichte mir gutmütig lächelnd die Pistole. Ich drückte das Magazin heraus.

»Wieviel Vorgänge haben wir in den USA?«

»Keine?«

»Sie können gehen.«

Immer wieder zitierte er mit weinerlicher Stimme den kurzen Dialog, der ihn zu dieser Kurzschlußhandlung gebracht hatte.

Er habe, wie er später sagte, mehrmals die Waffe an die Schläfe gesetzt, doch der Alkoholpegel war nicht ausreichend hoch, um genügend Mut zu haben für den letzten Schritt. Deshalb habe er weiter trinken müssen.

Natürlich mußte Siegfried als Sicherheitsrisiko entlassen werden. Seine Ehefrau ließ sich scheiden. Er heiratete wieder, kam aber nicht von seiner Alkoholabhängigkeit los. Die Abteilung Kader verschaffte ihm eine Stelle am Institut für Internationale Studien, wo er promovieren wollte.

Einige Jahre später fand man ihn tot in seiner Badewanne.

Die Geschichte vom gebeutelten Robert

Jeder kennt die Geschichte vom fliegenden Robert aus dem »Struwwelpeter«: Robert verläßt, nur mit einem Regenschirm bewaffnet, bei stürmischem Wetter das schützende Haus, um sich in den Naturgewalten zu erproben. Das Ende ist bekannt: »Wo der Wind ihn hingetragen, ja, das weiß kein Mensch zu sagen.«

So tragisch erging es unserem IM »Robert« – weil seine kleine Studentenbude in der Robert-Volkmann-Straße in Leipzig lag – nicht. Doch der Sturm des Lebens hat ihn ganz schön zerzaust, nachdem er sich mit dem MfS eingelassen hatte.

Robert, Student der Journalistik und ledig, in Berlin geboren, also keinen verräterischen sächsischen Dialekt sprechend, Sohn von Widerstandskämpfern und glühender junger Revolutionär, schien für eine Aufgabe an der unsichtbaren Front hinlänglich prädestiniert. Als ich ihn im Herbst 1966 wegen einer Zusammenarbeit mit dem MfS ansprach, war er sofort und wie selbstverständlich bereit, unsere Arbeit zu unterstützen. So konnte bereits ein halbes Jahr später, im Juni 1967, seine Werbung als IM erfolgen. Seine Ergebenheit gegenüber »unserer Sache« kam während des »Prager Frühlings« im Herbst 1968 deutlich zum Ausdruck. Die Führung der Partei befürchtete damals, daß es auch in der DDR öffentliche Proteste geben könnte. Mancherorts waren bereits Flugblätter aufgetaucht, in denen gegen die Besetzung der Tschechoslowakei durch die Sowjetunion protestiert wurde. Solche »öffentlichkeitswirksame Aktionen«, wie es im MfS-Sprachgebrauch hieß, sollten »vorbeugend« verhindert werden. In der gesamten Stadt Leipzig liefen deshalb neben polizeilichen Kräften auch hauptamtliche Mitarbeiter Streife. Sie sollten entsprechende Plakate, Flugblätter und Losungen beseitigen. Da unsere Kräfte zahlenmäßig nicht ausreichten, um das riesige Stadtgebiet zu kontrollieren, wurden auch IM eingesetzt. Als ich damals an einem Abend überraschend bei Robert erschien, antwortete er mir wörtlich: »Ich bin zu jedem Auftrag bereit.«

Hier ist einzufügen, daß die HVA 1968/69 am unsichtbaren Kampf der Geheimdienste um die weitere politische Entwicklung der CSSR aktiv teilnahm. In Prag wurden Mitarbeiter der HVA, etwa mein späterer Chef Claus B. und der nachmalige stellvertretende Leiter der HVA, Heinz G., eingesetzt. Sie traten als Bundesbürger und Vertreter westdeutscher politischer Institutionen auf. Diese »Undercover«-Agenten warben in den oppositionellen Gruppen Quellen unter »fremder Flagge«. So erhielten die politischen Entscheidungsträger in der DDR und CSSR Informationen über die Struktur dieser Gruppen und deren Absichten.

»Robert« kam für eine solch komplizierte Aufgabe nicht in Frage, aber er unterstützte uns zuverlässig bei den nächtlichen Rundgängen in der Stadt. Wir sind damals kaum fündig geworden. Die Situation in der

DDR unterschied sich doch beträchtlich von der bei unserem Nachbarn.

Robert hatte sich auf jeden Fall bewährt, und es wurde beschlossen, ihn als Einsatzkader für das Operationsgebiet BRD auszubilden, um ihn später auf der Grundlage einer Doppelgängerdokumentation zu übersiedeln. Vielleicht hätten wir ihm von Anfang an mitteilen sollen, was wir planten, doch das wäre ein Verstoß gegen unsere Regeln gewesen.

Einige Zeit nach seiner Verpflichtung als IM stellte Robert mir seine Freundin vor, die ebenfalls Journalistik studierte. Das aufgeschlossene und hübsche Mädchen erzählte bei dieser Gelegenheit stolz, daß sie bereits die Frucht ihrer gemeinsamen Liebe in sich trage. Diese Schwangerschaft änderte die gesamte Situation. Die geplante operative Perspektive von Robert mußte zu unserer großen Enttäuschung überdacht werden. Wir beschlossen, ihn als Werber für BRD-Studenten (Perspektiv-IM) auszubilden und einzusetzen.

Robert besuchte unter der Legende »Westberliner Student will sich verändern«, politische Veranstaltungen des SHB an den Universitäten Köln und Bonn und nahm Kontakt zu uns interessierenden linken Studenten auf. Nachdem er einen aussichtsreichen Kandidaten kennengelernt hatte, erklärte er diesem, er habe sich entschlossen, in der DDR zu studieren und lud den Freund zu einem Besuch nach Leipzig ein. Die Operation, die großen Aufwand erforderte, gelang 1969 in einem konkreten Fall – das war der Vorgang »Zentral« und betraf ein Mitglied des Bundeszentralrates des SHB.

Leider wurde »Robert« im Januar 1970 bei einem Kaufhausbesuch in Köln mit einem Ladendieb verwechselt, vom Hausdetektiv festgenommen und bei der Kriminalpolizei vernommen. Dabei wurde er erkennungsdienstlich behandelt und registriert. Zum Glück bestand unsere gefälschte Dokumentation, ein Westberliner Personalausweis, die Überprüfung. Wir konnten den IM jedoch nie wieder einsetzen, weil davon ausgegangen werden mußte, daß eine Tiefenprüfung zur Dekonspiration unseres Einsatzkaders führen könnte.

Also entschieden wir uns, den IM »Robert« als politisch-operativen Mitarbeiter in die Abteilung XV einzustellen. Die Sache zog sich hin, da die Kaderabteilung den Verdacht äußerte, »Robert« könne vom Gegner angeworben worden sein und nicht die Wahrheit sagen. Sie forderte eine zweifelsfreie Überprüfung.

Also schickte ich den für einen längerfristigen Einsatz im Operationsgebiet als Werber vorgesehenen HIM »Fritz«, einen wendigen und erfahrenen Wissenschaftler, in die Spur. Er ging in das betreffende Kaufhaus, suchte den Detektiv, einen ehemaligen Kripo-Angehörigen, auf und erzählte ihm, er arbeite an einer wissenschaftlichen Abhandlung über das Problem der Kaufhausdiebstähle. Der Mann war geschmeichelt und berichtete eifrig über seine Arbeit und diverse Erlebnisse wie Angebot von Liebesnächten durch ertappte Diebinnen und so weiter. »Fritz« durfte in der Kartei blättern, ohne sich Notizen zu machen und fand unseren »Robert«. Damit war diese Hürde genommen und der Einstellungsvorschlag wurde von der Kaderabteilung bestätigt. »Robert« wurde 1971 eingestellt und nahm in meinem Anleitungsbereich eine erfolgreiche Entwicklung.

Es gab jedoch noch eine spezielle Kontrollgruppe des Leiters der HVA, später *Arbeitsgruppe Sicherheit* (AGS), die verantwortlich war für die Prüfung aller Feindberührungen von IM. Mit ihr hatte es keine Rücksprachen gegeben. Sie beschäftigte sich mit diesem »Fall«, ohne zu wissen, daß die Einstellung bereits erfolgt war.

Oberst Dr. Fritz Kobbelt, der Leiter dieser »Sondereinheit«, dem natürlich auch ein Bericht über die »Feindberührung« des IM »Robert« zugegangen war, forderte, nachdem er Kenntnis von der Einstellung des IM »Robert« erhalten hatte, seine Entlassung – aus Sicherheitsgründen.

Nach heftiger Auseinandersetzung wurde 1972 entschieden, »Robert« wieder aus dem MfS zu entlassen. Die Einstellung wurde als nicht vertretbares Risiko rückgängig gemacht. Die »Gesetze« und Regeln der Geheimdienste sind unerbittlich. Sicherheit geht vor Vertrauen. Da ich mich persönlich für die Situation verantwortlich fühlte, kümmerte ich mich intensiv um die Wiedereingliederung des IM im zivilen Sektor. »Robert« erhielt einen Job am Institut für Meinungsforschung. Dieses Institut führte Umfragen im Auftrag des ZK der SED durch. Auf Weisung Honeckers wurde 1979 das Institut aufgelöst, da die Untersuchungsergebnisse nicht seinen Erwartungen entsprachen. Mit der Wirklichkeit konnte die SED-Führung einfach nicht umgehen.

Nach seiner Entlassung aus der Abteilung XV Leipzig wurde der IM noch jahrelang einer erbarmungslosen Nachkontrolle unterzogen. Man las seine Briefe, hörte sein Telefon ab und ermittelte in bestimmten Abständen. Die Berichte waren schlampig verfaßt und strotzten vor Fehlern. Angehörige, die noch lebten, wurden als verstorben eingestuft etc. Das aber erfuhr ich erst Jahre nach der Wende von »Robert«, der Einsicht in seine MfS-Akte bei der Gauck-Behörde genommen hatte. Als ich das hörte, wunderte ich mich nicht mehr, warum mir nach der Entlassung von »Robert« mein Abteilungsleiter ohne Begründung empfohlen hatte, den Kontakt zu ihm abzubrechen, was mich schon damals tief enttäuscht hatte. Diesen »Rat« habe ich nicht befolgt. Unsere Freundschaft hat auch die Wende überdauert. Mein Freund ist heute im Verlagswesen tätig und aktives Mitglied der PDS.

Der Mann, der in die Kälte kam

Am späten Abend des 18. Januar 1979 flüchtete Oberleutnant Werner Stiller von der Abteilung XIII der HVA, verantwortlich für die Spionage in den Bereichen Energie, Biologie und Chemie, in den Westen. Seine Desertion, der größte Verratsfall der HVA in ihrer Geschichte, löste hektische Aktivitäten auf beiden Seiten aus.

In der BRD wurden IM der HVA verhaftet, andere wurden rechtzeitig über Funk gewarnt und konnten in die DDR fliehen. Wie immer in solchen Fällen traten auch unerwartete Folgen ein.

Es gab IM, die sich aufgrund von Presseveröffentlichungen entschlossen, in die DDR zu fliehen, obwohl sie nicht gefährdet waren.

Zu ihnen gehörten Spitzenquellen wie die Sekretärin im NATO-Rat, Ursula Lorenzen, aber auch relativ unbedeutende IM wie der Regierungsrat im hessischen Sozialministerium in Wiesbaden, Erich Ziegenhain, der durch die HVA XIII angeworben worden war und als Werber fungieren sollte.

Für die Betreuung von IM, die aus der Haft zurückgekehrt waren oder zurückgezogen wurden, gab es in der HVA die Arbeitsgruppe »Operative Betreuung«. Die zwei bis drei Mitarbeiter konnten die plötzlich anfallende Arbeit nicht mehr bewältigen. Daraufhin wurde begonnen, diese IM nicht nur im Raum Berlin, sondern in der ganzen Republik anzusiedeln. Erich Ziegenhain wählte Leipzig als künftigen Wohnort und die Leitung der Bezirksverwaltung mich als seinen Betreuer.

Wir lernten uns an einem schönen sonnigen Tag kennen. Leipzig wirkte dadurch hell und freundlich und das Schnitzel mit grünem Spargel im Hotel »Astoria« schmeckte besonders gut. Dann verabschiedeten sich die Chefs, und ich fuhr mit dem Ehepaar und seinen drei Kindern in ein konspiratives Objekt mitten in der Dahlener Heide bei Schildau. Das kleine Häuschen, das wir KO »Forsthaus« nannten, war selten zu Treffs genutzt worden. Meist hatten dort Mitarbeiter unserer legal abgedeckten Operativen Außengruppe (OAG) ihren Urlaub verbracht. Für einen vorübergehenden Aufenthalt war es gut geeignet.

Einen Tag später begann ich mit der Suche nach einem Einfamilienhaus für die Familie. Mit Immobilien hatte ich mich noch nie beschäftigt, und es machte mir auch keine Freude, die Räte der Gemeinden in der Nähe von Leipzig aufzusuchen, um ein Quartier zu akquirieren. (Ironie des Schicksals: Nach der Wende sollte die Vermittlung von Immobilien mein Broterwerb werden. Ich lernte den Verkehrswert von bebauten Grundstücken zu bestimmen, beschäftigte mich mit den bautechnischen Grundlagen von Gebäuden und den Anforderungen an notarielle Kaufverträge.) Bei meiner Suche nach einer Immobilie für die Ziegenhains wußte ich noch nicht einmal, was eine Gaube ist. Die Bruchbuden, die mir angeboten wurden, lehnte Ziegenhain verständlicherweise ab.

Aus der Not geboren boten wir ihm eine Fünf-Zimmer-Wohnung im Neubaugebiet Leipzig-Grünau an. Unsere Möglichkeiten, die auch nach der Wende immer wieder überschätzt wurden, waren erkennbar begrenzt.

Nachdem die Familie dort eingezogen war und Erich Ziegenhain einen Job an der Karl-Marx-Universität angetreten hatte, begann das Verhängnis. Ziegenhains machten mit dem »realen Sozialismus« Bekanntschaft, mit Versorgungsmängeln, unfreundlicher Behandlung beim Einkauf, Reisebeschränkungen. Es entstanden ernsthafte Konflikte. Die Kinder kamen in der Schule nicht zurecht, Erich Ziegenhain stritt sich an der Sektion Wirtschaftswissenschaft mit den DDR-Wissenschaftlern herum, die Frau stürzte in der Konfrontation mit dem DDR-Dienstleistungsbereich von einer Ohnmacht in die andere. Ich erinnere mich, wie sie mir entgeistert erzählte, daß sie beim Friseur abgewiesen worden war, weil kein Termin für die nächsten acht Wochen frei sei. Und als sie ihrer Verwunderung Ausdruck verlieh, bekam sie patzige Bemerkungen zu hören.

Zur Verschärfung der Situation trug auch ihr eigenes Verhalten bei. Sie waren uneinsichtig, wenig kompromißbereit und stellten unverständliche Forderungen. Die Verärgerung schlug schließlich in Haß um, und Erich Ziegenhain und seine Familie wollten zurück in die BRD. Das verstand niemand. Wie konnte ein IM freiwillig zurück in den Staat gehen, wo ihm strafrechtliche Verfolgung erwartete? Das mußte andere Gründe haben. Sein Antrag auf Übersiedlung wurde also abgelehnt und Z. unter operative Kontrolle genommen, um seine wahren Absichten und eventuelle Auftraggeber zu ermitteln.

Ziegenhain machte nunmehr Eingaben, schrieb Briefe, schaltete Anwälte ein und wurde richtig eklig. Jetzt gingen die Verantwortlichen im MfS davon aus, daß Ziegenhain ein Doppelagent sei, der Vorgang wurde so etwas wie eine »Chefsache«.

Das bedeutete totale Kontrolle seines gesamten Lebens. Die Abteilung VIII der BV Leipzig erhielt einen Beobachtungsauftrag und verfolgte ihn auf Schritt und Tritt. Insbesondere Fahrten außerhalb Leipzigs wurden durch mobile Beobachtergruppen begleitet. In die Wohnung wurde Abhörtechnik (»Wanzen«) eingebaut, so daß alle Gespräche mitgehört werden konnten. Ein IM unserer Abteilung, der persönlichen Kontakt zu Ziegenhain unterhielt, bekam den Auftrag, zielgerichtet die Absichten von Ziegenhain in Erfahrung zu bringen.

Mich verwunderte damals, daß wir ihn nicht freiwillig wieder gehen ließen, und ich vermutete dahinter noch weitere Zusammenhänge, in die ich nicht eingeweiht worden war.

Der Aufwand führte nicht zu dem erhofften Ergebnis. Ziegenhain setzte sich durch, seine Ausreise mußte genehmigt werden, letztlich auch deshalb, weil er ein Unruheherd geworden war. Ich erinnere mich noch an seine Worte bei einem unserer letzten Treffs in seiner Wohnung: »Ich werde es noch erleben, wenn die Arbeiterklasse mit diesem Regime abrechnet.«

Diese Bemerkung ernüchterte mich. Hier war nichts mehr zu machen.

Nach der Rückkehr in die BRD wurde er zu zwei Jahren Gefängnis auf Bewährung verurteilt.

Aus einem hoffnungsvoll angereisten westdeutschen IM, der dem Sozialismus in der DDR wohlwollend gegenüberstand, war nach kurzer Zeit ein Gegner geworden. Er nahm lieber eine Strafe wegen geheimdienstlicher Agententätigkeit in Kauf, als in der DDR leben und arbeiten zu müssen.

Das machte uns nachdenklich. Seine Ausreise war eine schwere Niederlage – nicht nur für das MfS.

Mir blieb damals allerdings nicht mehr viel Zeit zum Nachdenken über das Schicksal eines sonderbaren West-IM der HVA, denn meine Versetzung nach Berlin und die Vorbereitung auf den Auslandseinsatz standen unmittelbar bevor.

Einsatz in Afrika

> *Die Solidarität mit den Befreiungsbewegungen Afrikas
> wurde in der DDR als eine Tradition der deutschen
> Arbeiterbewegung verstanden, die es fortzusetzen galt ...
> Anfang des 20. Jahrhunderts verurteilte August Bebel
> im Deutschen Reichstag die deutsche Politik von Gewalt und
> Unterdrückung gegen die afrikanische Bevölkerung auf das Schärfste.*
> Botschafter a. D. Hans-Georg Schleicher

Als ich am Nachmittag des 1. November 1981 mit Ehefrau, Sohn und weichen Knien im Transitraum des Flughafens Schönefeld auf den Aufruf unseres Fluges nach Moskau wartete, von wo es mit Aeroflot weiter nach Daressalam gehen sollte, lagen neun ungewöhnliche und anstrengende Monate der Vorbereitung auf den Auslandseinsatz hinter mir.

Seit ich bei der »Aufklärung« war, hatte ich den Wunsch, ins Ausland zu gehen. Es hatte mich immer gestört, daß wir inoffizielle Mitarbeiter warben, sie auf einen Einsatz im kapitalistischen Ausland vorbereiteten, dann ins Feuer schickten, selbst aber nie Gelegenheit erhielten, das Operationsgebiet kennenzulernen. Ich empfand das als Manko, nicht nur in Hinsicht auf eine wirklichkeitsnahe Ausbildung der Einsatzkader.

In den ersten Einstellungsgesprächen im Herbst 1965 hatte ein als »verantwortlicher Leiter« vorgestellter Genosse auf eine entsprechende Frage durchblicken lassen, daß ich auch ins Ausland reisen könnte, wenn es die dienstlichen Obliegenheiten erforderten. Zum Beispiel, so palaverte er, hätte sicher niemand etwas gegen eine Dienstreise, wenn ich mich mit einem SPD-Bundestagsabgeordneten am Schwarzen Meer treffen würde. Solche bedeutungsvoll klingenden, aber nebulösen Bemerkungen wurden gern in Kadergespräche eingestreut, wiesen sie doch gleichzeitig auf die Wichtigkeit der Aufgaben des MfS hin. Der damalige »Flunkerer« war der Parteisekretär, Referatsleiter und spätere stellvertretende Abteilungsleiter Hans F.

Für uns hauptamtliche Mitarbeiter des MfS gab es strenge Sicherheitsbestimmungen. Privat durften wir nur in die europäischen sozialistischen Länder mit Ausnahme von Jugoslawien reisen und mußten dazu einen schriftlichen Antrag stellen. Später kamen die Mongolei und Kuba hinzu, aber diese Reisen waren sehr teuer. Wir konnten sie uns nicht leisten.

1967 war ich mit meiner Familie das erste Mal privat ins Ausland gereist. Wir erholten uns zwei Wochen in Nessebar am Schwarzen Meer.

Im Sommer 1969 folgte eine Reise nach Pizunda an die sowjetische Schwarzmeerküste. In beiden Fällen war ich als Reiseleiter der Touristen-Gruppe eingesetzt. Meine Kosten trug das Reisebüro, wodurch der Urlaubsaufenthalt für mich und meine Frau um die Hälfte billiger wurde.

Als wir dann Kinder hatten, waren Auslandsreisen unerschwinglich geworden. Wir beschränkten uns deshalb auf Ausflüge in die Tschechoslowakei. Einen kurzen dienstlichen »Auslandseinsatz« absolvierte ich zur Fußballweltmeisterschaft 1974 in der BRD, für die sich die Fußballnationalmannschaft der DDR qualifiziert hatte. Damals bestand zum ersten Mal die Möglichkeit für DDR-Bürger, als Zuschauer zu den Gruppenspielen der DDR zu reisen. In ihrer großen Mehrheit wurden die Interessenten »handverlesen«, wie man diese Methode bezeichnete. Sie wurden ausgewählt nach bestimmten Gesichtspunkten. Nur überzeugte DDR-Bürger erhielten ein Visum, denn alle sollten zurückkehren und somit politischer Schaden für die SED-Führung durch Republikfluchten aus den Reihen der DDR-Besucher vermieden werden. Vielfach galt die Reise als eine Form der Auszeichnung für aktive gesellschaftliche Arbeit. So war es auch in meinem Fall.

Ich war der einzige Mitarbeiter der BV Leipzig, der zum Gruppenspiel DDR-Chile nach Westberlin fahren durfte. Alle Auserwählten erhielten 5 DM als Reisespesen, der Transport erfolgte mit einem Sonderzug der S-Bahn direkt zum Olympiastadion und zurück.

Während des Fußballspiels, das 1:1 endete, spürte man, daß unter den Besuchern aus der DDR die richtigen Fußballfans in der Minderheit waren, denn die Anfeuerung für unsere Mannschaft hielt sich in Grenzen. Sie spielte aber auch nicht gerade mitreißend.

Nachdem Ende der 60er und Anfang der 70er Jahre die DDR von vielen Ländern des Westens und der »Dritten Welt« völkerrechtlich anerkannt worden war, begann die HVA in diesen Ländern Residenturen aufzubauen. Dafür wurden Mitarbeiter benötigt. Zuweilen griff man dabei auch auf Genossen aus den Bezirken zurück. Sprachkenntnisse waren für einen solchen Einsatz unabdingbare Voraussetzung. Ich beschloß mich zu wappnen. Als Voraussetzung für einen Sprachkundigenlehrgang absolvierte ich einen einjährigen Abendkurs an der Volkshochschule Leipzig und legte die Englischprüfung 10. Klasse ab. Danach folgte ein zweijähriger Lehrgang zur Sprachkundigenprüfung I a, die ich auch erfolgreich bestand.

Da ich in der Abteilung XV auch verantwortlich für die Arbeit in Richtung »Dritte Länder« (Entwicklungsländer) war und viel mit den zuständigen Fachabteilungen in der HVA zu tun hatte, nutzte ich jede Gelegenheit, meinen Wunsch auf Einsatz im Ausland kundzutun. Bewerbungen für eine solche Einsatzrichtung waren nicht üblich und erregten Unwillen. Aber erst, als ich stellvertretender Abteilungsleiter und ein gestandener und erfahrener Mitarbeiter war, sollten meine Einsatzchancen realistisch werden. Ein Auslandskader mußte nachweisbar verantwortungsbewußt, zuverlässig und vertrauenswürdig sein. Er sollte über Lebenserfahrung verfügen, moralisch und charakterlich gefestigt sein und sich unterordnen können. Wichtig waren auch Erfahrungen und Erfolge in der Aufklärungs-Arbeit, insbesondere der Werbung von IM, der Führung von Menschen und ein ausgeprägtes politisches, fachliches und Allgemeinwissen.

Die alles überlagernde Frage waren jedoch die Bindungen an die DDR, die Partei und das MfS. Es mußte gewährleistet sein, daß der Kandidat nicht den Versuchungen der westlichen Welt erlag und sich im Ausland überwerben ließ oder der DDR den Rücken kehrte. Deshalb war eine stabile Ehe mit einem bewußten, die Arbeit des MfS bejahenden und unterstützenden Partner ein wichtiges Kriterium für die Auswahl. Diesen Anforderungen entsprach ich insgesamt.

1981 war es endlich soweit. Mein Vorgänger im Amt des stellvertretenden Abteilungsleiters, Oberstleutnant Hans F., war von einem mehrjährigen Einsatz in Ägypten zurückgekehrt. Er sollte wieder in seine bisherige Funktion eingesetzt werden, ich wurde dadurch abkömmlich. So erfolgte meine Versetzung in die HVA, Abteilung III, zur Vorbereitung auf einen Auslandseinsatz.

Mit der Versetzung war noch nicht entschieden, welche Aufgabe ich übernehmen und in welchem Land ich eingesetzt werden sollte.

Am Anfang war Belgien im Gespräch, aber dazu hätte ich die französische Sprache lernen müssen, was ich mit Hinweis auf meine guten englischen Sprachkenntnisse ablehnte. Dann wurden Angola und Mocambique ins Visier genommen. Doch ich sprach kein Portugiesisch. Ich wußte aus meinen Erfahrungen beim Erlernen der englischen Sprache, daß es nicht einfach war, eine Fremdsprache sicher zu beherrschen. Ohne diese Voraussetzung zählt alles andere nichts. Diese Erfahrung hatte Hans F. in negativer Hinsicht in Kairo machen müssen. Das hatte sich mir eingeprägt. Ich beharrte auf einem Einsatzland, in dem englisch gesprochen wurde, was alle, die die Materie kannten, verstanden. Schließlich wurde entschieden: Den Genossen Bols schicken wir nach Tansania!

Als die Entscheidung gefallen war, kümmerte ich mich als erstes um einen Lehrgang zur Auffrischung und Verbesserung meiner Sprachkenntnisse. Diesen absolvierte ich von März bis Mai 1981am Institut für Sprachintensivausbildung des Ministeriums für Auswärtige Angelegenheiten (MfAA) in Brandenburg-Plaue. Ich gehörte einer Seminargruppe von acht Studenten an, unter ihnen der designierte Botschafter der DDR im Sudan. Er war viele Jahre im MfAA als Stellvertreter in der Abteilung Protokoll tätig gewesen und wußte interessante und kuriose Begebenheiten zu erzählen. Er schenkte mir ein Büchlein, das er zusammen mit seinem Chef verfaßt hatte. Es hieß: »Das diplomatische Protokoll« und war für mich als Neuling auf dem »diplomatischen Parkett« außerordentlich instruktiv und lehrreich. Leider wurde aus seinem Einsatz im Sudan nichts:. Er starb einige Monate nach unserem Lehrgang an Magenkrebs.

Während dieses Lehrganges, zu dem wir in einem Internat untergebracht waren, wurde mit neuen Methoden zum Erlernen von Fremdsprachen experimentiert. Jeden Abend vor dem Einschlafen wurden uns über Lautsprecher die neuen Vokabeln (täglich 50), umrahmt mit sphärischer Musik, in einer dem autogenen Training ähnlichen Zeremonie unter dem Motto: »Sie lernen, während Sie schlafen,« eingeflüstert. Mir hat es nicht viel gebracht, aber andere schworen darauf.

Mit dem verstehenden Hören hatte ich anfangs so meine Probleme. Um die Schwäche zu überwinden, nahm ich separat Nachrichtensendungen des BBC auf Band auf und hörte sie so lange ab, bis ich sie vollständig verstanden hatte. Nach hartnäckigem Üben stellte sich dann fast sprunghaft der Erfolg ein. Immer, wenn ich später im Ausland die Nachrichten des BBC einschaltete, mußte ich an diese abendliche Quälerei im Sprachenkabinett denken. Nach zehn Wochen intensiven Lernens bestand ich die Sprachkundigenprüfung II a in der Spezialisierung Politik/Ökonomie/Kultur mit dem Gesamturteil »Gut« und schaute den Dingen, die nun kommen sollten, mit gestärktem Selbstwertgefühl entgegen.

Nun folgte die politisch-operative Vorbereitung auf den Einsatz innerhalb der HVA. Ich wohnte zusammen mit dem stellvertretenden Abteilungsleiter XV der BV Schwerin, der sich auf den Einsatz in Angola vorbereitete und den ich Abend für Abend portugiesische Vokabeln abfragen mußte, in einem konspirativen Objekt in Berlin-Bohnsdorf. Jeden Tag fuhr ich mit der S-Bahn in die Zentrale in der Normannenstraße. Dort studierte ich alle vorhandenen »Regime-Materialien« über Tansania, las die Akten über die der Residentur angeschlossenen IM und die Vorgänge, die bearbeitet wurden. Weiterhin wurde ich im Chiffrieren ausgebildet. Für den Fall, daß der Mitarbeiter für Chiffrierdienst (MCD) in der Botschaft einmal ausfallen sollte, erhielt ich einen persönlichen Chiffresatz. Zum Glück ist das in den Jahren des Einsatzes nie passiert, ich hätte mit dem Verfahren, das auf Fünfer-Zahlenkolonnen beruhte, meine Probleme bekommen.

Betreut wurde ich in der HVA im Referat Afrika von Major Joseph S., meinem späteren Führungsoffizier, und Oberst Werner M., der bereits in einigen Ländern als Resident gearbeitet hatte. »Sepp«, wie mein Führungsoffizier genannt wurde, wählte auch meinen Decknamen (»Fäller«) für die Zeit des Einsatzes als OibE aus.

In der Residentur gab es einige Werbevorgänge, die Decknamen von Bäumen trugen. Ich erinnere mich an eine Sekretärin beim Goethe-Institut, die »Birke« getauft worden war, eine andere weibliche Zielperson hieß »Linde«. Sepp verband mit meinem Decknamen die Hoffnung, daß ich »Bäume« fällen, also Kandidatinnen werben würde.

Da mir während des Einsatzes auch zwei OibE (»Ernst« und »Fischer«) zugeordnet waren, die als Verbindungsoffiziere für die tansanischen Sicherheitsdienste auf dem Festland und auf der Insel tätig waren, mußte ich mich auch intensiv mit dieser Materie beschäftigen. Dabei stellte ich fest, daß im Bereich D der HVA III, der für die Arbeit mit den Beratergruppen im Ausland verantwortlich war, ein ungewöhnliches Durcheinander herrschte. Das bestätigte mir später »Fischer«, der nach seiner Überzeugung sehr oberflächlich auf seinen Einsatz vorbereitet worden war.

Leider gab es zwischen dem Bereich Beratergruppen (Linie D) und dem Bereich Residenturarbeit (Linie C) eine ungesunde Konkurrenz, die meine Arbeit später erschweren sollte, da sie zum Teil auf meinem Rücken ausgetragen wurde.

Der nächste Schritt war die Einschleusung in das Ministerium für Auswärtige Angelegenheiten (MfAA). Ich sollte dort auf legalem Wege als Kader aus dem Bezirk Leipzig eingestellt werden, ohne daß mein MfS-Hintergrund bekannt wurde.

Als Voraussetzung dazu mußte ich mir einen der Legende angepaßten »operativen Lebenslauf« erarbeiten. Diese Arbeit bestand in der Zusammenstellung einer Kaderakte und in der Beschaffung der dazu notwendigen Dokumente. Um die Sache nicht kompliziert zu machen, nahm ich als Grundlage dieser veränderten Identität meine tatsächliche Entwicklung bis zur Einstellung in das MfS und ab 1966 eine Tätigkeit im Rat des Bezirkes Leipzig, Abteilung Internationale Beziehungen. Aus diesem Bereich wurden hin und wieder durch das MfAA Kader für die Tätigkeit im Ausland rekrutiert.

Über den stellvertretenden Ratsvorsitzenden in Leipzig, der auch die meisten Unterschriften leistete, beschaffte ich mir nun Einstellungsfragebogen, diverse Kopfbögen für Einschätzungen, Qualifizierungen, Beförderungen usw. Weiterhin mußte die soziale Seite, also Sozialversicherung, Rentenversicherung etc. abgedeckt werden, wozu diverse Gespräche und Aktionen notwendig waren. Auch mußte ich mir ein Grundwissen über die Behörde, ihre Struktur, Aufgaben und leitende Personen aneignen.

Am Ende stand eine leidlich umfangreiche Kaderakte, die so echt war, daß mir nach der Wende die mit der Auflösung des MfAA beauftragte Institution der BRD eine Bestätigung für den Nachweis meiner Rentenansprüche bei der BfA zukommen ließ.

Dann erledigte ich alle Formalitäten für die »Versetzung« in das MfAA. Die Personalakte wurde durch den Verbindungsoffizier der HVA zum MfAA weitergereicht und »eingespeist«. Ich erhielt einen Arbeitsvertrag mit dem MfAA und begann im Juni 1981 als Mitarbeiter in der Abteilung Zentral- und Ostafrika die Vorbereitung für den Einsatz in der Botschaft der DDR in Daressalam. Dort lernte ich, daß es in der DDR vier Außenminister gab.

Die Nummer 1: Generalsekretär Erich Honecker, der bei sträflicher Vernachlässigung der ökonomischen und innenpolitischen Probleme der DDR die Außenpolitik immer mehr zu seinem Hobby machte.

Die Nummer 2: Politbüromitglied Hermann Axen, der kleine Mann mit dem großen Ehrgeiz, der eifersüchtig darüber wachte, daß nichts ohne ihn entschieden wurde.

Die Nummer 3: Günther Sieber, Leiter der Abteilung Internationale Verbindungen des ZK der SED, der verlängerte Arm von Honecker und Axen bei der Kontrolle des Außenministeriums.

Die Nummer 4: Außenminister Oskar Fischer, ein freundlicher, kluger und fleißiger Genosse mit Kompetenz, aber ohne Einfluß.

Auch lernte ich die Kompliziertheit der außenpolitischen Arbeit im Ministerium kennen. Als der Besuch des zweiten Präsidenten der Volksrepublik Angola, Jose Eduardo dos Santos, in der DDR bevorstand, gab es eine konträre Debatte zwischen einigen Abteilungen des Hauses und der ZK-Abteilung, wie der Genosse Honecker den hohen Gast anreden sollte. Zur Auswahl standen »sehr geehrter« und »lieber« Genosse dos Santos. Man einigte sich schließlich nach vielem Hin und Her auf die Anrede »werter« Genosse, und allen fiel ein Stein vom Herzen.

Die Abteilung Zentral- und Ostafrika leitete Wolfgang Bayerlacher, ein Mann vom Jahrgang 1930, der über einschlägige Erfahrungen als Botschafter in einigen asiatischen Ländern verfügte. Nach dem Ende meines Einsatzes sprach er mir den ausdrücklichen Dank für unsere in seinen Augen beachtliche Arbeit in Tansania aus. Mit meiner Betreuung in der Abteilung Zentral- und Ostafrika wurde Dr. Peter P., Diplomat mit Tansania-Erfahrungen, beauftragt. Er sprach fließend Swahili und hatte umfangreiche Kenntnisse über die Politik und Geschichte der Vereinigten Republik Tansania. Es war vorgesehen, mich als 2. Sekretär in der Politischen Abteilung der Botschaft einzusetzen. Mein spezieller Verantwortungsbereich sollte der *Bereich konsularische Angelegenheiten* werden.

Nachdem ich mich in der Fachabteilung intensiv mit dem Land Tansania und den zwischenstaatlichen Beziehungen vertraut gemacht hatte, wurde ich in die Abteilung Konsularische Angelegenheiten versetzt.

Aufgabe von Konsularbeamten ist die Mitwirkung bei der Zusammenarbeit zwischen Entsende- und Empfangsstaat, insbesondere auf den Gebieten der Rechtspflege, des Verkehrs und des Schutzes der Interessen der Bürger des Entsendestaates. Das bedeutet die Wahrnehmung notarieller Handlungen, wie die Beurkundung von Willenserklärungen und eidesstattlichen Versicherungen, die Beglaubigung von Abschriften und Unterschriften oder die Bestätigung der Echtheit von Urkunden, die im Inland ausgestellt wurden. Weiterhin sind darin rechtspflegerische Maßnahmen einbegriffen wie die Mitwirkung an Beweisaufnahmen im Rahmen gerichtlicher Verfahren gegen Bürger des eigenen Staates, die Unterstützung von Staatsbürgern, die in Not geraten sind oder Hilfe brauchen und die Ausstellung bzw. Beschaffung von Visa für Landesbürger.

Aufgrund der Vielfalt dieser Aufgaben kam ich bei der Einarbeitung in der Abteilung Konsular, die sich in einem separaten Gebäude in der Nähe der Friedrichstraße befand, ganz schön ins Schwitzen. Da ich außerdem das Seefahrtsamt der DDR vertreten sollte, denn Daressalam wurde regelmäßig von Schiffen der Deutschen Seereederei angefahren, mußte ich auch zu speziellen Einweisungen nach Rostock.

Zum Glück gab es als Unterstützung der Arbeit ein großes Handbuch, das wegen des blauen Aktendeckels »Blaues Wunder« genannt wurde. Darin waren alle Aufgaben bis ins Kleinste aufgelistet und ihre Lösung vorgeschrieben. Ich habe es später in Daressalam öfter zur Hand nehmen müssen.

Die Leiterin der Abteilung hat meine Einarbeitung in das Arbeitsgebiet damals mißtrauisch begleitet, was verständlich war. Sie war ganz bestimmt nicht damit einverstanden, daß ihr immer wieder fachfremde Mitarbeiter des MfS zugeteilt wurden, die über keinerlei Erfahrung und Ausbildung in Konsularangelegenheiten verfügten, Sie empfand das berechtigt als Unterschätzung ihres Fachgebietes.

Bei der Vorbereitung des Einsatzes – ich wohnte während dieser Zeit in einer Appartement-Wohnung des MfAA in Berlin nahe der Jungfernbrücke – mußten auch alle Fragen bezüglich meiner Kinder geklärt werden. Unser Sohn, der zu Beginn des Einsatzes erst acht Jahre alt war, durfte uns in den ersten drei Jahren ins Ausland begleiten.

In Daressalam gab es eine der DDR-Botschaft angeschlossene Schule, in der die Unterstufe, also die ersten vier Klassen, unterrichtet wurden. Diese Schule war dem Ministerium für Volksbildung (MfVB) unterstellt. Alle Kinder der in Tansania tätigen Diplomaten, Berater und Wissenschaftler, die in dem entsprechenden Alter waren, wurden hier von Lehrerinnen aus der DDR unterrichtet. Diese hatten einen Arbeitsvertrag mit dem MfVB und waren in der Regel Ehepartner der offiziell tätigen DDR-Kader.

Unsere Tochter jedoch besuchte bereits die 7. Klasse.

Für älteren Kinder hatte das MfAA ein Internat in Königs Wusterhausen mit sehr guten Bedingungen geschaffen. Man versuchte dort, die Eltern so gut als möglich zu ersetzen und tat alles für die Kinder, um ihnen die Trennung von diesen zu erleichtern. Sie besuchten die Oberschule in Königs Wusterhausen, waren also nicht nur unter sich. Das Schicksal dieser Kinder mußte nun unsere Tochter teilen.

Für mich stand nie die Frage, wegen der zeitweiligen Trennung von unserer Tochter den Einsatz abzulehnen. Das Entscheidende für mich war dabei nicht, daß ich in einem militärischen Organ tätig war, in dem Befehle befolgt werden mußten oder daß ich meine Verpflichtung, dorthin zu gehen, wo mich die Partei einsetzt, erfüllen wollte. Viele unserer IM riskierten durch ihre Einsätze im Operationsgebiet bei Verhaftung jahrelange Trennung von ihren Familien, und mancher weibliche IM, der übersiedelt wurde, verzichtete im Interesse des Auftrags sogar auf Kinder. Wie hätte ich dann so schäbig sein und einen vergleichsweise ungefährlichen Einsatz, bei dem für die Kinder gesorgt wurde, ablehnen können? Ablehnung wäre für mich Verrat an den eigenen Überzeugungen gewesen. War ich deshalb ein schlechter Vater?

Zum Glück verstand meine Tochter meine Beweggründe und fügte sich, wenn auch unter Tränen, dieser Regelung. Als wir später in Daressalam unsere Tätigkeit begonnen hatten, stellten wir fest, daß es dort eine Internationale Schule gab, an der auch ältere Kinder von Diplomaten unterrichtet wurden. Das kostete jedoch Geld. Der Sohn von Janos B., des Residenten des ungarischen Geheimdienstes, der so alt wie unsere Tochter war, besuchte diese Einrichtung. Daran wurde deutlich, daß es in den einzelnen sozialistischen Ländern unterschiedliche Auffassungen zu diesem Problem gab. Bei uns dominierte neben der Notwendigkeit, Devisen zu sparen, leider die engstirnige Auffassung, unsere Kinder nicht dem Einfluß der bürgerlichen Ideologie aussetzen zu dürfen.

Fairerweise muß ich einräumen, daß Janos B. eine sehr kritische Haltung zu dieser Schule hatte. Erstens mußte man möglichst gut englisch sprechen können, weil in dieser Sprache unterrichtet wurde. Zweitens waren die fachlichen Anforderungen niedrig und drittens mußte sein Sohn mit Blick auf das ungarische Abitur autodidaktisch alle landesspezifischen Fächer wie Ungarisch oder Geschichte, die dort natürlich nicht gelehrt wurden, extern pauken

Unsere Tochter hat sich im Internat alles in allem wohl gefühlt. Sie hatte gute Erzieher, Freundinnen und persönliche Betreuung durch meine Mutter, die Familie meines Bruders, die Familie meines Betreuers im MfAA und die Familie eines Freundes (»Robert«) in Berlin.

Ungünstiger gestaltete sich die Sache bei unserem Sohn, der im letzten Jahr unseres Einsatzes, nachdem er die 4. Klasse abgeschlossen hatte, auch in das Internat in Königs Wusterhausen mußte. Er hatte in den verbleibenden acht Monaten große Trennungsprobleme, über die ihn zu unserem Glück seine Schwester hinweghelfen konnte.

Die letzte vor der Abreise zu klärende Frage war ein Job für meine Ehefrau. Nach Prüfung der Situation durch meinen Vorgänger in Tansania, Gert G., bestand die Möglichkeit, sie als Leiterin der Botschaftsschule im Februar 1982 einzusetzen, da die aktuelle Direktorin zu diesem Zeitpunkt ausreisen würde. Meine Frau bewarb sich also beim Ministerium für Volksbildung in Berlin für diesen Posten und wurde bestätigt. Zur Vorbereitung auf diese Tätigkeit besuchte sie kurz vor unser Ausreise einen Vorbereitungslehrgang an der zentralen Schulungsstätte des MfVB für Auslandskader in Ludwigslust.

Dann wurden nur noch die Kisten gepackt und für den Transport per Schiff aufgegeben.

Da die erlaubte Transportkapazität limitiert war, beschäftigte uns das Kistenproblem wochenlang und wuchs sich zu einem regelrechten Streßfaktor aus. Zum Beispiel nahmen wir eine kleine Waschmaschine mit, die ich in alle Einzelteile zerlegte, um Raum zu sparen.

Am 1. November 1981 startete unser Flieger vom Flughafen Berlin-Schönefeld in das Abenteuer unseres Lebens.

Vereinigte Republik Tansania

Am Anfang der Beziehungen der DDR zur Vereinigten Republik Tansania stand die Revolution vom 12. Januar 1964 auf der dem Festland vorgelagerten Insel Sansibar, die zu dieser Zeit noch ein selbständiger Staat war. Die stark arabisch geprägte Nelken-Insel an der Ostküste Tanganjikas war im Dezember 1963 unabhängig geworden. Gouverneur Turnbull mußte den Union Jack einholen und das britische Protektorat, das er wie eine Kolonie verwaltet hatte, verlassen.

Zurück blieb als eine Art britische Marionette der Sultan Seyyid Jamshild bin Abdulla. Die der Unabhängigkeit vorausgegangenen Wahlen hatten mit einem Sieg der *Afro-Shirazi Union* geendet, deren Ziel ein afrikanisches Sansibar war. Sie war jedoch von der die Interessen der arabischen Großgrundbesitzer vertretenden *Zanzibar Nationalist Party* (ZNP) durch Wahl-Manipulation um ihren Sieg betrogen worden. Die von der ZNP gebildete »Unabhängigkeitsregierung« begann mit der Entlassung von Afrikanern aus dem Polizei- und Verwaltungsapparat. Diese setzten sich zur Wehr und lösten einen Aufstand der benachteiligten afrikanischen Bevölkerung aus, der mit der Ermordung von vielen Arabern und der Zerstörung von Geschäften und Gebäuden einherging. Der Putsch wurde geführt von John Okello, einem entschlossenen, aber ungebildeten Abenteurer. Er stammte aus Uganda, war Maurer und war mit 22 Jahren im Jahre 1959 auf die benachbarte Insel Pemba gekommen, wo er sich mit Gelegenheitsarbeiten durchschlug. Dort wurde er 1961 Sekretär der Jugendorganisation der *Afro-Shirazi Partei* (AFP). Zusammen mit Gleichgesinnten setzte er 1963 auf die Insel Sansibar über und begann, einen bewaffneten Aufstand vorzubereiten. Er kommandierte schließlich den Überfall auf eine Polizeiwache, der die Unruhen auslöste. Nach dem Sieg, der zu großen Teilen seiner Entschlossenheit und seinem persönlichen Mut zu verdanken war, ließ er sich »Feldmarschall der Sansibar-Revolution« nennen. Später wurde er auf das Festland abgeschoben. Er durfte nicht wieder nach Sansibar zurückkehren. Nachdem er wegen krimineller Delikte in Tanganjika und Uganda inhaftiert worden war, verlor sich seine Spur in der Weite Afrikas.

Die neue Volksrepublik Sansibar unter Präsident Karume verstaatlichte den feudalen Grundbesitz an Boden und enteignete die großen Hausbesitzer und Geschäftsinhaber. Zu den ersten Staaten, die das neue Sansibar anerkannten, gehörte die DDR. Beide Länder beschlossen die Aufnahme diplomatischer Beziehungen, und am 24. Februar 1964 wurde Günther Fritsch als erster Botschafter eines ausländischen Staates auf der Insel akkreditiert. Damit war die Volksrepublik Sansibar gleichzeitig das erste nichtsozialistische Land, das die nach internationaler Geltung drängende DDR völkerrechtlich anerkannte.

Die DDR wollte nun beweisen, daß es sich lohne, mit ihr zusammenzuarbeiten. Unabhängig von der weiteren Entwicklung wurden im Laufe der Jahre medizinisches Personal, Lehrer, Wirtschaftsberater und eine FDJ-Brigade auf die Nelken-Insel entsandt. Vielen jungen Sansibaris wurde eine Ausbildung oder ein Studium in der DDR ermöglicht. Es kann einem noch heute als Besucher Sansibars passieren, daß man von einem Bewohner in schönstem Deutsch gesagt bekommt, auf Sansibar sei eben vieles anders als in Deutschland.

Die neue Regierung Sansibars war sich von Anfang an bewußt, daß sie ihre Macht schützen und verteidigen mußte. Deshalb bat sie um Unterstützung beim Aufbau der Sicherheitsorgane. Aus diesem Grunde gehörte auch der HVA-Chef Markus Wolf einer im Frühjahr 1964 nach Sansibar entsandten Verhandlungsdelegation an. Genau in die Zeit des Aufenthaltes dieser Expertengruppe fiel die Vereinigung Sansibars mit dem Festland zur »Republik von Tanganjika und Sansibar«, die später in »Vereinigte Republik Tansania« umbenannt wurde. Im Außenministerium der DDR brach allgemeine Nervosität aus, denn der Initiator des Zusammenschlusses und Präsident von Tanganjika, Julius Nyerere, wurde als »prowestlich« eingeschätzt. Trotz Aufforderung durch die Verantwortlichen in der DDR reiste Wolf nicht ab, sondern verhandelte weiter, was sich als richtig erwies. Er hatte erkannt, daß Sansibar von Anfang an bestrebt war, sich innerhalb der Republik eine größtmögliche Selbständigkeit zu bewahren. Auch heute hat Sansibar noch eine eigene Verwaltung und ein Parlament.

Es wurden materielle Hilfe und die Entsendung von Beratern vereinbart. Auf der Grundlage dieses Abkommens übernahmen als Diplomaten abgedeckte Mitarbeiter des MfS Aufbau und Anleitung eines sansibarischen Sicherheitsorgans.

Nach der Vereinigung des Festlandes mit der Insel hatte Präsident Nyerere natürlich ein Problem. Es bestand in den völkerrechtlichen Beziehungen Sansibars zur DDR. Die Bundesrepublik Deutschland, die Tansania umfangreiche Entwicklungshilfe leistete und neben einer großen Botschaft auch Militärberater in Daressalam installiert hatte, tat alles, um die Ausweitung der völkerrechtlichen Anerkennung der DDR von Sansibar auf die Vereinigte Republik zu verhindern. Der Präsident wurde unter Druck gesetzt. Nyerere entschied sich für einen Kompromiß. Das war die »Kairoer Modell« genannte Form der Anerkennung der DDR durch Ägypten. Er genehmigte ein Generalkonsulat in Daressalam und ein Konsulat auf Sansibar und vermied so die völlige völkerrechtliche Anerkennung der DDR.

Im März 1965 trat Gottfried Lessing sein Amt als Generalkonsul der DDR in Tansania an. Dies stellte für die DDR einen großen Erfolg dar. Er sicherte ihr nach Kairo die zweite bedeutende Vertretung auf dem afrikanischen Kontinent. Die BRD reagierte darauf unangemessen und arrogant: Sie stellte ihre umfangreiche Militärhilfe ein. Dadurch belastete sie die Beziehungen zu Tansania schwer, und es bedurfte großer Anstrengungen, um in den folgenden Jahren wieder Vertrauen aufzubauen.

Volle diplomatische Beziehungen nahmen Tansania und die DDR übrigens am Tage der Unterzeichnung des Grundlagenvertrages zwischen den beiden deutschen Staaten, am 21. Dezember 1972, auf.

Ende der 70er Jahre rechnete Tansania noch zu den populärsten afrikanischen Länder und hatte großen Einfluß auf die Entwicklung des Kontinents. Dies war vor allem der Politik, dem Charisma und der Klugheit seines Präsidenten Julius K. Nyerere geschuldet. Dieser hatte 1961, »ohne daß ein Schuß fiel«, als Kopf der *Tanganyika African National Union* (TANU) das Hauptland Tanganjika in die Unabhängigkeit geführt und 1964 die Union mit Sansibar hergestellt. Er genoß im Volk, das ihm den Beinamen »Mwalimu« (Lehrer) gab, Liebe und Autorität.

Nyerere, der am 14.Oktober 1999 in einem Londoner Krankenhaus starb und in seinem Geburtsort Butiama beigesetzt ist, gehörte zweifellos neben Nkrumah, Lumumba und dos Santos, um nur einige zu nennen, zu den großen Autoritäten Afrikas in der Zeit der kolonialen Befreiung und des Aufbaues unabhängiger Nationalstaaten. Leider habe ich nie die Gelegenheit gehabt, seine persönliche Bekanntschaft zu machen, obwohl ich öfter in seinem Office in Daressalam, dem Schloß Windsor ähnlichen »State house«, zu tun hatte und auch an Regierungsempfängen teilnahm. Nyerere trat in seiner Außenpolitik ein für die Beseitigung des Kolonialismus, die Schaffung der afrikanischen Einheit und einen positiven Neutralismus, formuliert als Politik der Nichtanlehnung. Er wollte Tansania aus dem Ost-West-Konflikt heraushalten. Er bekannte sich zur Nichtpaktgebundenheit und zu einer engen Zusammenarbeit mit den blockfreien Staaten. Das konsequente Festhalten an diesem Prinzip trug Tansania den Ruf im Westen ein, es sei »antiwestlich«, im Osten hielt man es für »prowestlich«, weil man sich nicht an Moskau anlehnte. Nyerere war auch nicht bereit, seine Grundsätze aufgrund wirtschaftlicher Vorteile zu verwässern.

Tansania trat nach der Unabhängigkeit nicht dem britischen Commonwealth bei, weil das rassistische Südafrika dort Mitglied war. Es brach 1965 für drei Jahre die diplomatischen Beziehungen zu Großbritannien ab, um einer Resolution der OAU zu folgen, die gegen die passive Haltung Großbritanniens zur einseitigen Unabhängigkeitserklärung des Smith-Regimes in Rhodesien (heute Zimbabwe) protestierte. Tansania verzichtete 1966 für Jahre auf Entwicklungshilfe aus der Bundesrepublik, als diese Nyerere wegen der Anerkennung der DDR unter Druck setzen wollte. Nyerere setzte sich für eine unabhängige, freie und fortschrittliche soziale Entwicklung der afrikanischen Völker ein. Dabei dominierten nicht Worte, wie bei vielen anderen Politikern Afrikas, sondern Taten.

Insbesondere sein Kampf als Vorsitzender der OAU und der Frontstaatengruppe gegen die Apartheid-Politik der weißen Minderheit in Südafrika und sein Eintreten für die Selbstbestimmung und Unabhängigkeit der afrikanischen Völker in der UNO und in der Bewegung der Nichtpaktgebundenen waren bemerkenswert. Er unterstützte von Anfang an politisch und materiell alle nationalen Befreiungsbewegungen in Afrika. Das betraf insbesondere die ZANU in Rhodesien, die Frelimo in Mocambique, den ANC in Südafrika und die SWAPO in Namibia, aber auch die PLO. Alle nennenswerten Befreiungsbewegungen hatten in Daressalam eine Vertretung. Nyerere unternahm den mutigen Versuch, einen eigenständigen afrikanischen Sozialismus zu verwirklichen. Das Gesellschaftskonzept Nyereres (Ujamaa-Sozialismus), das er 1967 in der bekannten Arusha-Deklaration formulierte, hatte zum Ziel, den traditionellen Grundlagen der afrikanischen Großfamilie von gegenseitiger Hilfe, Zusammenarbeit, Gleichheit, Gerechtigkeit und Brüderlichkeit eine nationale Dimension zu verleihen.

Jeder Einzelne sollte sich verpflichtet fühlen, für das allgemeine Wohlergehen zu arbeiten. Dadurch sollte die Entstehung einer Klassengesellschaft verhindert werden. Der Staat würde die Kontrolle aller wesentlichen Bereiche der Volkswirtschaft übernehmen. Ausgangspunkt war die Verstaatlichung der Banken, Versicherungen, Verkehrsbetriebe und großen Unternehmen der Versorgung. Gleichzeitig wurden aber alle Eigentumsformen (*mixed economy*) zugelassen. Die ländliche Bevölkerung wurde in große Dorfeinheiten (Ujamaa-Dörfer) umgesiedelt, um die landwirtschaftliche Produktion anzukurbeln. Nyerere vertrat die Auffassung von der Pflicht des Staates zur Gewährleistung der Grundbedürfnisse (Essen, Kleidung, Wohnen, Bildung, Gesundheit)

Als ich 1981 meine Tätigkeit in Tansania begann, war das Scheitern dieses großartigen Vorhabens bereits deutlich abzusehen; Tansania befand sich in einer ernsthaften wirtschaftlichen Krise. Zur Beseitigung der entstandenen Disproportionen und der weiteren Finanzierung der anspruchsvollen Ziele hätte es eines größeren Kredites des Internationalen Währungsfonds bedurft. Nyerere war aber (noch) nicht bereit, seine Wirtschaftspolitik zu revidieren und auf die Bedingungen des IWF und der Weltbank einzugehen, die eine Auslieferung des Landes und den Rückfall in die scharfen sozialen Gegensätze zwischen arm und reich bedeutet hätten.

Deshalb war als letzter Versuch 1981 ein nationales ökonomisches Überlebensprogramm und 1982 ein auf drei Jahre zugeschnittenes strukturelles Anpassungsprogramm aufgelegt worden. Man muß die Lebensbedingungen und Einstellungen der Menschen in Tansania gut kennen, um ihre Haltung zur Politik des Staates und die Ursachen für das Scheitern des Ujamaa-Konzepts beurteilen zu können.

Der große Teil der Bevölkerung (90 Prozent) lebte auf dem Land in Siedlungen von einer oder mehreren Großfamilien und bestritt seinen Lebensunterhalt aus den Erträgen der Landwirtschaft (Subsistenz- oder Selbstversorgerwirtschaft). Das Land oder Feld, die bekannte »Shamba«, wurde aller zwei Jahre gewechselt und zur Regenerierung für bis zu zehn Jahren der Natur überlassen (Wanderfeldbau).

Man bezog immer wieder Gebiete, die mit Büschen und Bäumen bestanden waren, rodete die Gewächse und ließ die Baumstümpfe als Schutz gegen die schlagenden Niederschläge der Regenzeit, Austrocknung durch Sonneneinstrahlung und Erosion stehen. Dazwischen wurden Hirse, Mais, Cassava, Süßkartoffeln, Bananen und anderes angebaut. Die Bearbeitung erfolgte mit der Hacke, Unkraut wurde ausgerissen und als Mulch zum Schutz des Bodens und für den für tropische Böden lebensnotwendigen organischen Dünger zwischen die Pflanzen gelegt.

Die mit dem Vordringen der Europäer verbundene Entstehung von Plantagen und Großfarmen, die sich auf die Produktion von exportintensiven Produkten wie Kaffee, Tee, Cashewnüsse, Sisal und Baumwolle spezialisierten und die Afrikaner als Landarbeiter ausbeuteten, traf auf Tansania nicht so zu wie etwa in Kenia. Nach der Unabhängigkeit kam dem Entwicklungsprozeß in der Landwirtschaft deshalb eine wichtige Schlüsselrolle zu. Sie mußte die Gesamtbevölkerung ernähren, aber auch die für die Entwicklung anderer Sektoren notwendigen Überschüsse produzieren. Ihre Produktivität mußte also ständig gesteigert werden. Die Regierung bemühte sich deshalb um die Unterstützung der afrikanischen Kleinbauernwirtschaften und die Förderung der Bildung von Genossenschaften. Gleichzeitig wurden große Staatsfarmen geschaffen. Nach anfänglichen Erfolgen trat aber wieder Stagnation ein. Die Ergebnisse genügten nicht den Erfordernissen.

Nach der Arusha-Deklaration Nyereres, also in der zweiten Hälfte der 60er Jahre, waren die Hauptanstrengungen der ländlichen Entwicklungspolitik auf die Schaffung der Ujamaa-Dörfer gerichtet. Mitte der 70er Jahre gab es über 4.000 solcher Großgenossenschaften, deren Bildung freiwillig war. Während die Gründungen in ärmlichen Landstrichen zügig vorangingen, gab es bei den wohlhabenderen Kleinbauern Mißtrauen und Widerstand zu überwinden. Da die Entwicklung ins Stocken geriet, erließ Nyerere 1973 die Weisung, daß die gesamte ländliche Bevölkerung innerhalb von drei Jahren in Ujamaa-Dörfer umzusiedeln ist, wobei man jetzt den Begriff der *development villages* (Entwicklungsdörfer) benutzte. Die gesamte Siedlungsstruktur wurde zwangsweise verändert, teilweise entstanden viel zu große Dörfer mit bis zu 2.000 Personen.Letztlich wurden die mit guten Absichten verbundenen Zielstellungen nicht erreicht. Passiver Widerstand der Bauern wie in den Zeiten des Kolonialismus waren die Folge. Hinzu kam die Unfähigkeit der Administration, die vielen Probleme – Technik, Transport, Infrastruktur, Bewässerung – zu lösen.

Heute besteht der landwirtschaftliche Sektor zu 30 Prozent wieder aus Kleinbauernwirtschaften, die nur für die Selbstversorgung produzieren. 70 Prozent des Bodens werden noch mit der Hacke bearbeitet, 20 Prozent mit dem Ochsenpflug. Die Hauptlast der Arbeit tragen Frauen. Es gibt eine ganze Reihe von meistens privaten Farmen und Produktionsstätten. Dazu gehören Kaffee-Plantagen in einer Gesamtgröße von 400.000 ha, Cashew-Nuß-Verarbeitungsstätten, Reis-, Weizen- und Maisfarmen mit den entsprechenden Mühlen. Insgesamt produziert die Landwirtschaft die Hälfte des nationalen Einkommens, drei Viertel des Exports und beschäftigt 80 Prozent der tansanischen arbeitsfähigen Bevölkerung.

Die Selbstversorgung des Landes mit Nahrungsmitteln ist nicht gewährleistet, Tansania ist von Importen abhängig.

Die Hauptfrage, die im diplomatischen Corps Anfang der 80er Jahre gestellt wurde und die natürlich auch uns DDR-Diplomaten interessierte, war, ob Tansania den Forderungen des Internationalen Währungsfonds (IWF) nachgeben würde und welche konkreten Bedingungen dieser an einen Kredit knüpft. Nach der freiwilligen Aufgabe des Präsidentenamtes durch Nyerere im Jahre 1985 war der Weg dann frei zu einer engeren Zusammenarbeit mit dem IWF, und Tansania leitete unter dem neuen Präsidenten Mwinyi eine als »Wiedergenesung« bezeichnete Liberalisierung ein, die, wie es bürgerliche Ökonomen moderat formulieren, »auch wieder eine wachsende Ungleichgewichtigkeit der Entwicklung verschiedener sozialer Gruppen« zur Folge hatte. Der Tansanische Schilling, die nationale Währung, wurde bedeutend abgewertet. Es erfolgte ein Abbau der Preis- und Devisenkontrollen, das Außenhandelsmonopol des Staates wurde aufgegeben. Der Außen- und Binnenhandel wurden liberalisiert, der Verwaltungsapparat reduziert. Die großen staatlichen Unternehmen wurden privatisiert und verschiedene Anreize für eine private Wirtschaft geschaffen.

Heute, nach anderthalb Jahrzehnten Marktwirtschaft, gehört Tansania zu den ärmsten Ländern der Erde. 1997 betrug die Verschuldung 7,9 Milliarden Dollar. Das Bruttoinlandsprodukt lag bei 6,4 Milliarden Dollar, was pro Kopf der Bevölkerung 218 Dollar bedeutet.

Über einen Zeitraum von fast 40 Jahren hat das Land von allen Seiten Unterstützung und Entwicklungshilfe erhalten. Auch wenn diese von Seiten der Geber niemals uneigennützig erfolgte, hat sie dem Land nicht die erhoffte Prosperität und dem Volk nicht den erwünschten Wohlstand gebracht. Hat es an der Umsetzung der Hilfe und am eigenen Beitrag der Menschen in Tansania gelegen, daß nicht alle Blütenträume reiften?

Nyerere hat in einer seiner früheren Reden davon gesprochen, daß Tansania in seiner Geschichte nacheinander drei Perioden des Kolonialismus erlebt hat, den arabischen, den deutschen und den britischen. Mir scheint, es gibt heute Zeichen von fortgesetztem Kolonialismus.

Unter dem »Kreuz« des Südens

Die Stadt Daressalam liegt direkt an der Küste des Indischen Ozeans. Am Tage empfindet man die Nähe der Sonne und des Meeres als belastend, denn es ist schwül und heiß. Die Nächte bringen kaum Erfrischung, ohne Klimaanlage findet man keinen Schlaf. Sie faucht leise, ausdauernd und beruhigend, frißt den knappen Strom. Wenn sie ausfällt, aus welchem Grunde auch immer, erscheint die Luft doppelt drückend, in der Nacht schreckt man in der plötzlich einsetzenden Stille hoch. Man wartet und leidet.

Selbst der Aufenthalt am Meer bringt nicht viel Linderung. Das Wasser ist warm und die laue Brise trocknet nur spärlich den Schweiß, der auch ohne körperliche Betätigung ständig fließt. Aufgrund der Nähe des Äquators kommt der Morgen schnell und die Nacht fällt zügig wie ein riesiger Schatten über die Stadt.

Der Himmel Afrikas hat ein viel helleres Blau, als wir es von Europa kennen. Wie ein riesiger Schirm spannte er sich über das Land, das eine unvorstellbare Ebene bildet, flach und weit. Wenn man mit dem Auto nach Westen fährt, spult sich die Straße wie ein leuchtendes Band ab, das in der Unendlichkeit verschwindet. In der Ferne verschwimmen nur ab und zu undeutlich im Dunst die Linien von Bergketten, umrahmt von den typisch afrikanischen Wolkengebirgen.

Der Tag der Ankunft in Tansania ist mir aus vielen Gründen unvergeßlich. Wir quälten uns übermüdet aus den viel zu engen Sitzen. Das Flugzeug war nachts in Odessa, Kairo, Aden und Mogadischu zwischengelandet, ein längerer Schlaf nicht möglich gewesen.

Mit flauem Gefühl im Magen, betäubt durch den »Duft« von Aeroflot, einer Mischung aus Desinfektionsmittel, süßem Parfüm und Knoblauch, traf uns die tropische Mittagshitze in Daressalam mit doppelter Wucht. Vom Flieger zum Abfertigungsgebäude fuhr kein Zubringer. Wir überquerten, der Sonne voll ausgeliefert, das riesige Flugfeld. Bald klebte die Kleidung am Körper. Am Checkpoint herrschte chaotisches, nervendes Durcheinander.

Seither weiß ich, wie wichtig es ist, von Flughäfen abgeholt zu werden. Wir fügten uns erleichtert dem Kommando des Konsuls unserer Botschaft, der uns bereits erwartete. Er war bester Laune, denn ich war seine Ablösung in Tansania. Im PKW, einem älteren, engen Peugot, der in schneller Fahrt in Richtung Stadt strebte, saßen wir eingeklemmt wie im Trabant, das Gepäck auf den Knien. Teilnahmslos spähten wir aus den geöffneten Fenstern. Links und rechts endlos graue Hütten mit

Wellblechdächern, hohes Gras und Unkraut, ungepflegte Wege, Schlaglöcher. Alte Diesellaster voller zerlumpter Menschen spuckten schwarze Rauchwolken aus, ab und zu überholten wir beladene Esel. Bald wurden die Hütten durch Steinbauten abgelöst. Sie waren unansehnlich, ihr früheres Weiß war durchzogen von den Spuren des in der Regenzeit pausenlos fließenden Wassers.

Immer mehr Menschen bewegten sich in Richtung Stadt. Fremde Gerüche, unbekannte »Düfte« und Gestank stiegen uns in die Nase.

Unser Begleiter wies uns auf erste Sehenswürdigkeiten hin. Das Gebäude des Hauptbahnhofs, ein von Chinesen in ihrem typischen Stil erbauter riesiger Klotz. Dort beginne die ebenfalls von China erbaute *Tazara* (Tanzania-Zambia-Railway), hörten wir. Hunderte asiatische Arbeiter hätten beim Bau ihr Leben lassen müssen. Sie lägen in einer besonderen Begräbnisstätte in Daressalam, dem chinesischen Friedhof. Der Finger wies nach vorn: Das »Askari-Memorial«, ein überlebensgroßer afrikanischer Soldat, das Gewehr im Anschlag, mache auf den Tod schwarzer Soldaten aufmerksam. Sie starben in zwei Weltkriegen für die Interessen europäischer Mächte. »Wenn Elefanten gegeneinander kämpfen, ist es das Gras, das leidet«, sagten die Afrikaner.

Dann passierten wir das Hotel »Kilimandscharo«, das »erste Haus am Platze«. Vom Dachgarten dieses Hochhauses würde ich 1984 das lichterloh brennende Gebäude der benachbarten tansanischen Staatsbank beobachten. Der riesige Neubau sollte völlig ausbrennen und mit ihm die Kredit-Unterlagen, die die Brandstifter vernichten wollten.

Wir wurden abgesetzt an unserem Zuhause für die nächsten Jahre: einem sternförmigen zweigeschossigem Gebäude. Aus den Fenstern ragten die großen Kästen der Klimaanlagen. Von ihren Ablaufrinnen tropfte in ständigem Fluß Kondenswasser, das am Boden Löcher ausgespült hatte. Ich wuchtete stolpernd unsere Koffer in die Wohnung. Wir betraten ein großes möbliertes Zimmer im ersten Stock des Hauses. Es war größer als unsere Bleibe in Leipzig. Wohltuende Kühle empfing uns. Häßliche Geccos flohen blitzschnell an den Wänden entlang. Ich stellte die Koffer ab und ging in die Küche zum Kühlschrank. Der Konsul hatte mir im Auto versichert, dort stünden Whisky und Soda. Nur mit einem Auge registrierte ich riesige Kakerlaken. Mein Durst war größer als der aufkommende Ekel. »Mein Gott«, fragte ich mich, einen Doppelten mit Soda kippend, »werden wir uns je hier eingewöhnen?«

Der Alkohol wirkt sofort. Nachdenklich blickte ich auf das fast leere Glas. »Hoffentlich klappt der Nachschub.«

Am nächsten Tag, meinem 40. Geburtstag , wurde ich von Konsul Gert G. erneut abgeholt. Vor dem Hause traf ich einen lachenden, kleinen Afrikaner in zerlumpter Kleidung. Er schärfte mit ausholenden Bewegungen auf dem Betonboden eine *Panga* (Machete). Die Funken sprühten. »Jambo habari Bwana!« Er zeigte auf sich: »Johnny«. Dann fügte er noch hinzu: »Watchman«. Etwas abseits stand mit strahlendem Lächeln eine junge Frau, einen Topf mit Essen in den Händen. Ihre weißen Zähne blitzten.

Johnny war unser Nachtwächter und das Faktotum des Hauses. Er schlief am Tage in einem kleinen Verschlag unter der Treppe. Wir wußten nicht, was ihm der Hausbesitzer, ein Inder, zahlte. Es konnte nur ein Hungerlohn sein, aber er klagte nie. Wir versuchten ihm oft eine Freude zu machen und schenkten ihm Seife, Lebensmittel oder Zigaretten. Später fragte er nach Kondomen, das war ein Vertrauensbeweis. Johnny liebte die »East-Germans«.

Ein früherer Mitarbeiter unserer Botschaft, mein Betreuer im MfAA, Dr. Peter P., hatte ihm einmal das Leben gerettet. P. hatte ihn, zusammengeschlagen von Einbrechern, nachts vor dem Haus gefunden und in das Muhimbili-Krankenhaus zu einem ihm bekannten Arzt gebracht. Der hatte Johnny wieder zusammengeflickt. Wir erfreuten uns immer seiner besonderen Aufmerksamkeit. Wenn wir abends länger unterwegs waren und unser Sohn allein in der Wohnung, legte er sich vor die Tür.

Wir fuhren zur Botschaft und waren in einigen Minuten dort. Sie lag ganz in der Nähe in der Upanga Road. Später bin ich manchmal, obwohl wegen des Sicherheitsrisikos davon abgeraten wurde, zu Fuß, quer durch eine Siedlung »auf Arbeit« gegangen.

Ich erblickte ein großes einstöckiges Gebäude mit vergitterten Fenstern. Auf dem eingezäunten Hof, der mit Blumenrabatten und tropischen Gewächsen gestaltet war, standen einige PKW. An einem hohen Mast wedelte im schwachen Morgenwind die DDR-Fahne.

Wir passierten ein schmiedeeisernes Gittertor und standen in der Schleuse. Der hinter einem Fenster sitzende Pförtner warf einen kurzen Blick auf meinen Begleiter, der elektrische Türöffner summte, und wir wurden durch eine schwere, extra verstärkte Tür eingelassen.

Dahinter gab es einen verkleideten Treppenaufgang. Von innen war die Tür von einer attraktiven jungen Dame auf- und hinter uns gleich wieder abgeschlossen worden. Es war die Sekretärin des Botschafters, der »Stern von Daressalam«. Neugierig wurde ich beäugt.

Wir stiegen in die erste Etage und begaben uns in das in einem separaten Bereich befindliche Zimmer des Konsuls. Ich war an meinem neuen Arbeitsplatz angekommen. Das altmodisch wirkende Telefon klingelte. Der »Noch«-Konsul nahm ab, feixte über das ganze Gesicht und reichte den Hörer an mich weiter: »Der Konsul wird vom Außenministerium verlangt, das bist ja nun du«.

Derart überrumpelt nahm ich den Hörer an. Eine männliche Stimme sprach mich im typischen Afro-Englisch mit *Mister G.* an und erzählte irgend etwas mir Unverständliches. Ich schlüpfte aus der Falle: *»Sorry, I'm not Mr.G. Please wait a moment«* und reichte den Hörer dreist zurück.

Noch am gleichen Tag fuhren wir im Dunkel des späten Abends mit einer Barkasse vom Hafen hinaus zu einem DDR-Hochseefrachter der Ostafrikalinie, der wartend auf Reede lag. Er war rundum hell beleuchtet und weithin zu sehen. Das Meer war nicht mehr sicher, die Piraterie wieder in Mode gekommen. Man wollte ungebetene Besucher rechtzeitig erkennen.

Unser Boot durchpflügte die nur leicht bewegte See. Mein Blick tastete den klaren, sternenübersäten Nachthimmel ab. Ich suchte das berühmte »Kreuz des Südens«, doch konnte es nicht entdecken. Fragend wandte ich mich an meine Begleiter und erntete Heiterkeit.

»Das Kreuz des Südens?« lacht Gert G.: »Weißt du das nicht? Du trägst es bereits.«

Die DDR-Community

In den nächsten Wochen und Monaten wurden wir aufgenommen in die »Community«, die Gemeinschaft der DDR-Bürger in Tansania. Sie bestand aus etwa 50 Erwachsenen: Diplomaten, Regierungsberater, Hochschullehrer, Vertreter von verschiedenen DDR-Institutionen und ihre Ehepartner, die nicht alle das Glück eines Jobs im Ausland hatten. Im Prinzip konnte man der Community nicht entrinnen, man war auf sie mehr oder weniger angewiesen, mußte ihre ungeschriebenen Regeln und Gesetze beachten.

Dies hing mit gegenseitigen Abhängigkeiten zusammen, die zwangsläufig aufgrund der besonderen Situation entstand, in der man sich als Ausländer befand, und mit der Tatsache, daß wir *Wazungu*, Weiße, waren.

Das gesellschaftliche Leben fand zum größten Teil innerhalb dieser kleinen Community statt, die sich in verschiedene Gruppierungen teilte, je nach Art der Beschäftigung in Tansania. Kaum einer hatte Freunde unter den Afrikanern und nur selten unter Bürgern anderer sozialistischer Staaten. Die in Tansania tätigen Diplomaten, Experten, Entwicklungshelfer usw. aus den westlichen Ländern lebten in etwas anderen Verhältnissen, obwohl sie ähnlichen Bedingungen wie die DDR-Bürger unterlagen. Bei ihnen gab es einen Jachtclub, Tennisclubs, Golfclubs, vor allem verfügten sie über Devisen, die ihnen ganz andere Möglichkeiten der Bewegung erlaubten. Wer von uns konnte zum Beispiel zum Einkauf nach Nairobi fliegen?

Da die Stadt Daressalam eigentlich ein Dorf war, wußte jeder, was alle anderen taten. Man begegnete einander ständig – an den Tankstellen, am Strand, auf dem Gemüsemarkt, auf Parkplätzen. Es wurde gehupt, aufgeblendet und gewinkt. Selbst auf den Safaris im Land, Hunderte Kilometer von der Stadt entfernt, konnte es passieren, daß man Bekannte erspähte.

Die Stadt schien für heimliche Liebesverhältnisse ein völlig ungeeigneter Ort. Es gab keine abgelegenen gemütlichen Restaurants, Hotels oder Pensionen, wo man nicht auffiel. Man konnte keine Besuche machen, die ungesehen blieben. Die einzige und beste Tarnung für meine »geheimdienstliche« Arbeit, für Treffs mit inoffiziellen Mitarbeitern und Kontaktpersonen, war deshalb die Legalität.

In der DDR-Community gab es ein starkes Zusammengehörigkeitsgefühl und echte Solidarität. Man lernte aber auch Cliquenbildung, unverblümte Aufrichtigkeit, Neid und beißenden Klatsch kennen. Die meisten von uns Auslandskadern waren überzeugt, einen wichtigen gesellschaftlichen Auftrag zu erfüllen. Wir wurden nach Tansania geschickt, um einem Entwicklungsland und seinen Menschen zu helfen, um praktische Solidarität zu üben. Wir sahen uns im Dienste des Sozialismus.

Aus dieser Position ergab sich leicht ein gewisses Überlegenheitsgefühl. Uns gefiel es, weil wir hier als quasi Entwicklungshelfer alle eine gute Figur machten. Darüberhinaus war das Leben angenehm. Wir waren braungebrannt und relativ sorgenlos, hatten Hausangestellte, fuhren Dienstwagen, machten Reisen in das Land und feierten Feste. Zu Hause in der DDR wurden wir um unseren Job beneidet.

Wir waren uns bewußt, daß die Möglichkeit der Arbeit in einem Entwicklungsland uns aus dem Kreis der Kollegen und Bekannten in der DDR heraushob, wir waren privilegiert. Wir wollten deshalb auch unseren Job möglichst gut machen, uns bewähren, wußten wir doch, daß davon die weitere Karriere in der DDR abhing. Daraus ergaben sich Ehrgeiz und eine stärkere kritische Haltung zur Arbeit und dem Verhalten des anderen. Man war eher geneigt, Vorurteile zu fällen. Außerdem wollten wir die Zeit im Ausland nutzen, um möglichst viel vom unbekannten exotischen Land zu sehen. Man durfte nichts verpassen, um später zu Hause erzählen zu können.

Deshalb waren auch alle scharf auf Safaris in das Landesinnere. Ein unausgerufener Wettbewerb herrschte. »Warst du schon im Ngorongoro Krater? Nein? Also, wer dort nicht war, war nicht in Tansania.«

Auch entwickelte sich eine bestimmte Gier nach den vorzeigbaren Exponaten des Landes. Schnitzereien aus Teakholz und Elfenbein standen hoch im Kurs. Maasai-Speere, Maasai-Schilde, afrikanische Malereien, Sandelholztruhen, Meerschaumpfeifen, Muscheln, Kangas – es wurde alles gekauft und mitgeschleppt.

Als ich zur DDR-Botschaft nach Antananarivo, der Hauptstadt Madagaskars, flog, hatte ich den Auftrag, für vier unserer Damen Kleider mitzubringen. Sie wünschten repräsentative, mit reichen afrikanischen Stickereien versehene Kleider. Man fiel mit ihnen bestimmt auf in deutschen Theatern und Konzertsälen.

Nach einer halben Stunde Rundgang auf dem madegassischen Kleiderbasar kannten mich alle Händler. Ich sprach kein Französisch und verstand deshalb nicht, was mein Begleiter den Verkäufern erzählte. Sie lachten: »Der weiße Mann, der Frauenkleidung kauft.« Ich wurde förmlich zugedeckt mit Angeboten.

Das Geld spielte im Ausland eine dominierende Rolle, beeinflußte das soziale Klima ungünstig. Safaris und Schnitzereien kosteten viele Tansanische Schillinge, über die wir DDR-Bürger nur im eingeschränkten Maße verfügten. Unsere DDR-Gehälter liefen in der Heimat voll weiter. Im Ausland erhielten wir deshalb nur eine Pauschale in der Landeswährung, die den dort existierenden Lebenshaltungskosten angeglichen war und nach einem Index berechnet wurde, dem sogenannten Warenkorbprinzip. Diese Summe wurde errechnet nach den Einzelhandelspreisen im Land und dem durchschnittlichen monatlichen Verbrauch einer Familie. Sie war eigentlich großzügig festgelegt, denn alle transferierten noch einen Teil davon auf ihre Devisenkonten bei der DDR-Staatsbank. Die überwiesene Summe wurde umgerechnet in DM und ermöglichte den Einkauf im Intershop daheim.

Die Diplomaten und Entwicklungshelfer aus den westlichen Ländern hatten Dollars. Ein Vorteil, vor allem für den, der die Devisen zum Schwarzmarktkurs tauschte.

Wir erhielten preiswert langlebige Lebensmittel wie Mehl, Zucker, Teigwaren, Hülsenfrüchte, Salz, Reis, verschiedene Konserven sowie

Waschpulver und Seife aus der DDR. Die speziell für die Versorgung der im Ausland tätigen DDR-Bürger geschaffene Handelsorganisation *VERSINA* (*VER*Sorgungs*IN*stitution *A*usland) belieferte uns regelmäßig. Dadurch kam ein Teil der ausgezahlten Devisen wieder in die DDR zurück. Der Transport der bestellten Waren erfolgte mit den Frachtschiffen der Deutschen Seereederei. Wir teilten uns brüderlich das preiswerte DDR-Bier, das die Kapitäne uns für Mark der DDR zukommen ließen. Doch Spirituosen, Tabakwaren und Luxusartikel erhielt man nur in den tansanischen Devisenverkaufsstellen gegen Dollar. Deshalb wurden diese Waren durch die Botschaft bei der *Peter Justesen Company* in Dänemark geordert, dem größten Versandhaus von steuer- und zollfreien Produkten für das weltweite diplomatische Corps. Auch die Spezialisten erhielten eine wöchentliche Zuteilung. Das war eigentlich gesetzwidrig, denn sie rechneten nicht zu den Diplomaten. Trotzdem waren sie unzufrieden. Wir erlebten erstmals Merkmale der Neid-Gesellschaft.

Die öffentlichen Verkehrsmittel wie Busse und Taxi wurden grundsätzlich aus hygienischen und Sicherheitsgründen nicht benutzt. Es wurde also ausschließlich mit PKW gefahren. Private Autos gab es nicht, und nur wenige verfügten über einen personengebundenen Dienstwagen. Meistens teilten sich mehrere ein Fahrzeug. Außerdem mußten die Kinder zur Schule, die Frauen auf die Märkte chauffiert werden, und am Wochenende fuhren alle in die verschiedenen Strandbäder der Hotels oder unternahmen Kurzsafaris. Man mußte sich also arrangieren. Im Prinzip fuhren nur die Männer, die meisten Frauen waren mitreisende Ehefrauen. Als eines Tages ein Ehepaar einreiste, von dem beide Partner an der Universität Daressalam unterrichten sollten, bildete sich eine Front gegen die Frau, weil sie die Mitbenutzung eines PKW beanspruchte. Die Neid-Gesellschaft marschierte. »Wieso, ihr Mann kann sie doch fahren?« Ich setzte Gleichstellung durch und wurde fortan als ihr Liebhaber gehandelt.

Die »Botschaftsschule«, die eigentlich »Pädagogischer Bereich bei der Botschaft der DDR in der VR Tansania« hieß, wurde von zirka zwanzig Kindern besucht, von denen einige noch in den Kindergarten gingen. Das einstöckige Gebäude mit großem Aufenthaltsraum auf großzügigem Gelände, das auch noch einen Volleyballplatz beherbergte, war der zentrale Treffpunkt der Community. Hier fanden monatlich die Mitgliederversammlungen der SED-Parteiorganisation statt. Die meisten Auslandskader waren Genossen. Am 8. März (Frauentag), 1. Mai (Kampftag der Arbeiterklasse) und 7. Oktober (Republikgeburtstag) gab es die von der Gewerkschaft ausgerichteten Feiern. Hier wurden Sportwettkämpfe mit den Besatzungen der Schiffe organisiert, hier fand der Fasching statt und die Weihnachtsfeier.

Die Diplomaten und Mitarbeiter der Botschaft, mit Ausnahme der Handelspolitischen Abteilung (HPA), bildeten eine erste Gruppierung innerhalb der Community.

Eine Trennung zwischen Diplomaten und Mitarbeitern gab es im privaten Bereich nicht. Der Botschafter, Werner Sch., war ein älterer, in der diplomatischen Arbeit sehr erfahrener, kluger Genosse und im diplomatischen Corps sowie bei den tansanischen Regierungsoffiziellen ein gefragter Gesprächspartner. Er war der einzige Botschafter der sozialistischen Länder, den die engste Beraterin des Präsidenten, eine Afro-Inderin, regelmäßig empfing. Seine politischen Analysen waren erstklassig.

Als in meiner Vorbereitungszeit in Berlin die Rede auf ihn kam und mir erläutert wurde, daß ein gutes Verhältnis zum Botschafter die Grundvoraussetzung für eine erfolgreiche Arbeit als Resident sei, war meine erste Frage: »Wie groß ist er?« Als »Langer« hatte ich mit körperlich kleinen »Chefs« nie gute Erfahrungen gemacht und fürchtete die Möglichkeit, es mit einem solchen zu tun zu bekommen. Aber die Antwort beruhigte mich: »Der ist vielleicht noch länger als du.«

Werner Sch. öffnete mir, nachdem wir uns kennen- und schätzengelernt hatten, die Augen über den überdimensionierten außenpolitischen Apparat der DDR, in dem Eifersüchteleien zwischen der Abteilung Internationale Beziehungen des ZK, die dem Politbüromitglied Hermann Axen (»Seid froh, daß ihr ins Ausland fahren dürft!«) zugeordnet war, und dem eigentlichen Regierungsorgan, dem MfAA, an der Tagesordnung waren.

Werner nahm kein Blatt vor den Mund. Als 1979 der Generalsekretär der SED Erich Honecker, die Vorsitzenden der DKP und der SEW, Herbert Mies und Gerhard Danelius, ein gemeinsames propagandistisches »Friedensmanifest« veröffentlichen ließen und wir in Daressalam aufgefordert wurden, die Haltung der tansanischen Regierung, die wahrlich andere Probleme hatte, dazu in Erfahrung zu bringen, sagte er gleichermaßen respektlos wie zutreffend: »Erich Honecker läßt einen Furz, und wir müssen rennen.« Dann rief er seine Sekretärin und diktierte ihr die zustimmende Meinung des Präsidenten Nyerere zur Friedensinitiative.

Unser guter persönlicher Kontakt wurde bedeutend gefestigt, als meine Frau, die 1982 als Leiterin der Botschaftsschule eingesetzt worden war, sich bereiterklärte, seine Tochter individuell zu unterrichten. Sie hatte die vierte Klasse in Daressalam beendet und danach eigentlich auf das Internat Königs Wusterhausen gehört. Doch die Frau des Botschafters wollte sich damit nicht abfinden. Ein Sohn war bereits dort und mit ihm gab es große Schwierigkeiten. Also »kungelte« Werner mit dem sowjetischen Botschafter eine Sonderregelung aus, denn die Schule der sowjetischen Botschaft besuchten Kinder bis zur 7. Klasse. Das Töchterchen durfte diese Schule besuchen, mußte aber in einigen Fächern, vor allem Deutsch, individuell unterrichtet werden.

Mein guter »Draht« zum Botschafter stärkte meine Autorität in Botschaft und Community, hatte aber auch Nachteile. Insbesondere mein Verhältnis zu seinem Stellvertreter, Botschaftsrat G., den er nicht mochte, wurde dadurch belastet.

G. ein umgänglicher, redseliger und geselliger Typ im Alter von 50 Jahren, war bereits in vielen Auslandsvertretungen der DDR tätig gewesen, ohne daß er sein großes Ziel, Botschafter zu werden, erreicht hatte. Das war der eigentliche Grund dafür, daß er sich intern unsachlich über Entscheidungen und Handlungen seines Chefs äußerte. Er würde das alles anders und besser machen. Natürlich wurde er nicht ernstgenommen, denn er war oberflächlich und neigte zu Übertreibungen. Sein Motto, das er gern in Gesellschaft zitierte und nachdem er auch lebte, hieß: »Soldaten kämpfen und sterben, Diplomaten essen und trinken für die Heimat«. Seine Eitelkeit verführte ihn dazu, insbesondere auch bei den Diplomaten der westlichen Länder Anerkennung zu suchen, indem er sich informiert und kooperationsbereit gab. Deshalb stand er bei unseren Genossen aus der Abteilung IX /B der HVA in Berlin (Abwehr geheimdienstlicher Angriffe im Ausland) immer im Verdacht, Agent zu sein. Das konnte aber aufgrund meiner Einschätzungen und Beobachtungen auf keinen Fall zutreffen.

Bei Instruktionstreffs in Berlin und Daressalam mit den »Spezialisten« der HVA IX mußte ich mich deshalb ständiger Vorwürfe erwehren, ich sei zu sorglos. Ich kannte allerdings das Problem unserer Leute. Sie standen wegen »Erfolglosigkeit« in der Kritik. Der Feind arbeitete, also mußte es auch Spione geben. Man schlug mir komplizierte Überprüfungsmaßnahmen vor, die im Prinzip nicht realisierbar waren. Das Problem klärte sich später auf verblüffende Weise, worauf ich an anderer Stelle noch eingehen werde.

Zum Botschaftspersonal gehörten weiter ein 3. Sekretär vom MfAA, verantwortlich für Presse, Kultur und Wissenschaft, der als Einziger in der Botschaft Swahili sprach; der 2. Sekretär Fred H. (OibE »Ernst«),

Verbindungsmann zum tansanischen Sicherheitsorgan, und seine Ehefrau, die als seine Gehilfin fungierte; der 2. Sekretär, Klaus N., Offizier des MdI und Verbindungsmann zum tansanischen Innenministerium, der wenig zu tun hatte und deshalb den Parteisekretär machen mußte; die sehr agile und fleißige Wirtschaftsleiterin, Christel N., Ehefrau von Klaus; der Mitarbeiter für Chiffre (MCD) Hans A. und seine Ehefrau und Gehilfin, die gleichzeitig meine Post tippte; zwei Funker, beide OibE, die im Schichtdienst arbeiteten; die Leiterin der Kasse, Ehefrau eines Funkers; die Sekretärin und der Fahrer des Botschafters, beide vom MfAA.

Wie aus der Aufzählung ersichtlich ist, stellten Mitarbeiter des MfS und ihre Ehepartner die Mehrzahl der Gruppe der Botschaftsangehörigen.

Die Handelspolitische Abteilung (HPA) der Botschaft, die eine zweite Gruppierung innerhalb der Community bildete, war in einem eigenen Gebäude unweit der Botschaft untergebracht. Sie wurde von einem Handelsrat geführt und stand in einem gewissen distanzierten Verhältnis zur Politischen Abteilung. Im Haus saßen weiterhin der Vertreter von *Intercoop*, einem Betrieb des Ministeriums für Außenhandel (MAH) für Bildungs- und Wissenschaftsexport, und ein Ingenieur von Textima-Projekt Karl Marx Stadt.

Die Handelspolitische Abteilung betreute außerdem einige Berater für das Wirtschaftsministerium und Finanzministerium, die Vertreterin der Deutschen Seereederei und einen Arzt, der einen Vertrag mit dem Muhimbili-Krankenhaus hatte und gleichzeitig als Botschaftsarzt fungierte. Die Geschäfte der HPA liefen in den 80er Jahren nicht gut. Die Ursachen für ausbleibende Deviseneinnahmen hingen in erster Linie mit der ökonomischen Schwäche Tansanias und den begrenzten Möglichkeiten der DDR zusammen. Trotzdem bekam der Handelsrat vom Botschafter ständig Druck und das Verhältnis der beiden war deshalb nicht das beste.

Es gab im Westen Tansanias ein gemeinsames Wirtschaftsprojekt. Dabei handelte es sich um den Bau einer kompletten Textilfabrik in der Nähe von Mbeya, einer kleinen Stadt 800 km westlich von Daressalam, zwischen Njassa- und Tanganjika See gelegen. Dieses Faß ohne Boden beanspruchte die Handelspolitische Abteilung stark und fraß deren Kraft und Zeit. Die Finanzierung des Vorhabens erfolgte durch einen Kredit der Staatsbank der DDR. Die tansanische Seite hatte sich zur vollen Unterstützung verpflichtet. Das betraf auch den Anbau ausreichender Baumwolle im Gebiet Mbeya, die Bereitstellung der notwendigen Elektroenergie und die Rekrutierung geeigneter Arbeitskräfte. Ausführender Generalunternehmer war das Kombinat Textima Karl-Marx-Stadt. Die Maschinen und Ausrüstungen, die per Schiff im Hafen von Daressalam ankamen, wurden mit der Bahn bis Mbeya weiterbefördert und von dort mit Lastkraftwagen bis zur Baustelle. Die DDR-Arbeitskräfte reisten mit Aeroflot an und wurden mit dem PKW zum Standort gefahren.

Der Aufbau des Werkes kam vor allem aufgrund des Schlendrians der tansanischen Seite nur langsam voran. Die Bank von Tansania überwies nicht die vereinbarten Zins- und Tilgungsraten an die DDR, sondern wollte mit den Erzeugnissen der Fabrik bezahlen. Doch eigentlich sollte die Textilfabrik Stoffe und Kleidung für die tansanische Bevölkerung produzieren.

Als ich anläßlich des Republikgeburtstages am 7. Oktober 1982 den Kollegen, die dort unter sehr schwierigen Bedingungen arbeiteten, einen Besuch abstattete und mich mit den Problemen und dem Stand des Projektes vertraut machte, war ich doch etwas irritiert. Die Fabrikhallen waren nur unzulänglich erbaut, überall standen ausgepackte Maschinen und noch geschlossene Kisten herum. Die Installation des Lüftungssystems konnte aufgrund fehlender Teile und wegen Elektrizitätsproblemen nicht erfolgen. Es herrschte Chaos. Die Arbeitskräfte aus der DDR waren zwar unzufrieden mit der Situation und nicht gerade optimistisch, aber sie verdienten gut und vor allem Devisen und schienen wenig Neigung zu haben, auf Tempo zu drücken. Um es kurz zu machen: Das Projekt, das unüberlegt mit Blick auf Deviseneinnahmen in Angriff genommen worden war, verkam zur Investruine. Textima machte Verluste, und alle Pläne, die mit dem Projekt für die gesamte Region verbunden waren, gingen den Bach hinunter.

Die dritte relativ geschlossene Gruppe innerhalb der DDR-Community bildeten die Lehrer, die eine gewisse Bindung an die Handelspolitische Abteilung der Botschaft hatten. Das ergab sich dadurch, daß ein Vertreter vom AHB Intercoop, der in materieller Hinsicht für die Lehrer verantwortlich war (Gehaltszahlung, PKW u. ä.) Mitarbeiter der HPA war.

Zu diesen Lehrern gehörten auch fünf bis sechs Universitätsdozenten, die an der 1970 eröffneten Universität Daressalam lehrten, und vier bis fünf Fachschullehrer, die am Institut für Lehrerbildung Daressalam Pädagogikstudenten in den naturwissenschaftlichen Fächern unterrichteten. Grundlage der Tätigkeit waren Verträge zwischen dem Ministerium für Hoch- und Fachschulwesen der DDR und dem Partner-Ministerium in Tansania.

An der Universität Daressalam gab es das *Institute of Development Studies*, das für die gesellschaftswissenschaftliche Ausbildung aller Studenten, ähnlich dem marxistisch-leninistischen Grundlagenstudium in der DDR, verantwortlich war. Neben den Dozenten aus der DDR tummelten sich dort auch Lehrkräfte aus der BRD, Schweden und den USA, so daß die tansanischen Studenten Einblick in die Grundlagen verschiedener Gesellschaftsmodelle erhielten.

Auch am *Institute of Kiswahili Research* war die DDR vertreten. Der Sprachforscher aus Leipzig, Prof. Siegmund Brauner, und Karsten Legere, der Sohn des bekannten Abenteuer-Romanciers Werner Legere (»Ich war in Timbuktu«, »Unter Korsaren verschollen«), beschäftigten sich hier mit der Landessprache.

Einen der begehrten Jobs als »Spezialist« im Ausland zu erhalten war nicht einfach, und der Weg dahin schwierig und weit. In der Regel wählten die Kaderabteilungen der für die Delegierung in Frage kommenden Hochschulen im Auftrag ihres Ministeriums die aus ihrer Sicht geeigneten Kollegen aus. Dann erfolgte ein Gespräch mit dem Betreffenden, um die prinzipielle Bereitschaft für einen Auslandseinsatz festzustellen. Daran schloß sich der Prozeß der Prüfung der politischen Zuverlässigkeit und der Ermittlung der kaderpolitischen Voraussetzungen an. Auch hier war das Nichtvorhandensein von aktiven Verbindungen in das kapitalistische Ausland, insbesondere die BRD, wichtige Voraussetzung. Diese Ermittlungen erfolgten in der Regel durch die zuständige Abteilung des MfS, im Falle der Hochschulen durch die Abteilung XX, die eng mit der Kaderabteilung und der Reisestelle der Hochschule zusammenwirkte. Der vorgesehene Kollege wurde bei positivem Ergebnis als NSW-Reisekader bestätigt (Nicht-Sozialistisches Wirtschaftsgebiet). Wenn nun konkreter Bedarf an Lehrern für ein Entwicklungsland bestand, erfolgten Anforderungen durch das Ministerium für Hoch- und Fachschulwesen, und der Auserwählte besuchte erst einmal einen Vorbereitungslehrgang im Schulungszentrum des MHF in Siebenlehn. Dort wurde in der Regel in einem Gespräch das Einsatzland festgelegt. Dann erfolgte je nach Notwendigkeit noch eine Ausbildung in der erforderlichen Fremdsprache.

Das Hauptproblem der Lehrer in Daressalam betraf materielle Fragen. Die Universität Daressalam war verpflichtet, ihnen eine zumutbare Wohnung zu stellen. In der Regel dauerte das seine Zeit, so daß viele Neuankömmlinge im ersten halben Jahr mit Ehefrau und Kindern im

Hotel »Silversands«, einige Kilometer von der Uni entfernt, wohnten. Das zweite Problem betraf die Mobilität. Intercoop stellte für drei Lehrer einen PKW, was verständlicherweise zu ständigen Auseinandersetzungen führte, denn ohne PKW ging nichts. Nicht zuletzt gab es Versorgungsprobleme, da VERSINA nur die Grundnahrungsmittel lieferte. Bei Getränken, Spirituosen oder Zigaretten war man von der Botschaft abhängig, die nur knappe Mengen zuteilte. Das lieferte einen ständiger Grund für Unruhe und Streit.

Schiffe aus der Heimat

Das Schiffahrtsamt der DDR war für die Förderung und Verwaltung des Schiffsverkehrs der DSR/VEB Deutfracht/Seereederei Rostock, für Schiffsatteste, Zulassungszeugnisse für Schiffe, Befähigungszeugnisse für Schiffsführer usw. verantwortlich. Weiterhin oblag ihm die Abwehr von Gefahren für die Schiffahrt und die Verhütung von Gefahren und Umweltschäden, die von der Schiffahrt ausgingen. Daressalam wurde in größeren Abständen von Schiffen der DSR-Ostafrikalinie angesteuert, d. h. im Durchschnitt legte aller zwei Monate ein Frachter am Kai im Hafen von Daressalam an. Daß die Geschäfte immer schlechter gingen, hing sowohl mit der wirtschaftlichen Situation in Ostafrika zusammen, als auch mit der allgemeinen Auftragslage im afrikanischen Raum, denn die Schiffe fuhren natürlich außer der DSR auch für andere Auftraggeber.

Im Rahmen der Ostafrikanischen Gemeinschaft (OAG) zwischen Kenia, Uganda und Tansania, die zur Vereinigung der wirtschaftlichen Ressourcen und zur Stärkung der genannten Länder 1967 gebildet worden war, sollte auch der Hafen Daressalam eine wichtige Aufgabe als Tor zur Welt übernehmen. Seit 1970 wurde deshalb die Kapazität des Hafens von drei auf 14 Tiefwasserkais ausgeweitet. Der Warenumschlag nahm sprunghaft zu. Nach Fertigstellung der Tanzania-Zambia-Railway im Jahre 1975 nahm die Bedeutung des Hafens weiter zu, konnten doch nunmehr Kupfer und andere Rohstoffe aus Sambia verladen und Erdöl nach Innerafrika transportiert werden. Doch mit dem Zusammenbruch der Ostafrikanischen Gemeinschaft im Jahre 1977 wurden alle Hoffnungen auf einen prosperierenden gemeinsamen Markt begraben. Tansania schloß die Grenzen zu Kenia, und zwischen Uganda und Tansania kam es 1978/79 aufgrund der Politik Idi Amins zum Krieg.

Ursache für das Scheitern, an dem auch die USA und Großbritannien einen großen Anteil hatten, waren die divergierenden ideologischen und wirtschaftlichen Positionen. Während Tansania einen relativ unabhängigen Weg in Richtung eines afrikanischen Sozialismus gehen wollte, unterwarf sich Kenia schon frühzeitig dem Diktat des IWF und der Weltbank und schlug einen kapitalistischen Entwicklungsweg ein. In Uganda hatte sich 1971 Idi Amin an die Macht geputscht. Seine Diktatur wirkte sich zusätzlich destabilisierend auf die OAG aus. So waren Anfang der 80er Jahre die Hoffnungen Nyereres auf die Stärkung Ostafrikas durch Zusammenarbeit zerstört.

Da auch der Präsident Sambias, Kenneth Kaunda, nur wenig sambisches Kupfer über die neue Eisenbahnlinie und Daressalam exportierte und lieber mit den Apartheid-Staaten kungelte, waren die Aussichten für einen umschlagintensiven Hafen nicht günstig. Die Deutsche Seereederei reagierte auf diese Entwicklung. Nachdem es bis 1982 einen Vertreter der DSR in Daressalam gegeben hatte, wurden die Aufgaben einer mitreisenden Ehefrau übertragen. Frau Sch., eine geradlinige und ehrliche Genossin, mühte sich redlich, den Anforderungen gerecht zu werden, hatte aber doch große Schwierigkeiten, die Probleme zu beherrschen. Wenn unsere Schiffe Daressalam anliefen, wurde ich von ihr als Konsul informiert.

Ich ging dann am Ankunftstag an Bord, sprach mit dem Kapitän über die Lage im Land und aktuelle Probleme für den Landgang der Besatzung und beantwortete Fragen. Bei Notwendigkeit versiegelte ich Musterrollen oder formulierte gemeinsam mit dem Kapitän Seeproteste, die auch »Verklarung« genannt wurden, und beglaubigte sie. Verklarungen wurden bei Schäden durch höhere Gewalt (Sturm, Seegang etc.), die auf hoher See entstanden waren, gefertigt, um die Entschädigung durch die Versicherung zu garantieren. Auf diese Weise lernte ich in vier Jahren die gesamte Ostafrika-Flotte der DSR und ihre Kapitäne kennen.

Es kam zu einer gegenseitig vorteilhaften Zusammenarbeit.

Ich organisierte bei längeren Liegezeiten Stadtführungen und Safaris für die Matrosen oder Sportvergleichskämpfe. Die Kapitäne verkauften uns für die gesamte Community Überbestände an »Rostocker Hafenbräu« gegen DDR-Währung und organisierten Schiffsbesichtigungen und Filmvorführungen für unsere Kinder.

Als die MV »Blankensee« für längere Zeit im März 1983 im Hafen festlag, schlug ich dem Kapitän vor, den Internationalen Frauentag auf dem Schiff gemeinsam mit der Schiffsbesatzung zu feiern, was natürlich auf große Zustimmung bei den Seeleuten stieß.

Unsere rund dreißig Damen begaben sich ohne Ehemänner an Bord und wurden bestens bewirtet mit Thüringer Bratwürsten, Bockwürsten aus Halberstadt, sächsischer Leber- und Blutwurst, frischem Hackepeter und richtigem Bäckerbrot. Doch die meisten Matrosen tanzten nicht, obwohl sie das Deck des Schiffes wunderbar illuminiert hatten. Sie schauten begehrlich und dachten sich sicher dieses und jenes, aber sie taten nichts. Einige jüngere Frauen zeigten sich nach der Fete etwas enttäuscht von den »Seemännern«, die nicht das boten, was sie offenkundig erwartet hatten. Die Sorgen, die sich einige Männer um die Treue ihrer Gattinnen gemacht hatten, waren grundlos.

Während dieser Feier habe ich in einem günstigen Augenblick dem Kapitän, er hieß Hans Heinrich Zeplien, noch die Zusage für eine Tauchfahrt mit den Rettungsbooten zu einem Riff abgerungen, so daß am darauffolgenden Sonntag alle Botschaftsangehörigen, ihre Frauen und Kinder noch zu einem besonderen Erlebnis kamen.

Unter den Seeleuten gab es ein Sprichwort. Es lautete: »Hüte dich vor Regen, Sturm und Wind und vor DDR-Bürgern, die im Ausland sind.« Bei meinem Besuch auf dem ersten Schiff, das 1982 Daressalam anlief, der MV »Werner Seelenbinder«, wurde ich mit diesem Warnspruch bekannt. Der Kapitän teilte mir nebenbei mit, daß der Smutje ein Lebensmittelpaket für mich fertig gemacht hätte. Auf meine verwunderte Frage was das solle, teilte er mir mit, daß sie solche Freßpakete in manchen Häfen für den Konsul zusammenstellen, da in den Entwicklungsländern Wurst und Brot nicht zu haben seien. Ich lehnte dieses Angebot höflich, aber bestimmt ab und erklärte, daß ich nicht die Absicht habe, persönliche Vorteile aus meiner Tätigkeit als Konsul zu ziehen. Daraufhin schmolz die anfängliche Distanz des Kapitäns, und er machte mich mit obigem Spruch bekannt.

Es gab natürlich im Laufe der Jahre auch betrübliche »Vorkommnisse«, um diesen militärischen Begriff zu verwenden.

Am 14. Mai 1984 wurde ich abends auf die MS »Werner Seelenbinder« gerufen. Ein Matrose lag ohne Bewußtsein in seiner Koje und zeigte alle Anzeichen einer Vergiftung. Der 2. Offizier, der auch den Feldscher an Bord gab, berichtete mir, daß der Seemann nach dem Landgang über Magenschmerzen geklagt hätte und später umgefallen sei. Ich eilte vom Schiff, und fuhr mit dem PKW zu unseren Botschaftsarzt, den ich zum Glück in der Wohnung antraf und gleich mitnehmen konnte. Dr. Weigelt, ein Facharzt für Allgemeinmedizin aus Rochlitz, diagnostizierte eine schwere Vergiftung. Der Seemann mußte sofort auf eine Intensivstation.

Wir trugen den Mann in meinen PKW und fuhren los. Neben mir saß der Arzt, auf dem Rücksitz der Offizier und der bewußtlose Patient. Da die Gefahr bestand, daß sich der Vergiftete die Zunge abbiß oder verschluckte, mußte der »Feldscher« ihm mit einem Holzstiel ständig den bereits verkrampften Kiefer öffnen. Das war ein Gewürge und Gestöhne, daß einem Angst und Bange wurde. Zuerst fuhren wir zum Aga Khan Hospital, einem indisches Krankenhaus. Der Kranke war bereits mit einer Trage abtransportiert worden, als wir ihn wieder mitnehmen mußten, weil kein Platz auf der Intensivstation frei war. Trotzdem war der Doktor zufrieden, denn der Kranke hatte Wasser gelassen.

Jetzt chauffierten wir den Matrosen zum größten afrikanischen Krankenhaus, dem Muhimbili-Hospital, wo man ihn aufnahm. Der Arzt schickte mich sofort zurück zum Schiff, um eine Nachtwache zu holen. Zwei Matrosen blieben den Rest der Nacht am Bett. Ihre Aufgabe bestand darin, zu kontrollieren, ob der Tropf funktioniere und gewechselt wurde, und daß die vom Arzt gestellten Notmedikamente nicht gestohlen wurden.

Als ich den Matrosen am nächsten Tag im Hospital besuchte, war er sich noch nicht im klaren, daß er dem Tod von der Schippe gesprungen war. Es stellte sich heraus, daß er *Sambusa* gegessen hatte, kleine, stark gewürzte, geröstete Fleischbällchen. Seine Begleiter hatten nur Whisky getrunken. Da es ihnen gut ging, war der Fall für uns klar.

Ein anderes Mal war mein Eingreifen notwendig geworden, weil es auf einem Schiff zu schweren handgreiflichen Auseinandersetzungen gekommen war. Die Offiziere und wohl auch Maate der Besatzungen durften in großen Abständen und bei entsprechender Möglichkeit die Ehefrau mit auf eine »große Fahrt« nehmen. In diesem Fall war die Ehefrau »durch die Last gesegelt«, wie der seemännische Fachausdruck lautet. Sie hatte sich mit anderen Besatzungsmitgliedern eingelassen.

Ich mußte nun für die beiden eine Abreise aus Daressalam per Aeroflot organisieren.

Die Afrikaner

Aufgrund der enormen zeitlichen Belastung durch unser beider Tätigkeiten, die in meinem Falle insbesondere die Abendstunden betraf (Treffs, Gespräche, Einladungen, Empfänge) und vielfach mit der Vorbereitung von Dinner verbunden war, mußten wir eine Haushaltshilfe einstellen.

Unser Koch, Mr. Simba Mauridi, der auch die gesamte Hausarbeit erledigte, stammte vom Tribe der Luguru, einem matriarchalisch organisierten Stamm, der in den Uluguru Mountains in der Nähe von Morogoro beheimatet ist. Er war von schmaler Gestalt, zirka 40 Jahre alt, Moslem und sehr zurückhaltend. Die englische Sprache beherrschte er so, daß man sich einigermaßen verständigen konnte. Er wohnte mit zwei Frauen und sechs Kindern ungefähr 30 Fußminuten entfernt. Die Arbeitszeit betrug sechs Stunden am Tag. Wenn er gegen 14 Uhr ging, nahm er die ihm zustehende Mittagsmahlzeit und Essenreste für seine Kinder mit, ein sehr fürsorglicher Vater. Wir zahlten ihm, angepaßt an die ortsüblichen Löhne für Haushaltshilfen, 720 Tansanische Schilling im Monat, was ungefähr 70 Dollar entsprach. Arbeitsstunden an den Abenden wurden extra verrechnet. Darüber hinaus gaben wir ihm öfter Zigaretten und Bier, Waschpulver sowie abgelegte Kleidung unseres Sohnes für seine Kinder. Waren wir Ausbeuter?

Es war für uns völlig ungewohnt, daß ein Angestellter, ein Mann, für uns kochte, die Wäsche wusch, bügelte und putzte. Meine Frau hat sich eigentlich nie daran gewöhnt, aber die Arbeit war einfach nicht zu schaffen. Mittagessen mußte sein, es gab keinen Imbiß oder etwa Gemeinschaftsessen. Jeden zweiten Tag mußte Brot gebacken werden. Wasser war abzukochen, Gemüse und Obst zu desinfizieren. Zum Waschen fiel bedeutend mehr Wäsche an, da wir aufgrund der Hitze mehrmals am Tag die Kleidung wechselten. Eine vollautomatische Waschmaschine hatten wir nicht. Die Sachen wurden auf dem Dach des Hauses zum Trocknen aufgehängt und bewacht. Die gesamte Wäsche mußte wegen der Insekteneier gebügelt werden. Dann die riesigen Mengen von Geschirr, insbesondere Gläser, die sich nach den Empfängen in der Küche angesammelt hatten. Das war immer die erste Arbeit des Kochs am Morgen.

Wir waren beeindruckt von der Treue und Dankbarkeit der Afrikaner. Wir vermieden es, Überlegenheitsgefühl zu zeigen. Großes Wohlwollen erfüllte uns. Überhaupt fühlten wir uns als soziale Vorbilder, lächelten nachsichtig, wenn der Koch Salz mit Zucker verwechselte und waren ungebrochen optimistisch. Keiner sollte uns nachsagen, wir hätten ein Sendungsbewußtsein wie die Weißen der Kolonialzeit.

Dabei war der Umgang mit den afrikanischen Angestellten aufgrund von Verständigungsschwierigkeiten nicht einfach. Diese Aufgabe fiel in erster Linie unseren Ehefrauen zu, von denen die wenigsten Englisch sprachen, geschweige denn Swahili.

Einmal wurde ich ungewollt Zeuge, als Jutta, die Ehefrau unseres OibE »Ernst«, ihrem Hausboy erklärte, wie man den Fußboden wischt:

»You must take the Schrubber and wickeling around the Scheuerlappen, ditsching in water and then schrubbing and schrubbing.«

Doch es gab nicht nur Dienstboten, Haushaltshilfen und Nachtwächter, wie sie Tanja Blixen anrührend in ihren Büchern beschrieb. Inzwischen hatte sich eine Intelligenz herausgebildet, schwarze Manager führten Firmen, der Staat verfügte über fähige Politiker, es gab hervorragende Journalisten und Organisatoren, Polizeioffiziere, Hochschullehrer. Ich habe kluge, entschlossene, umsichtige Afrikaner kennengelernt.

Ein großes Problem in Afrika ist der Tribalismus, sind die Großfamilien und Clans. Peter K., Sekretär für Internationale Beziehungen im Jugendverband *Vijana* der Partei der Revolution *Chama Cha Mapinduzi* hat es mir erläutert. Bereits die Kinder werden in den Großfamilien(»Jamaa«) emotional untrennbar an die Gemeinschaft gebunden. Jeden Abend erzählen die Älteren ihnen die Geschichte der *Jamaa*, schmücken die Heldentaten und Erkenntnisse der »Ahnen« aus, die weiter zu den Familien gehören und als Mittler zwischen den Lebenden und den Geistern gelten. (Der Clan sind in diesem Zusammenhang alle Nachkommen eines gemeinsamen Ahnen.) Sie berichten anhand zahlloser Beispiele, daß nur unerschütterlicher Zusammenhalt das Überleben gesichert hat. Die Heranwachsenden lernen: Zuerst kommt die Großfamilie, zu der sie gehören, ohne die sie nichts wären. Ein Zweitens gibt es nicht. Nach diesem Prinzip handeln sie auch, wenn sie in Wirtschaft und Politik Positionen errungen haben. Zugehörigkeitsgefühl und Opferbereitschaft bleiben ein Leben lang. Wenn ein zu Rang, Namen und Einfluß gekommener Afrikaner erzählt, er hätte dieses Denken überwunden, seine Schädlichkeit für das Land erkannt, darf man ihm nicht unbedingt glauben, denn seine tribalen Bindungen sind stärker, sie sind eine Sache des Emotionalen, verankert im Unterbewußtsein, eingesogen mit der Muttermilch.

Ein anderes Problem bildeten Bestechung, Korruption und Vetternwirtschaft. Die große Mehrheit der Angestellten der Regierung und Behörden wurde sehr schlecht bezahlt. Sie waren aber verpflichtet, für ihre große Familie, die stolz und glücklich war, daß es einer der ihren geschafft hat, zu sorgen. Von ihnen wurde mit Selbstverständlichkeit erwartet, daß sie ihre Position vor allem für das Wohlergehen des Clans nutzten. Sie brachten ihre Leute unter, ließen sich Genehmigungen, Entscheidungen, Unterschriften extra bezahlen und handelten nach der Devise: Nutze die Zeit, in der du etwas zu sagen hast.

Ich erinnere mich noch an eine Begebenheit im Februar 1982.

Die Schüler der Botschaftsschule hatten durch meine Vermittlung mit ihren Lehrern die Textilfabrik in Daressalam besichtigt, die die berühmten und bei den tansanischen Frauen sehr beliebten *Kanga* herstellten. Das waren bunt bedruckte, leichte Baumwolltücher, die in bestimmter Weise um den Körper gewickelt und wie ein Kleid getragen werden. Unsere Lehrerinnen fragten natürlich danach und bestellten vier Stück.

Als ich einige Tage danach die Kangas im streng kontrollierten Betrieb abholen wollte, bat mich der Sekretär der CCM, formal 30 Kangas zu nehmen. Sie wurden auf meinem Passierschein vermerkt, ich fuhr aus dem Betrieb zum Haus des Sekretärs, lieferte dort 26 Kangas ab, behielt und bezahlte die vier bestellten und hatte also eine Schmuggelaktion unterstützt.

Die Regierung demonstrierte öffentlich Kampfbereitschaft und hat viele Jahre lang mit verschiedenen Maßnahmen und Programmen den Kampf gegen die Korruption geführt.

Doch sie war wohl selbst korrupt.

Das ANC-Camp

200 km westlich von Daressalam lag, nicht weit von der Straße zwischen Morogoro und Dodoma, versteckt in einer kleinen fruchtbaren Ebene, eine für tansanische Verhältnisse ungewöhnliche große und attraktive Ansiedlung. Dort, wo sich früher eine Sisal-Plantage befand, sah man jetzt hübsche helle Häuser und Mehrzweckbauten, gepflegte Gemüseanbauflächen und Felder. Die Tage waren im dort beginnenden Hochland nicht so heiß wie an der Küste, die Nächte kühl. Vom meist ausgetrockneten Wami-River hatte man einen schönen Blick auf die in der Nähe befindlichen Uluguru-Mountains.

Wenn man sich der Siedlung näherte, registrierte man überrascht Angehörige der tansanischen Armee, Askaris, in ihren typischen grünen Uniformen. Da das riesige Gelände umzäunt war, glaubte man zunächst an eine militärische Einrichtung. Am Eingang stand ein großes Schild: »Solomon Mahlangu Freedom College« (SOMAFCO). Es war dies das auch unter den Namen »Mazimbu« bekannte Exil-Camp des *African National Congress* (ANC), bewacht und geschützt vor möglichen Angriffen der südafrikanischen Geheimdienste. 1977 hatte die Regierung Nyerere dem ANC das Gelände zur Errichtung eines Zufluchtortes für im rassistischen Südafrika verfolgte Mitglieder des Afrikanischen Nationalkongresses übergeben.

Mit Unterstützung zahlreicher Länder, insbesondere Schwedens, der Niederlande, Dänemarks, aber auch der Sowjetunion und der DDR, war hier eine großer Komplex mit elektrischem Licht und fließendem Wasser, fast eine kleine Stadt, entstanden, in der bis zu zweitausend Menschen lebten. Es gab Kindergärten und Schulen, Bibliotheken, eine große Farm, Werkstätten und kleine Betriebe, Gesundheitseinrichtungen und Dienstleistungszentren. An den Schulen unterrichteten Lehrer aus europäischen Ländern, in den Werkstätten halfen Spezialisten, sogenannte *solidarity workers*.

Nach Mazimbu zog es mich während der Zeit meines Aufenthaltes in Tansania immer wieder. Die Möglichkeit für diese Fahrten ergab sich aus meiner Funktion in der Botschaft. Ich war für die Zusammenarbeit mit dem ANC verantwortlich und als Konsul für die Betreuung der dort tätigen DDR-Bürger. Hier spürte man den Atem eines großen Volkes, hier wurde man gastfreundlich aufgenommen, hier konnte man helfen. Ich organisierte die Übergabe der per Schiff ankommenden Solidaritätsgüter aus der DDR und kümmerte mich um zusätzliche Waren, die dringend gebraucht wurden. Wir besuchten am Internationalen Kindertag mit den Schülern der Botschaftsschule das Camp und feierten mit den Kindern der ANC-Mitglieder.

Bevor wir nach Mazimbu fuhren, bugsierte ich meinen Toyota Corolla im Hof der Botschaft rückwärts an den Store und lud Kofferraum und Rücksitz voll mit Milchpulver, Zucker, Konserven, Waschpulver und vielen anderen in Mazimbu knappen Dingen, nicht zu vergessen: Whisky, Bier und Würstchen. »Comrade Manfred did not come with empty hands.« Wir verbrachten viele schöne Stunden im Kreis der *Comrades*, führten interessante politische Gespräche und erfreuten uns der Offenheit und Fröhlichkeit der ANC-Kämpfer. Sie hörten leidenschaftlich gern Witze, besonders politische. Als ich den ersten erzählt hatte, durfte ich nicht wieder aufhören. Die Angehörigen der Zulu, Sotho und Xosha schmissen sich fast auf die Erde vor Lachen. Sicher trug zur Wirkung auch mein holpriges Englisch bei. Erzählen Sie mal Pointen in einer anderen Sprache.

In Mazimbu arbeitete damals auch ein junges Ehepaar aus Magdeburg. Bärbel war Lehrerin in der *Secondary School* und Frank Meister in einer Tischlerei. Sie weilten auf der Basis eines Vertrages zwischen ANC und FDJ im Camp. Ihr kleines Töchterchen von sechs Jahren, das den Kindergarten besuchte, sprach Englisch, Kiswahili und den Zulu-Dialekt. Wenn sie mit den afrikanischen Kindern sprach, setzten wir uns hin vor Staunen.

Im SOMAFCO erlebten wir die erste Miss-Wahl unseres Lebens. Die attraktiven Damen, eine schöner als die andere, stellten sich in den traditionellen Kleidern ihrer Stämme in einem Box-Ring vor. Wir sahen kaum Unterschiede. Als ich fragte, was den Ausschlag für die Siegerin gegeben habe, sagte man mir: »Die Schuhe.« Ich schaute verdutzt, doch das Rätsel klärte sich schnell. Alle, außer der Siegerin, die barfuß aufgetreten war, hatten hochhackige Schuhe zu ihren landesüblichen Trachten getragen. Das war untypisch. Wir fanden in Mazimbu viele Freunde. Im letztem Jahr meines Aufenthaltes in Tansania schenkte mir das Direktorat von SOMAFCO ein Schwein aus der Produktion der Farm. Ich mußte das Geschenk annehmen. Die Gebote afrikanischer Höflichkeit waren unüberwindlich. Ich übergab die Sau der Gewerkschaftsleitung unserer Community, die sie zerlegen ließ und unter Mithilfe der ganzen Community ein Schlachtfest organisierte. Als ich aus Tansania abreiste, gab ich in Mazimbu meine »Good bye-Party«.

Im Juli 1992, nachdem die Apartheid-Politik überwunden und das Verbot des ANC in Südafrika aufgehoben worden war, konnten die Flüchtlinge in ihre Heimat zurückkehren.

Das Areal Mazimbu wurde durch den Präsidenten des ANC, Oliver Tambo, an die Regierung Tansanias übergeben. Das Archiv des Colleges kann man heute an der Universität Fort Hare in Südafrika einsehen.

Die Residentur

Residentur? Kein Eintrag
Meyers Großes Taschenlexikon in 25 Bänden,
7., neu bearbeitete Auflage;
Mannheim-Leipzig-Wien-Zürich, 1999

In Daressalam hatte ich vom 1. November 1981 bis 1. Mai 1985 aus der Sicht der HVA einen Beobachtungsposten für die Entwicklung im südlichen Afrika bezogen. Ich war legal abgedeckter Resident der HVA in der Botschaft der DDR mit dem diplomatischen Rang eines Sekretärs.

Der Begriff »legal abgedeckt« charakterisierte meine offizielle Funktion als Diplomat, die gesichert war durch meine tatsächliche und überprüfbare Zugehörigkeit zum MfAA und aufgrund der Tatsache, daß ich reale Aufträge des Außenministeriums in der Botschaft erfüllte. Ich war Konsul und Mitarbeiter der politischen Abteilung. Die offizielle Funktion sicherte mir die notwendige Bewegungsfreiheit und den Hintergrund für meine inoffizielle Arbeit als Leiter der konspirativ operierenden Residentur, womit eine Gruppe von OibE und IM gemeint war, die spezifische nachrichtendienstliche Aufträge erfüllte. Die Doppelfunktion bedeutete aber auch eine große zeitliche Belastung, von der nervlichen Anspannung gar nicht zu reden.

Ich bin dem Schicksal trotzdem dankbar für die außergewöhnliche Fügung, die dieser Auslandsaufenthalt für mein Leben bedeutete. Der Einsatz ermöglichte mir, aus dem Einerlei des Daseins eines Schreibtisch-Aufklärers im Bezirk auszubrechen. Ich tauchte ein in eine neue, bisher unbekannte Welt, lernte ganz andere Prioritäten kennen und bekam einen differenzierteren Blick für die wichtigen Dinge des Lebens. Aus der Ferne erschien die DDR klein und nicht so bedeutend, wie sie sich immer gab. Und das wunderbare Afrika faszinierte mich und befreite mich fast von meiner Vergangenheit.

Zentrale an »Fäller«

In Abständen von vier bis sechs Wochen reisten die Kuriere per Aeroflot aus Berlin an. Sie wurden immer sehnsüchtig erwartet, denn sie brachten auch die Privatpost für die gesamte Community mit. An diesem Tag war reger Verkehr in der Botschaft. Auf dem Hof fuhren PKW vor, es herrschte freudige Stimmung. Die Kuriere kamen in der Regel zu zweit. Sie gehörten zum Kurierdienst des MfAA und hatten Diplomatenstatus. Aber auch sie waren Offiziere des MfS im besonderen Einsatz.

Ich erhielt in der Regel zwei große Kuverts. Ein offizielles von der Hauptabteilung Konsular des MfAA und ein inoffizielles von der HVA. Dieses war das wichtigere. Es enthielt die neuesten Agitationsmaterialien der Partei, allgemeine Einschätzungen der Lage, allerhand Kleinkram einschließlich persönlicher Dinge und vor allem das sogenannte Operativgeld: US-Dollar. Verantwortlich für diese Post war mein Führungsoffizier in Berlin, Major Joseph S., genannt Sepp.

Sepp stammte aus Sebnitz und hatte viele Jahre in der Äußeren Abwehr gearbeitet. Er war in den 70er Jahren im Auftrage der HVA in Afrika gewesen, in Angola oder Mocambique, hatte den Einsatz aber aus mir nicht bekannten Gründen abbrechen müssen, worunter er nachhaltig litt. Man spürte in den Gesprächen mit ihm, daß er zu vielen Fragen der Organisation und Inhalte der Residenturarbeit eine sehr kritische Haltung hatte, die er aber nur selten durchblicken ließ.

In einem getarnten Container war ein Mikrofilm versteckt. Bei unsachgemäßer Öffnung wurde der Film belichtet. Der Mitarbeiter für Chiffrierdienst Hans A. entwickelte den Film und übergab mir das Mikro-Feature, auf dem mit bloßem Auge nur schwarze Punkte wahrnehmbar waren. Ich hatte zum Lesen des Features ein Mikroskop. Es war mit einer starken Lichtquelle versehen, so daß ich die Bilder an die Wand werfen konnte, um sie zu lesen. So saß ich dann abends, wenn niemand mehr in der Botschaft war, in meinem dunklen Zimmer, fummelte mit der Technik herum und fühlte mich wie der »Geheimagent 007«. Abendarbeit in der Botschaft war oft angesagt, da ich Berichte nur in dieser Zeit verfaßte. Am Tage kam ich aufgrund der Botschaftsaufgaben kaum dazu, außerdem war man da nicht ungestört.

Die Post von der HVA enthielt Aufträge, Informationen und Stellungnahmen zu meiner Arbeit. Man war in Berlin nie so richtig zufrieden. Nach aufmunternden Worten und etwas Lob kam immer das »dicke Ende«, so daß der Posttag für mich nie ein richtiger Freudentag war. Den ordnungsgemäßen Eingang der Post bestätigte ich per Funktelegramm. Telegramme waren das bevorzugte Kommunikationsmittel zwischen Resident und Zentrale. Das ging allerdings auf Kosten des MCD, der die Fünfer-Zahlen-Gruppen der Nachrichten aufwendig verschlüsseln bzw. entschlüsseln mußte. Wichtige Informationen waren manchmal mehrere Seiten lang. Dann war eine Nachtschicht für Hans fällig.

Meine normale Post (Treffberichte, Einschätzungen, Informationen usw.) schrieb die Ehefrau und Gehilfin des MCD. Die Schreibmaschinenseiten wurden ebenfalls mit einer Mikrokamera vom MCD fotokopiert und der Film »vercontainert« in der Kurierpost an die Zentrale geschickt.

Ein Wolf in Afrika

Im Jahre 1984 fand in der Residenz des Botschafters der DDR in Daressalam, Mazizindi 54, eine merkwürdige Veranstaltung statt. Im großen Salon saßen auf Einladung des Leiters der HVA Markus Wolf »alle Tschekisten in Tansania« und deren Ehepartner, feierlich tropisch gekleidet in Erwartung eines festlichen Dinners. Ich gehörte zwar im allgemeinen nicht zu denen, die »die Konspiration mit Löffeln gefressen hatten« (MfS-Jargon), war aber trotzdem verwundert, daß Wolf es für vertretbar hielt, alle Mitarbeiter des MfS, die abgedeckt in Tansania arbeiteten, konzentriert zu versammeln.

Der Chef der HVA hielt sich inkognito im Lande auf. Begleitet wurde er vom Leiter des Bereiches D der HVA III (Beratergruppen/Ausland), Oberst Siegfried Fiedler alias Schneider. Der bärbeißige Mann war berüchtigt wegen seiner Leidenschaft für »Gitanes«, einer starken französische Zigarette, die er sich immer kofferweise von seinen Reisen mitbrachte oder von seinen Auslandskadern besorgen ließ. Beide Offiziere hatten vor der Einreise nach Tansania bereits andere afrikanische Länder besucht.

Da Wolf kurze Zeit danach demissionierte, liegt die Annahme nahe, daß es sich um seine Abschiedsreise handelte.

In Tansania traf sich Wolf mit Partnern vom tansanischen Geheimdienst, aber auch mit Freunden der DDR aus der Zeit seines ersten Besuches auf Sansibar im Jahre 1964. Zu Beginn hielt der Nachfolger von Werner S., Botschafter Dieter K., eine Rede, die mir vor allem deshalb in Erinnerung ist, weil er darin die HVA als besten Geheimdienst der Welt bezeichnete.

Als der General meine Frau persönlich begrüßte, fragte er sie: »Kennen wir uns?«

Sie antwortete: »Nur vom Bild.«

Wolf darauf mit gekünsteltem Lächeln: »Ich hoffe, Sie lesen die *richtigen* Zeitschriften?«

Meine Frau irritiert und verwundert: »Nur die richtigen.«

Mir fuhr der Schreck in die Glieder: Mein Gott, auch das noch.

Alle Insider kannten das Ärgernis. »Der Mann ohne Gesicht«, wie Wolf im Westen genannt wurde, war am 1. Juli 1978 in Stockholm von der schwedischen Spionageabwehr mit einem Teleobjektiv fotografiert worden. In der Ausgabe 10/79 des »Spiegels« war dieses Foto auf dem Titel veröffentlicht worden.

Heute weiß man, daß er sich damals in Begleitung seiner zweiten Ehefrau Christa im Land befand, um ihr die Hauptstadt zu zeigen und um einzukaufen. Natürlich hatte er auch einen dienstlichen Grund: die Teilnahme an einem Treff mit einem Landtagsabgeordneten der SPD aus Bayern.

Genaugenommen war er Opfer seiner Eitelkeit geworden. Glaubt man den Berichten der schwedischen Sicherheit, waren sie auf ihn aufmerksam geworden, weil er sich einen Doktor-Titel zugelegt hatte. Er nannte sich im DDR-Diplomatenpaß *Dr. Kurt Werner*.

Der Überläufer Stiller hatte Wolf schließlich auf dem Foto der Schweden identifiziert.

Meine Frau, die diesen Hintergrund nicht kannte, war unwissentlich ins Messer gelaufen. Wie sie mir später beichtete, hatte sie ein Gruppenfoto gemeint, das auf einer von Wolf geleiteten Besprechung entstanden war. Die Leiter der Abteilungen XV in den Bezirksverwaltungen hatten sich einmal in Karl-Marx-Stadt getroffen, ich war dabei gewesen. Erinnerungsfotos mit dem Chef waren die übliche »Auszeichnung« nach solchen Tagungen.

Ich eilte alarmiert zu Wolf und klärte das Mißverständnis auf. Wolf errötete. Die Peinlichkeit war offensichtlich und zweifach: Er hatte meiner Frau ungerechtfertigt unterstellt, sich über ihn lustig machen zu wollen, und ich hatte ihn dabei ertappt. Verärgert ließ er mich stehen, und die steife Veranstaltung nahm ihren Lauf.

Am Abreisetag verabschiedete er sich mit der süffisanten Bemerkung: »Kommt mir ja nicht ohne Erfolge nach Hause.« Da er auf fachliche oder helfende Gespräche verzichtete, hätte er sich diese seltsame Drohung auch noch sparen können.

Wenn man in der Leitung der HVA realistisch und ehrlich gewesen wäre, hätte die Residentur bereits 1981 mit der planmäßigen Rückkehr des damaligen Residenten Gert G. aufgelöst werden müssen. Aber man wollte den Beobachtungsposten für die Entwicklung im südlichen Afrika weiter besetzt halten und hoffte scheinbar auf bessere Zeiten. Viele Auslandsresidenturen – viel Ehr'. Noch bedenklicher war die Aufrechterhaltung des Stützpunktes der HVA auf der Insel Sansibar, da die Genossen dort bereits seit längerer Zeit ein tatenloses Dasein fristeten.

Nach den Aussagen einiger Leiter der HVA, Abteilung III, hatte Markus Wolf jedoch eine besondere Vorliebe für Tansania. Vermutlich war das eine sentimentale Erinnerung an 1964, als er mit der Führung Sansibars verhandelte. Er hing erkennbar an Ostafrika und besonders an Sansibar.

Hohe Forderungen, geringe Möglichkeiten

Meine Hauptaufgabe bestand darin, Informationen über die wirtschaftliche und politische Lage im Land zu beschaffen und über die Haltung der führenden Repräsentanten zu den wichtigsten Problemen im südlichen Afrika zu berichten. Es interessierte insbesondere, welchen Einfluß die imperialistischen Staaten ausübten, um die relativ unabhängigen und fortschrittlichen Positionen von Nyerere aufzuweichen und ihn zu Veränderungen seiner Innen- und Außenpolitik zu zwingen.

Unsere Botschaft hatte im Prinzip eine ähnliche Aufgabe. Ihr Auftrag bestand darin, die Beziehungen zum Gastland auf politischem, wirtschaftlichem und kulturell-wissenschaftlichen Gebiet zu fördern, über das Land und dessen Politik zu informieren und die Regierung der DDR über die Verhältnisse und Entwicklungen in Tansania zu unterrichten.

Deshalb sollte ich mich von den Analysen des Botschafters unterscheiden, indem ich eben *interne* Einschätzungen und *geheime* Informationen beschaffte, die Prognosen über die künftige Entwicklung ermöglichten.

Abgesehen davon, daß wir in der DDR einen gewissen Verschwörungstick hatten und überall geheime Machenschaften vermuteten, wären zur Erfüllung dieses Auftrages einige Quellenpositionen im Regierungsapparat und in den westlichen Botschaften notwendig gewesen. Ich übernahm eine einzige Quelle und den dazugehörigen Instrukteur, einen Mitarbeiter unserer Vertretung. Bei der Quelle handelte es sich um einen unzuverlässigen und undisziplinierten arabischen Diplomaten in Daressalam, der uns zweifelhafte Informationen verkaufte. Er verfügte über gute Kontakte zu den moslemischen Mitgliedern der tansanischen Regierung und natürlich zu den verschiedenen arabischen Botschaften.

Für den Araber war das mit keinerlei Risiko verbunden, alles bewegte sich im Rahmen seiner diplomatischen Kontakt, und die übergebenen, teilweise beträchtlichen Dollarsummen quittierte er nicht. Der Instrukteur mußte über gute Nerven verfügen, um mit der Quelle einigermaßen zurecht zu kommen, was ihm nicht immer gelang.

Eine zweite nachrichtendienstliche Aufgabe war die Werbung von Perspektiv-IM unter den westdeutschen Bürgern, die im Land als Entwicklungshelfer in verschiedenen Organisationen und Institutionen tätig waren. Für die Erfüllung dieses Auftrages standen IM unter den »Spezialisten«, insbesondere den Hochschullehrern, zur Verfügung. Diese DDR-IM, die nach und nach meiner Residentur angeschlossen wurden, waren in den meisten Fällen Abwehr-IM, also in der spezifischen Aufklärungsarbeit unerfahren. Sie hatten zudem genug damit zu tun, ihre Probleme bei der fremdsprachigen Vermittlung des Lehrstoffes und der Gestaltung ihrer Lebensbedingungen zu meistern. Für die politisch-operative Arbeit, die Entwicklung und Pflege von Kontakten zu Lehrkräften aus den westlichen Ländern, blieben kaum Zeit und Kraft. Dazu kam, daß die Westdeutschen in ihre eigenen Landsmannschaften eingebunden waren, zu denen es keinen Zugang für unsere IM gab. Ohne Dollar kam man nicht in die Golf- oder Jachtclubs, in denen unsere westdeutschen Landsleute verkehrten.

Schließlich galt es, drittens, die im Lande tätigen DDR-Bürger gegen Provokationen und Anwerbungsversuche westlicher Geheimdienste zu schützen und ungesetzliches Verlassen der DDR, die sogenannte Republikflucht, zu verhindern. Diese Aufgabe beanspruchte mich am wenigsten, da es innerhalb der Community in dieser Hinsicht kaum Probleme gab. Die meisten DDR-Bürger waren bewußte Mitglieder der Partei, und es gab eine sehr gute politische Grundstimmung. Außerdem waren wir in einem Entwicklungsland und nicht in einem fortgeschrittenen kapitalistischen Staat, wo eine systematische Beobachtung und Bearbeitung von DDR-Bürgern durch westliche Geheimdienste erfolgte.

Grundlage für meine gesamte nachrichtendienstliche Arbeit war der Status als Diplomat in der DDR-Vertretung. Ich unterstand formell direkt dem Botschafter, der über meine geheimdienstliche Funktion informiert war, mich nach besten Kräften unterstützte und im übrigen in Ruhe arbeiten ließ. Das bedeutete für meine Arbeit eine gewisse Unabhängigkeit.

Alle unbeteiligten Mitarbeiter der Botschaft, das waren nur wenige, sollten meine Doppelfunktion nicht kennen, was aber in der Praxis nicht durchzuhalten war.

Mit Werner S. hatte ich mich geeinigt, in der politischen Abteilung mitzuarbeiten und wurde in diesem Sinne verantwortlich gemacht für die Zusammenarbeit mit der Partei der Revolution (*Chama Cha Mapinduzi* [CCM]) und mit den nationalen Befreiungsbewegungen. Dies wurde der Ausgangspunkt meiner Informationsarbeit.

Als erstes kümmerte ich mich um die Jugendorganisation der CCM, *Umoja wa Vijana*. Ich machte einen Antrittsbesuch beim Generalsekretär, der mir als Kontaktpartner den Sekretär für internationale Arbeit, Peter K., vorstellte. Peter erwies sich als ein kluger, gebildeter junger Mann. Er war Mitglied der CCM, sprach Englisch und Französisch und war in Daressalam ein gefragter Ansprechpartner. Seine Haltung zum afrikanischen Sozialismus war bejahend, er vertrat geschickt die Politik der Nichtanlehnung des Präsidenten.

Nachdem ich ihn kennengelernt und festgestellt hatte, daß er außerordentlich gut informiert war über die politische Lage im Land, beschloß ich, den Kontakt schwerpunktmäßig zu entwickeln und Peter als eine Art tansanischen Berater zu nutzen. Gleichzeitig konnte ich ihn zu innenpolitischen Problemen des Landes befragen. Ich zog also den Kontakt auf die persönliche Ebene, d. h. ich lud ihn und seine Frau regelmäßig nach Hause ein. Treffen in der Botschaft vermied ich. Peter war für mich auch deshalb von so großer Wichtigkeit, weil er mein Verständnis für vieles, was im Land geschah, durch die Erläuterung der Motive und Hintergründe von politischen Entscheidungen der tansanischen Politiker förderte und mir überhaupt erst einmal eine Ahnung von der Denkweise der Afrikaner vermittelte.

Von Anfang an war mir bewußt, daß man eine Persönlichkeit wie Peter K. zu nichts zwingen konnte und eine Werbung deshalb außerhalb jeder Erörterung stand. Außerdem bestand meine Aufgabe nicht in der Unterwanderung der tansanischen Institutionen.

Meine Bemühungen wurden dadurch erleichtert, daß Peter interessiert war an einem Studium in der DDR, um das ich mich von Anfang an kümmerte. Da keine DDR-Studienplätze für Tansania mehr vorgesehen waren, versuchte ich es über das MfS.

Es gelang mir in kurzer Zeit einen tragfähigen Kontakt herzustellen. Wir schlossen bald Freundschaft, in die auch unsere Ehefrauen eingebunden waren. Noch heute habe ich eine Kasette, besungen mit tansanischen Liedern durch Peter, seine Ehefrau und seine Schwägerin, die er zur geplanten Aufnahme mitbrachte.

Nur einmal kollidierten unsere Auffassungen: als er mir eines Tages spontan seine Frau anbot *(I lend you my wife)* – eine Geste, die bei Afrikanern einen außerordentlichen Vertrauensbeweis darstellt. Über mein verdattertes Gesicht haben sich die beiden nach dem Treffen vielleicht krankgelacht.

Natürlich hatte Peter aufgrund seiner Funktion auch Kontakt zur sowjetischen Botschaft, aber damit mußte man leben. Zu den Genossen der kubanischen Botschaft hatte er den Kontakt abgebrochen. Wie mir der kubanische Resident später einmal erzählte, hatte er leichtsinnigerweise versucht, Peter direkt anzuwerben.

Leider verzögerte sich im letzten Jahr meines Aufenthaltes die Vorimmatrikulation von Peter an einer Hochschule der DDR, weil meine Genossen in Berlin Schwierigkeiten bekamen bei der Realisierung seines Wunsches. Peter ging darum auf ein Angebot der sowjetischen Genossen ein, die ihm sofort einen Studienplatz in Kiew besorgten.

Neben Peter gab es eine stabile Verbindung zu Hallahalla, dem Pressesekretär des Präsidenten. Er war ein Moslem, empfing mich ausschließlich in seinem Büro im *State House*, dem Sitz des Präsidenten. Man wurde am Eingang mit Namen und Ziel des Besuches registriert und konnte dann ohne Begleitung das repräsentative Gebäude betreten. Beim ersten Mal verlief ich mich und gelangte zufällig in den privaten Bereich des Präsidenten. Raubtierfelle, ausgestopfte Tiere und außergewöhnlich schöne afrikanische Jagdwaffen an den Wänden ließen mich stutzen, bevor ein *staff member* mich auf meinen Irrtum aufmerksam machte. In der DDR wäre so etwas nicht möglich gewesen. Wir stellten allerdings auch immer wieder fest, daß der Sicherheitsdienst in Tansania gut arbeitete, er war unauffällig und wirksam.

Hallahalla, ein wacher und hochintelligenter Mitarbeiter, machte einen offenen und selbstbewußten Eindruck, war locker im Gespräch und redete nicht um die Dinge herum. Aufgrund seiner Funktion hatte er natürlich zu den Presseattaches aller in Daressalam ansässigen Vertretungen Kontakt. Ich versuchte naiv, die Verbindung auf die private Ebene zu verlagern, was er jedoch auf typisch tansanische Art abblockte. Zweimal nahm er eine private Einladung an und versprach, seine Ehefrau, eine Lehrerin, mitzubringen. Beide Male erschien er nicht und entschuldigte sich weder vorher noch später für sein Fernbleiben. Man gab so höflich, diplomatisch und ohne Disput zu verstehen, daß der Wunsch nicht erfüllt werden kann. Gleichzeitig wurde erwartet, daß nicht nachgefragt werde.

Im Rahmen der Arbeit der politischen Abteilung der Botschaft übernahm ich im Herbst 1982, nachdem ich mich bereits gut in Daressalam eingewöhnt hatte, vom scheidenden 3. Sekretär und Mitarbeiter in der Residentur, Frank N., die Kontakte zu den wichtigsten afrikanischen Befreiungsorganisationen, die in Daressalam Vertretungen unterhielten. Das waren in erster Linie der *African National Congress* (ANC), die *South West African Peoples Organization* (SWAPO) und die *Palestinian Liberation Organization* (PLO).

Da vom MfAA eine aktive Arbeit mit diesen Vertretungen nicht vorgesehen war – es gab in Berlin die besseren Möglichkeiten, Kontakte gab es nur im Zusammenhang mit der Übergabe von Hilfssendungen der DDR – einigte ich mich mit dem Botschafter, daß ich die Verbindungen für meine eigene Informationstätigkeit nutzen könne und nicht rechenschaftspflichtig sei.

Der ANC unterhielt in Daressalam eine relativ große Vertretung an der Ausfallstraße zum Flughafen. Ihre Aufgabe war die Koordinierung aller Unterstützungsmaßnahmen der verschiedenen Länder, die über die hiesigen Botschaften liefen, die Propagierung der Ziele und Methoden des Kampfes gegen das weiße Apartheid-Regime in Südafrika, die Werbung für den ANC und die Pflege der Kontakte zur tansanischen Regierung. Im Prinzip erfüllte die ANC-Vertretung alle Aufgaben einer Botschaft, besaß aber nicht deren Status.

Der ANC war in Südafrika verboten, seine Mitglieder wurden verfolgt und auch im Exil vom südafrikanischen Geheimdienst bekämpft. Zustand und Regime der Vertretung des ANC entsprachen überhaupt nicht dieser Situation. Man konnte jederzeit ohne Kontrolle die Räume betreten, und es herrschte dort eine ziemliche Unordnung. Vor dem Gebäude saßen allerdings ständig junge Afrikaner, und es war schon möglich, daß die Sicherheitsleute dieses Chaos beherrschten.

Ich hatte öfter in der Vertretung zu tun, zumal die telefonische Verbindung häufig ausfiel und es dann nur diesen Weg gab, um den Leiter der Vertretung zu sprechen. In der Vertretung habe ich nie andere Diplomaten gesehen. Später erklärte mir der sowjetische Resident, daß die Vertretung gemieden werde aus Angst vor überraschenden Sprengstoffanschlägen des südafrikanischen Geheimdienstes.

Der Leiter der Vertretung, mit dem ich es drei Jahre lang zu tun hatte, kam vom Stamm der Sotho und hieß Stanley Mabizela. Er war ein energischer Mann und, was ich eigentlich nicht wissen durfte, Mitglied der illegalen Südafrikanischen Kommunistischen Partei (SAP). Über ihn lernte ich später den Präsidenten des ANC, Oliver Tambo, seinen Mitarbeiter Alfred Nzo und den späteren Präsidenten Südafrikas Thabo Mbeki, kennen, der sich damals oft in Daressalam aufhielt.

Auch die SWAPO hatte in Daressalam eine, wenn auch vergleichsweise kleine Vertretung, die die gleichen Aufgaben, wie das ANC-Büro erfüllte. Die SWAPO war die größte politische Organisation von Namibia und kämpfte für die Unabhängigkeit ihres Landes von Südafrika. Für ihren Kampf gab es bereits ein UN-Dokument, die berühmte Resolution 435, die freie Wahlen in Namibia forderte.

Die Vertreterin der SWAPO hieß Netumbo Nendi und kam vom größten Stamm des Landes, den Ovambo. Sie zeigte mir einmal ein Bild ihres Vaters, eines Stammesältesten, das vor seiner Hütte, einem großen runden mit Reetgras gedeckten Haus, aufgenommen worden war. Im Gegensatz zum ANC, der als kommunistisch unterwandert galt, war die SWAPO unter seinem Präsidenten Sam Nujoma mehr eine Sammlungsbewegung nationaler Kräfte.

Frau Nendi verfügte über beste Kontakte zur tansanischen Regierung, aber auch zu vielen westlichen Botschaften, die sich um ihre Gunst bemühten. Dadurch war sie stets hervorragend informiert und als Gesprächspartner gefragt. Im Unterschied zum mehr proletarisch auftretenden Stanley ging sie stets sehr gut und dezent gekleidet. Sie war sehr groß und schlank und durchaus eine Schönheit.

Ich konnte zu ihr einen sehr guten persönlichen Kontakt herstellen und durfte sie auch in ihrer Wohnung am westlichen Rand von Daressalam besuchen. Zusammen mit meiner Frau war ich eines Tages auch eingeladen zu einem afrikanischen Essen. Als sie 1984 in Daressalam einen tiefschwarzen und martialisch wirkenden Offizier der angolanischen Armee namens Ndaitwah heiratete, waren wir ebenfalls ihre Gäste.

Sie war die erste konsequente Umweltaktivistin, die ich kennenlernte, denn sie aß nichts, was mit Chemie zu tun haben könnte. Eines Tages übergab mir Netumbo Nendi die Kopie eines Briefes von Ronald Reagan an Nyerere, in welchem der USA-Präsident die Haltung seines Landes zur Unabhängigkeit Namibias darlegte und Kritik an der Haltung Tansanias äußerte.

Ich war beeindruckt, daß sie ein solches Dokument hatte besorgen können. Eilig übersetzte ich das Schreiben und schickte es sofort als Spitzeninformation nach Berlin.

Erst später wurde mir klar, daß Nyerere diesen Vorgang inszeniert hatte. Er gab das Schreiben an Frau Netumbo Nendi und spekulierte darauf, daß sie es den Diplomaten sozialistischer Länder zuspielen würde. Unauffällig wurde damit die Botschaft an der richtigen Stelle publik, daß der tansanische Präsident unter Druck der USA stehe und Unterstützung brauche.

Einen guten Kontakt hatte ich auch zum Leiter der Vertretung der

PLO in Daressalam, einem klugen, aber sehr temperamentvollen Araber. Seine Informationen waren schwierig einzuschätzen, da er, wie die meisten Araber, zu Übertreibungen neigte. Er erzählte mir einmal eine Story über den Versuch der CIA, seine Sekretärin anzuwerben, die so abenteuerlich war, daß ich sie beim besten Willen nicht glauben konnte. Ihre Wiedergabe verbietet sich auch deshalb.

Zusammenarbeit mit Kuba und der Sowjetunion

Mit besonderer Spannung sah ich dem ersten Treffen mit dem Vertreter der kubanischen Aufklärung entgegen. Das revolutionäre Kuba wurde von vielen von uns grenzenlos bewundert. Für mich war es nach der Sowjetunion das erste Land, das aus eigener Kraft, gestützt auf die Mehrheit des Volkes, die politische Macht erobert und einen sozialistischen Staat errichtet hatte. Besonders beeindruckte mich die Einheit von Führung und Volk, zumal die DDR in dieser Hinsicht erkennbare Defizite aufwies.

1974 war das erste Buch über die kubanische Revolution in der DDR erschienen. Der sowjetische Autor Lawretzki schrieb über Che Guevara. Im gleichen Jahr erschienen »Tania la Guerrillera« der kubanischen Autorinnen Rojas und Calderon, 1978 kam »Moncada – Fidel Castros erste Schlacht« von Robert Merle in deutscher Übersetzung. Insbesondere diese Bücher prägten meine Haltung zu Kuba.

Noch im November 1981 besuchte mich der Resident des kubanischen Sicherheitsdienstes in der Botschaft der DDR. Er hieß Francisco Hernandez und war 3. Sekretär der Botschaft Kubas in Tansania. Als er seine Handgelenktasche auf den Tisch warf, gab es einen dumpfen Aufschlag. Ich nahm sie neugierig in die Hand, sie wog schwer. Francisco war also bewaffnet. Er war etwa 1,65 m groß und hatte schwarzes, leicht gekräuseltes Haar, aber helle Haut. Später erzählte er mir, daß er in Havanna wohne, geschieden sei und eine große Tochter habe. Hernandez war ein echter kubanischer Revolutionär: temperamentvoll, kameradschaftlich und prinzipienfest, ohne dogmatisch zu sein. Seine materiellen Bedingungen waren in Tansania nicht die besten. So versuchte ich ihm zu helfen, wo ich konnte. Ich versorgte ihn aus dem Store unserer Botschaft mit Lebensmitteln, Spirituosen sowie Zigaretten und zweigte Mittel aus meinem Fonds für ihn ab. Es war für mich eine Ehrensache und Freude, etwas für das revolutionäre Kuba zu tun.

Wir wurden Freunde und saßen oft mit meiner Frau und seiner Freundin in meiner Wohnung zusammen. Ich lernte Domino spielen und kubanisch kochen. Seine Lebensgefährtin arbeitete in der Botschaft und man konnte sie für eine Spanierin halten, wenn sie nicht rote Haare gehabt hätte. Als sie das erste Mal an der Seite ihres Freundes in unserer Wohnung auftauchte, rief unser Sohn spontan: »Die ist aber schön.«

Wir tauschten uns über die politische Lage im Lande, über die Arbeit der CIA in Tansania und andere Fragen aus. Hernandez verfügte als Vertreter eines kleinen Landes, das ähnliche Probleme wie Tansania hatte, über sehr gute Kontakte, und ich konnte von seinen Informationen profitieren. Allerdings wurde aus den Berichten Franciscos immer ein starkes Mißtrauen sichtbar, das sich aus den Bedingungen des Kampfes in Kuba erklärte. Er sah hinter vielen Maßnahmen oder Äußerungen von Regierungsmitgliedern immer mehr, als gemeint war. Mehrmals sagte er mir Putsche gegen Präsident Nyerere voraus, die aber nie stattfanden.

Manchmal nahm an diesen Treffen »Roberto« teil, der als Berater des tansanischen Sicherheitsdienstes in Daressalam tätig war. Einmal brachte er eine riesige gebratene Schweinekeule mit, die mit soviel Knoblauch zubereitet war, daß wir am nächsten Tag unsere Büros nicht verlassen konnten. Er lebte mit einer Mulattin zusammen. Als ich sie das erste Mal erlebte, verstand ich den kubanischen Witz, wonach die Mulattinnen nach den USA die zweitgrößte Gefahr für Kuba seien.

Von Hernandez hörte ich das erste Mal vom Afrikaeinsatz Che Guevarras, das seinem Abenteuer in Bolivien vorausgegangen war. Im April 1965 hatte er sich zusammen mit etwa 100 Getreuen am Tanganjika-See in der Ostprovinz des Kongo Guerillas angeschlossen, die im zerrissenen und zerstrittenen ehemaligen Belgisch-Kongo die politische Macht erobern wollten. Als das Unternehmen scheiterte, weigerte sich Che zunächst nach Kuba zurückzukehren und hielt sich einige Monate in der kubanischen Botschaft in Daressalam auf. Nach seiner Rückkehr im Sommer 1966 begann er sofort mit der Vorbereitung seines nächsten Projektes in Bolivien. Der Versuch, dort eine revolutionäre Situation zu schaffen, endete tragisch. Che Guevarra wurde verraten und ermordet.

Während meines Aufenthaltes in Tansania lernte ich zwei sowjetische Residenten kennen. Nikolai Isvetkow, ein älterer Botschaftsrat, zuverlässig, warmherzig und ausgeglichen, beendete Mitte 1982 seine Tätigkeit und wurde ersetzt durch Michail Miroschnikow, Oberstleutnant des KGB und 1. Sekretär der sowjetischen Botschaft.

Mischa, ein großer sportlicher, blondhaariger Moskauer, war Geheimdienstprofi und sprach perfekt arabisch. Er war vorher in Libyen eingesetzt gewesen. Warum es ihn in die ostafrikanische Ecke verschlagen hatte, erfuhr ich nie. Wie ich es von den sowjetischen Genossen der Gruppe des KGB in Leipzig kannte, hielt er sich mit Aussagen über seine persönliche Entwicklung und die Situation im KGB zurück. In der sowjetischen Botschaft hatte er einen schweren Stand. Der Botschafter, der Vertreter des militärischen Geheimdienstes Schumilin und er standen in harter Konkurrenz um die besten Informationen an die Heimat. Die damit verbundenen Häßlichkeiten schilderte er mir öfter, sie belasteten ihn. Sicher war er aber auch nicht zimperlich im Austeilen.

Seine Ehefrau Olga hatte auf dem Moskauer Konservatorium Klavier studiert. Sie war eine sensible und nette Frau und erzählte uns, daß ihr Mann sie auf der Straße angesprochen und sofort einen Heiratsantrag gemacht habe.

Als ich beide während des Sommerurlaubs 1984 in ihrer Wohnung in Moskau besuchte, spielte sie mir auf dem Klavier Chopin vor. Man hätte stundenlang sitzen bleiben können. In Moskau lernte ich die überwältigende Gastfreundschaft der Russen am Beispiel von Mischa und Olga kennen. Sie zerfetzten sich förmlich, um mir möglichst viel zu bieten. Es war beeindruckend. Die Politik der sowjetischen Führung beurteilten beide sehr kritisch. Während meines Aufenthaltes in Tansania starben nacheinander drei Generalsekretäre der KPdSU. Am 10. November 1982 Breshnew, am 9. Februar 1984 Andropow und am 10. März 1985 Tschernenko. Jedesmal kondolierte ich in der Botschaft der UdSSR namens der DDR-Vertretung. Beim Kondolenzbesuch zum Tode Breshnews, ich amtierte aufgrund der Abwesenheit des Botschafters als *Charge d' Affaires*, schrieb ich einen aus heutiger Sicht schönen Unsinn in das Kondolenzbuch: »Mit dem Genossen Breshnew verliert die Sowjetunion einen Führer, der es bisher am besten verstanden hat, die Lehren Lenins in der Praxis anzuwenden.« Die schwarze Krawatte für den Beileidsgang hatte ich mir vorher von Mischa geborgt. Einen dunklen Anzug hatte ich nicht in meinem Gepäck und erschien deshalb nur in Hemd und Krawatte, für tropische Verhältnisse gerade noch tragbar.

Der sowjetische Resident setzte damals viel Hoffnung in Andropow, seinen früheren Geheimdienstchef. Er sagte mir wörtlich: »Wenn es Andropow nicht schafft, diktieren uns in zehn Jahren die Amerikaner, was wir zu tun und zu lassen haben.« Er sollte recht behalten.

In Diskussionen mit den Miroschnikows über die sowjetische Politik befand ich mich meistens in der Position des Verteidigers dieser Politik. Mein »Verständnis« war eben unendlich.

Mischa arbeitete auch aktiv mit dem kubanischen Residenten zusammen. Ihr Verhältnis ähnelte den Beziehungen zwischen Kuba und der Sowjetunion, es war eine Art »Vernunftehe«. Mir gegenüber verspottete er manchmal Francisco Hernandez, was ich aufmerksam registrierte.

Einen guten Kontakt unterhielt ich auch zu Janos B., dem Residenten der ungarischen Aufklärung. Anfang der 80er Jahre hatten sich die Beziehungen zwischen der DDR und der Volksrepublik Ungarn bereits spürbar abgekühlt. Es gab auch kein Abkommen zwischen den Sicherheitsorganen beider Länder über eine Kooperation. Deshalb durfte ich nicht offiziell mit B. zusammenarbeiten. Wir tauschten uns trotzdem aus, ohne über Probleme unserer spezifischen Arbeit zu sprechen. Dabei war Janos bedeutend lockerer als ich. Er schien mir mehr Handlungsspielraum zu haben und weniger von Vorschriften und Verhaltensmaßregeln gefesselt zu sein.

Überhaupt konnte man im Ausland die Qualität der außenpolitischen Beziehungen der DDR zu den verschiedenen sozialistischen Ländern sehr deutlich am Verhalten der Diplomaten ablesen. Die Vertreter Polens und Jugoslawiens, aber auch Bulgariens orientierten sich in ihrer Arbeit bereits stark auf die westlichen Länder.

Nachdem ich mein Englisch in der Praxis erprobt und gefestigt hatte und in politischer Hinsicht festen Boden unter den Füßen verspürte, begab ich mich in das Blickfeld der westlichen Botschaften. Ich wurde Mitglied des »Diplomatischen Clubs«. Die Mitglieder des Clubs trafen sich jede zweite Woche im Hotel Agip zum Lunch und in größeren Abständen im Kilimandjaro-Hotel zum Dinner. Man hätte den Club mit gutem Recht auch Internationaler Club der Geheimdienstmitarbeiter nennen können, denn man lernte dort viele Kollegen kennen. Jeder versuchte den anderen auszuhorchen.

Mit dem Residenten des britischen Dienstes John Rundall und dem CIA-Residenten Hazzelrieg hatte ich anfänglich interessante Gespräche, bis wir nach Überprüfung der Dateien in der Heimat voneinander wußten, wer wir waren.

Eine Zeitlang wurde ich vom Botschaftsrat der ägyptischen Botschaft Mohsen Amin Khalifa eingeladen und traf zu den Essen immer einen Diplomaten der *British High Commission*, dessen Name mir entfallen ist. Er bemühte sich eine Zeitlang um mich, hier gab es wohl so etwas wie eine Arbeitsteilung.

Was macht die Staatssicherheit auf Sansibar?

Im Jahre 1981 war die relative Selbständigkeit Sansibars beschnitten worden, der Trend ging in Richtung völliger Integration in das Hauptland Tansania. Das Ministerium für Auswärtige Angelegenheiten der DDR hatte vor Jahren schon seine Vertreter von Sansibar abgezogen, die Botschaft der DDR befand sich in Daressalam.

Im repräsentativen ehemaligen Gebäude des Konsulates der DDR, das direkt auf der östlichen Steilküste der Insel lag und von dem man einen herrlichen Blick auf den Indischen Ozean hatte, gab es trotzdem noch Leben. Die Klimaanlagen surrten leise, Licht brannte in einigen Räumen, ab und zu hörte man Stimmen, das Telefon klingelte und am Mast wehte stolz im Nordost-Passat die Fahne der DDR.

Hier arbeitete in aller Ruhe und Gelassenheit der OibE Hans Grabosch (Deckname »Fischer«) als Diplomat in der fiktiven Funktion eines Vizekonsuls. Unterstützt wurde er von seiner Ehefrau, die als Mitarbeiterin für Chiffrierdienst fungierte, von Hauptmann Wolfgang R., ebenfalls OibE, Dolmetscher für Swahili und Englisch, und dessen Ehefrau, die Wirtschaftsleiterin des »Konsulates«.

Jeden Morgen kamen sie von ihrem zwei Kilometer entfernt liegenden einstöckigen Wohnhaus in einem klapprigen roten Lada 1200 sowjetischer Bauart, aus dem sie wegen der tropischen Hitze das Thermostat ausgebaut hatten, zum Konsulat gefahren, fütterten den verängstigten Wachhund und machten sich an ihr Tagwerk.

Mit ihnen kamen die drei minderjährigen Kinder, zwei Vizekonsulboys, die Zwillinge, und ein Dolmetschergirl namens Dorina. Wegen der Kleinen waren die Frauen ganz gut ausgelastet, denn viel gab es sonst nicht zu tun. Die Männer machten Besorgungen, pflegten die drei Fahrzeuge, zu denen auch ein Toyota-Transporter gehörte, und warteten die beiden Stromaggregate. Besonders der riesige Generator des Konsulates machte Sorgen, weil er öfter nicht ansprang. Das war unangenehm, denn er versorgte die Klimaanlagen und Kühlschränke. Beide OibE waren auch oft als Inselführer für Gäste vom Festland tätig, zeigten diesen die Nelkenbaum-Anpflanzungen und malerischen Strände des Eilandes.

Seit 1964 befanden sich auf der Insel aufgrund eines Abkommens mit dem Staatsministerium des Innern von Sansibar und dem Ministerium für Staatssicherheit der DDR als Diplomaten getarnte Mitarbeiter der HVA. In den ersten Jahren hatte noch eine Beratung des Sicherheitsdienstes von Sansibar stattgefunden, inzwischen beschränkte sich ihre Tätigkeit auf die Pflege der traditionell freundschaftlichen Kontakte zum Staatsminister Ramadhan Haji Faki und zu Mitarbeitern des Sicherheitsorgans. Hin und wieder wickelten sie kleinere Geschäfte ab, etwa die Lieferung von Funktechnik, Druckereimaschinen und Lastkraftwagen durch die DDR, die nie bezahlt wurden. Der generelle Auftrag lautete: Stellung halten, Flagge zeigen, Nerven behalten.

Auf der Insel befanden sich ferner ein sowjetisches Generalkonsulat, das haupsächlich aus Militärberatern bestand, ein chinesisches Konsulat, daß die zirka 30 Ärzte betreute, die im Lenin-Hospital arbeiteten, die Konsulate Indiens und Ägyptens sowie ein kleines Büro der PLO. Die Mitarbeiter dieser Vertretungen suchten das »Konsulat« der DDR oft auf, denn sie wußten, daß die Ostdeutschen über exzellente Kontakte zur Staatsmacht Sansibars verfügten. Das Hauptproblem, das dabei meist diskutiert wurde, war die Frage, wie lange die Insel ihre relative Selbständigkeit wohl noch würde behalten können und welche Anhaltspunkte es gab, daß dem bald nicht mehr so sein würde. Davon hing ihrer aller Schicksal ab.

Da ich als DDR-Konsularmitarbeiter sowieso und als Resident zwingend für die kleine Gruppe der auf exotischem, aber einsamen Posten ausharrenden »Tschekisten« verantwortlich war, flog ich des öfteren hinüber nach Sansibar. Es war für mich einerseits eine angenehme Abwechslung, denn ich erhielt die Möglichkeit, die Insel in ihrer Schönheit und Widersprüchlichkeit kennenzulernen. Andererseits machte ich mir jedoch Sorgen um die Genossen. Unnötig, wie ich heute weiß. Beide Familien wurden mit der Situation gut fertig und betrachteten die unbefriedigende Arbeit und die teilweise komplizierten persönlichen Umstände nicht als Belastung. Im Jahre 1997 besuchten alle vier »Sansibaris« ohne Kinder erneut den Ort ihres damaligen glücklichen Daseins (Originalton: »verlängerter Urlaub«), suchten alte Freunde auf und standen gerührt vor den vertrauten Stätten. Das Konsulat gehört inzwischen dem Staatsminister des Inneren Sansibars, in ihrer früheren Bleibe wohnen Behördenangestellte. Viel hatte sich nach ihren Erzählungen aber nicht verändert. Sansibar schläft vor sich hin wie immer.

Die Zusammenarbeit mit der tansanischen Sicherheit gestaltete sich auf dem Festland ähnlich, wie auf der Insel. Erstmals war 1982 aufgrund eines Abkommens mit dem tansanischen Sicherheitsorgan ein Verbindungsoffizier der HVA angereist. Fred H. (»Ernst«) arbeitete ebenfalls abgedeckt als Diplomat in der Botschaft. Gleichzeitig wurde er als Sicherheitsbeauftragter eingesetzt, eine Funktion, die in Botschaften der DDR üblich war. Das hatte die günstige Nebenwirkung, daß die Aufmerksamkeit auf ihn gelenkt wurde, was meiner Konspiration diente. Sein tansanischer Gesprächspartner war der Leiter des Sicherheitsorgans Dr. Mahiga. Er lief im geheimdienstlichen Sprachgebrauch sinnigerweise unter dem Decknamen »Doktor«.

Sowohl »Fischer« als auch »Ernst« hielten traditionell den Kontakt zum größten Freund der DDR in Tansania, einem früheren sansibarischen Politiker, der auch an der Revolution 1964 auf Sansibar teilgenommen hatte und einen Decknamen (»Elch«) trug, obwohl er nicht in entferntesten IM war. Seine Informationen waren für uns eine gute Orientierung und wir waren dankbar für seine Hilfe und Loyalität. »Elch« informierte uns eines Tages über einen geplanten Putsch einer Gruppe von Offizieren der Streitkräfte Tansanias. Wenn ich mich richtig erinnere, sollen dahinter britische Interessen gestanden haben. Da er von dem Vorhaben wußte, gingen wir davon aus, daß der tansanische Geheimdienst auch darüber informiert war. Und tatsächlich, am Tag der letzten Beratung der Putschisten schlug die Abwehr zu.

Informationen über geplante Umsturzversuche erreichten uns öfter auf verschiedenen Kanälen. Meist tauschte ich mich dann mit den Residenten Kubas und der Sowjetunion über den Wahrheitsgehalt solcher »Meldungen« aus. Sie trafen nie zu. Präsident Nyerere hatte die Lage unter Kontrolle, die übergroße Mehrheit der Armee, Polizei und Sicherheit standen loyal zu ihm. Der Botschafter eines skandinavischen Landes sagte mir einmal ironisch: »Sie können gar nicht putschen. Wenn sie sich anrufen wollen, sind die Telefone kaputt, wenn sie losfahren wollen, haben sie kein Benzin, wenn sie schießen wollen, fehlt die Munition.«

Im Jahre 1983 unternahmen wir in der Residentur eine gezielte Aktion. Aus vorliegenden Informationen der »Freunde«, der Kubaner, der PLO und unserer eigenen verfaßte ich zusammen mit »Ernst« einen Bericht über die Aktivitäten der CIA in Tansania, die »Ernst« als inoffizielles Dokument dem Chef des tansanischen Sicherheitsdienstes übergab. Wir wußten, daß Tansania zunehmend dem Druck der USA nachgeben mußte und die Regierung von westlichen Geheimdiensten unterwandert war. Dagegen wollten wir etwas Konkretes mit den uns zur Verfügung stehenden Mitteln tun. Aber Tansania brauchte keine

Analysen über die Lage, die kannte es selbst, sondern stärkere materielle Unterstützung. Doch die zu geben waren die sozialistischen Länder, die zunehmend eigene wirtschaftliche Probleme hatten, nicht in der Lage.

Die Aktion brachte mir in der Zentrale beträchtlichen Ärger ein, vor allem deshalb, weil sie nicht abgesprochen war. Zum Glück hatte ich in Übereinstimmung mit dem Residenten des KGB gehandelt.

Eigentlich hätte ich zufrieden sein müssen. Ich war der Mann, der alles überblickte, fast alles wußte und viele Prozesse beeinflussen konnte.

Als Resident der HVA, aber auch als Konsul hatte ich einen engen, vertrauensvollen Kontakt zum Botschafter, der mich über alles informierte und sich mit mir auch über Fragen, die seine Leitungstätigkeit betrafen, beriet. Die Verbindungsoffiziere zum sansibarischen und tansanischen Sicherheitsdienst setzten mich über alle Aspekte ihrer Arbeit in Kenntnis, wir lösten gemeinsam wichtige Aufgaben. Mit den Funkern und dem MCD fanden regelmäßige persönliche Aussprachen statt. Ich führte eine ganze Reihe von inoffiziellen Mitarbeitern unter den Mitgliedern der DDR-Community, mit denen ich mich regelmäßig traf. Als Konsul hatte ich intensiveren Kontakt zu vielen Bürgern als andere Diplomaten. Schließlich war ich auch noch Mitglied der Parteileitung.

Doch die umfassende Kenntnis hatte eine Kehrseite. Die Umkehrung des Sprichwortes galt: »Was ich weiß, macht mich heiß«.

Alle hatten Forderungen, Hoffnungen und Wünsche, die sich in Erwartungshaltungen zeigten. Da ich für alles Verständnis hatte, geriet ich oft in den Zwang, Stellung nehmen zu müssen – eine typische Begleiterscheinung für einen, der zwischen den Stühlen sitzt.

Die unsichtbare Macht war nichts wert. Ich mußte zu viele Rücksichten auf zu viele Umstände nehmen. Was ich auch tat, irgend jemand war stets unzufrieden. Oft lagen die Nerven blank. Und die Zentrale fragte wieder und wieder: »Wann endlich wird eine Spitzenquelle geworben?«

Oder: »Warum wissen wir nicht, was die westlichen Botschaften machen?«

Ja, weiß der Teufel warum.

Ich erinnerte mich in solchen Situationen an die nächtliche Fahrt mit der Barkasse durch den Hafen von Daressalam am Anfang meines Aufenthaltes in Tansania und den scherzhaften Disput über das Kreuz des Südens.

Afrikanische Geschichten

Wenn einer eine Reise tut, dann kann er was erzählen.
Volksmund

Schicksal eines Leberwurstbaumes

Die Überschrift mag auf Lustiges hinweisen. Dem ist leider nicht ganz so. Wir lernten den Leberwurstbaum im Februar 1983 auf einer Safari nach Bagamoyo, der ehemaligen Residenz des deutschen Kolonial-Gouverneurs kennen, die 75 km nördlich von Daressalam an der Küste liegt. Als wir an der schwer befahrbaren, sandigen Straße 20 km vor dem Ziel Rast machten, entdeckten wir einige dieser bizarren Trompetenbaumgewächse mit breiter schattenspendender Krone, die bis zu 15 m hoch werden. Zwischen den Zweigen schwingen an langen, fingerstarken Stielen große graue Früchte, die wie riesige Leberwürste aussehen. Man hat den Eindruck, daß diese Gebilde von menschlicher Hand aufgehängt wurden, als Vogelscheuchen oder zur Zierde. Die deutschen Kolonialisten haben dem Baum deshalb diesen bildhaften Namen gegeben (lateinisch: *Kigelia pinnata africana*).

Wir holten uns natürlich eine solche Frucht herunter, um sie zu untersuchen. Sie war ungefähr 60 cm lang, 15 cm dick und hatte eine graue aufgerauhte Schale. Ich nahm mein Jagdmesser und schnitt die ungefähr 5 kg schwere Frucht auf. Sie war gefüllt mit Unmengen von kleinen Samen. Später erzählte man uns, daß die Frucht in der Naturmedizin der Einheimischen gegen Schlangenbisse eingesetzt werde.

Als wir Bagamoyo erreichten, besichtigten wir zunächst die alten Kolonialgebäude. Die ehemalige Hauptstadt von Deutsch-Ostafrika machte einen verlassenen Eindruck. Vor der Kolonialisierung war Bagamoyo der Endpunkt der Sklavenkarawanen aus dem Inneren Afrikas. Bagamoyo heißt übersetzt: »Hier lege ich mein Herz nieder«. Das Wort kennzeichnete die Situation der angekommenen Sklaven. Wem es bis hierher nicht gelungen war zu fliehen, der war verloren.

Die armen verlorenen Menschen wurden dann auf Boote verladen und zu einer kleinen Insel bei Sansibar, dem sogenannten *Prison-Island* gebracht. Noch heute kann man dort die Gebäude besichtigen, in denen sie bis zum Verkauf auf Sansibar (»Negerküste«) gefangen gehalten wurden.

Sansibar erreichten vom späten 18. Jahrhundert bis zum späten 19. Jahrhundert ungefähr 1,2 Millionen Sklaven. Nur jeder zehnte Gefangene überlebte den Marsch. Die Sklaven wurden in die arabischen Länder und Indien, nach Reunion und Mauritius verkauft und natürlich auf die Nelkenplantagen Pembas und Sansibars. 200 Meter vom Strand entfernt, unmittelbar vor dem alten Zollgebäude, entdeckten wir einen riesigen, knorrigen, blattlosen Baum. Er streckte seine Äste wie anklagend nach allen Seiten aus, das Holz war schwarz. Es handelte sich um einen abgestorbenen Leberwurstbaum. Dieser Baum hatte den deutschen Kolonialherren als Galgen für aufständische Afrikaner gedient, die sich der Ausbeutung und Versklavung widersetzten. 1890 war ein Aufstand der Hehe von einer deutschen Invasionstruppe unter Wißmann grausam niedergeschlagen und mit den Überlebenden in dieser Weise verfahren worden. Die Leichen wurden zur Abschreckung hängen gelassen – Menschen statt »Leberwürste«.

Ende der 80er Jahre ist der Baum zusammengebrochen.

Kriegslist am Löwenberg

Auch Uganda war Mitglied der 1967 gegründeten Ostafrikanischen Gemeinschaft, die 1977 auseinanderfiel. Ein Grund dafür war die Machtergreifung durch den Diktator Idi Amin 1971 in Uganda gewesen, der das Land zunehmend in eine politische und wirtschaftliche Krise stürzte..

Tansania hatte dem gestürzten ugandischen Präsidenten Obote und anderen Asyl gewährt. Die Spannungen zwischen den beiden Ländern verstärkten sich, als im September 1972 eine von Obote-Anhängern geführte bewaffnete Invasion von tansanischem Territorium aus erfolgte, die scheiterte. Im Herbst 1978 besetzten Teile der Armee Idi Amins mit stillschweigender Unterstützung der USA und Großbritanniens das tansanische Kagerabecken, auf das Uganda schon länger unberechtigt Anspruch erhob. Damit wollte der Diktator insbesondere von seinen inneren Schwierigkeiten ablenken.

Nyerere entschloß sich zur allgemeinen Überraschung, den Kampf aufzunehmen, die ugandischen Truppen von tansanischem Territorium zu vertreiben und den Aggressor Amin zu stürzen. Die Kosten und die Folgen dieses Krieges trugen wesentlich dazu bei, die schwelende wirtschaftliche Krise in Tansania bedeutend zu verschärfen. Obwohl man der tansanischen Armee nicht zutraute, erfolgreich einen Krieg durchzustehen, siegte sie unter großen Opfern, wobei sich zeitweise bis zu 40.000 Mann im Einsatz befanden.

Ein Beispiel aus dem Krieg, das der amerikanische Journalist Toni Avirgan in seinem Buch *War in Uganda* aufgezeichnet hat, verdeutlicht die hervorragenden taktischen Fähigkeiten der tansanischen Militärs. In der Nacht bevor der Angriff auf die Simba Hills (Löwenberge) an der Grenze zu Uganda begann, versammelten sich einige Brigade-Kommandeure zu einer letzten Besprechung und einem Umtrunk. Es wurden einige Drinks mehr als üblich und die Diskussion beschäftigte sich mit dem aktuellen Problem, daß in diesem Krieg beide Parteien den Sprechfunk der Gegenseite abhören konnten.

Die Kommandeure beschlossen eine Kriegslist. Als sie zu ihren Positionen zurückgekehrt waren und der Angriff im Morgengrauen begann, nahmen sie über Sprechfunk miteinander Verbindung auf.

»Are the Cubans ready on the right?« (Sind die Kubaner auf dem rechten Flügel bereit?)

»Ready, Sir!« (Sie sind bereit, Sir!)

»Are the Israelis ready on the left?«

»Ready, Sir!«

Innerhalb von Minuten verließen die ugandischen Truppen daraufhin fluchtartig das Gebiet. Einem Stabsoffizier, der von Kampala aus den Befehlshaber der ugandischen Militärabteilung aufgefordert hatte, Widerstand zu leisten, wurde vom ugandischen Feldkommandeur der Tausch der Arbeitsplätze angeboten.

Am nächsten Tag meldete der Militärsprecher Idi Amins über Radio Uganda, daß die tansanische Armee von kubanischen und israelischen Truppen unterstützt wird und die großen Medien der Welt druckten dies nach oder brachten es in ihren Nachrichtensendungen.

Tragisches Ende eines Botschafters

Dr. Gottfried Lessing, der bis 1968 in Tansania als erster Botschafter der DDR tätig war, kam im April 1979 in Uganda, in der Hauptstadt Kampala unter tragischen Umständen ums Leben.

Es geschah in der Nacht zum 10. April. Tansanische Truppen waren in die umkämpfte Hauptstadt vorgedrungen, um die letzten Reste der noch Widerstand leistenden Truppen des Diktators Idi Amin zu vertreiben. Gleichzeitig waren Kämpfer der Nationalen Befreiungsfront

Ugandas eingerückt, um ihren Anspruch auf die Übernahme der Macht zu dokumentieren. Teilweise beschossen sie sich irrtümlich gegenseitig – es war ein wüstes Durcheinander.

In einer Mischung aus Furcht und Euphorie wurden bei Plünderungen erbeuteter Alkohol getrunken. Überall sah man Soldaten mit Flaschen in der Hand.

Zur gleichen Zeit hatte sich der Botschafter der DDR in Uganda, der 64jährige Dr. Lessing, aus bis heute unerfindlichen Gründen entschlossen, zusammen mit einem Mitarbeiter und beiden Ehefrauen in zwei PKW die Stadt zu verlassen. Eigentlich war durch den sowjetischen Botschafter ein Fahrzeug-Konvoi der Diplomaten der sozialistischen Länder organisiert worden, der die Stadt zwei Tage vorher auf einer gesicherten Trasse in Richtung Kenia verlassen hatte. Doch an dieser Fahrt hatten sich die DDR-Diplomaten nicht beteiligt.

In der Nähe eines Sportplatzes wurden beide Fahrzeuge von Granaten getroffen. Die Fahrzeuge explodierten und die Körper der Insassen, die sofort tot waren, wurden viele Meter weit aus den Autos geschleudert. Die Soldaten der Befreiungsfront, die die Raketen abgeschossen hatten, machten sich nicht die Mühe, die Leichen zu identifizieren. Sie lagen einige Tage auf der Straße, wurden dann durch einen Transporter aufgesammelt und in einem Massengrab beerdigt. Da über ihre Identität verschiedene Gerüchte aufkamen, untersuchte man die PKW und fand heraus, daß sie zur DDR-Botschaft gehörten. Gleichzeitig wurde bekannt, daß Dr. Lessing und sein Mitarbeiter vermißt wurden.

Mitarbeiter der Botschaft der DDR in Daressalam wurden später in Bewegung gesetzt, um zweifelsfrei die Toten zu identifizieren. Sie wurden exhumiert. An der Identifizierung nahm auch Frank N., offiziell 3. Sekretär der Botschaft, inoffiziell Gehilfe des Residenten und Hauptmann der Verwaltung Aufklärung teil, mit dem ich 1981/82 noch ein Jahr in Daressalam zusammengearbeitet habe.

Nach der Ansicht von Frank, für den die furchtbaren Erlebnisse in Kampala wie ein Trauma wirkten, hätte Dr. Lessing in der Botschaft bleiben müssen. Es war der sicherste Ort bei bewaffneten Auseinandersetzungen im Gastland.

Ich war selbst 1982 in Kampala, um Post zum dort die Stellung haltenden DDR-Vertreter zu bringen. Es war eine abenteuerliche Reise. Wir flogen mit einer Twin-Otter , einem kleinen klapprigen Doppeldecker bis Entebbe. In dem riesigen menschenleeren und dadurch geisterhaften Flughafengebäude sah man zahlreiche Einschüsse, die noch von der Aufsehen erregenden militärischen Befreiungsaktion Israels vom 4. Juli 1976 im Zusammenhang mit einer Flugzeugentführung nach Entebbe stammten. In der Stadt zeigte mir der Genosse, der mich abholte, die Säule, an der Idi Amin die Exekution seiner vermeintlichen Gegner hatte durchführen lassen. Auch dort die Zeichen zahlreicher Einschüsse, diesmal aber von den Exekutionskommandos des Diktators. Abends mit Einbruch der Dunkelheit war es ratsam, nicht auf die Straßen zu gehen, nachts hörte man Feuergefechte. Ich war jedenfalls heilfroh, als ich wieder sicher und unversehrt in Daressalam gelandet war.

Tod eines Haigwanani (Führer) der Maasai

In den Savannen des nördlichen Tansanias lebt ein Volk, das sich von allen anderen Stämmen auf dem Gebiet des früheren Tanganjika grundlegend unterscheidet. Es handelt sich um den nomadisierenden Stamm der Maasai. Etwa 110.000 Maasai leben auf einem Territorium von ungefähr 60.000 Quadratkilometer den sogenannten Maasai-Distrikt. Sie besitzen mehr als eine Million Rinder.

Trifft man während einer Safari Krieger dieses Volkes, so fällt als erstes ihre stolze Haltung auf. Sie sind hochgewachsen, schlank und meist bewaffnet mit Speer und Schild. Manchmal sieht man auch Schwerter. Ihre Kleidung besteht aus rot gefärbten Tüchern, die sie über einer Schulter und um die Hüfte zusammengebunden tragen. Das lange Haar ist kunstvoll geflochten und verschmiert mit ockerfarbenem Ton. Sie tragen Schmuck an Hals, Armen und Beinen. Charakteristisch sind Ringe im oberen Teil der Ohren und Glocken an den Ohrläppchen.

Mit den Kriegern der Maasai ist nicht zu spaßen. Man darf sie nur nach vorheriger Erlaubnis und erfolgter Bezahlung fotografieren, sonst kann es gefährlich werden.

Die Maasai sind nilotischer Herkunft und nomadische Rinderzüchter. Ihre Herden treiben sie über die großen Savannen im Norden Tansanias und im Süden Kenias.

Um die Jahrhundertwende war der bekannte Ngorongoro Krater, eine fruchtbare, wildreiche Kratersenke von 30 km Durchmesser das Zentrum ihrer Weidegründe. Doch von dort wurden sie Schritt für Schritt vertrieben und durften zuletzt nur noch an den Rändern des Kraters ihre Herden weiden. Heute tränken sie zumindest wieder im leicht salzigen Kratersee ihre Herden.

Sie leben von der Milch der Kühe und dem Blut, das sie den Rindern abzapfen. Dadurch leiden sie nicht wie viele andere ostafrikanische Völker an Eiweißmangel, sie sind gesünder und leistungsfähiger. Die Krieger schützen die Herden vor wilden Tieren und Feinden. Früher vergrößerten sie diese noch durch Raubzüge. In ihren Vorstellungen ist Viehdiebstahl gerechtfertigt, da ihr Gott *Engai* alle Rinder den Maasai gegeben hat, als er Himmel und Erde trennte. Sie holen sich also nur das, was ihnen sowieso gehört.

Die Regierung Tansanias hat zahlreiche Versuche unternommen, die Maasai seßhaft zu machen. Dafür waren auch ökonomische Gründe maßgebend, da durch die extensive Tierhaltung der Boden zusehends überweidet und Krankheiten und Seuchen durch die Tiere verbreitet wurden. Die Rinderzahlen sollten vermindert und eine spezielle Art von Milch- und Fleischtierrasse gezüchtet werden.

Doch die Maasai wehrten sich gegen diese Bestrebungen. In immer wieder kehrenden Trocken-Perioden hing ihr Überleben von einer möglichst großen Zahl Rinder ab. Bei der Dürre-Katastrophe von 1961 verendeten 300.000 Rinder.

Um seine Bestrebungen der Ansiedlung der Maasai erfolgreich durchzusetzen, förderte Präsident Nyerere auch Führer der Maasai, gewährleistete ihre Ausbildung und übertrug ihnen Verantwortung in der Regierung. Ein hervorragendes Beispiel dafür war Edward Moringe Sokoine, geboren 1938 bei Arusha, ein *Haigwanani* der Maasai, was soviel wie Führer bedeutet. Er wurde 1983 nach planmäßigem Aufbau in verschiedenen Funktionen zum Ministerpräsidenten ernannt. Sokoine, der Mitte der 60er Jahre Seminare für Verwaltung und Finanzen in der Bundesrepublik besucht hatte, kam im April 1984 unter tragischen Umständen ums Leben.

Der Ministerpräsident hatte an jenem Tage die neue Hauptstadt Tansanias, Dodoma, besucht, und seine Wagenkolonne befand sich auf der Rückfahrt nach Daressalam. Wie gewohnt wurde in hohem Tempo gefahren. Als sich die Armada der Stadt Dodoma näherte, begegnete ihr ein Toyota Land Cruiser, ein kleiner Transporter aus der naheliegenden Ansiedlung des ANC, Mazimbu. Der Fahrer dieses Wagens war ob der plötzlich daherbrausenden Kolonne, der unverständlichen Stop-Signale, die ihm das Spitzenfahrzeug gab, so erschrocken, daß er die Gewalt über sein Fahrzeug verlor und frontal in den PKW des Ministerpräsidenten fuhr. Sokoine hatte auf dem Rücksitz ein »Nickerchen« gemacht. Sein Körper wurde durch den Aufprall nach vorn geschleudert. Das Fahrzeug seiner Bodygards, das hinter dem Wagen fuhr, krachte infolge der Kollision von hinten in den Mercedes hinein. Sokoine war das einzige Todesopfer unter den Beteiligten. Nach Informationen des kubanischen Residenten hat dieses Auffahren des Begleitfahrzeuges den Tod des Ministerpräsidenten verursacht, der offizielle Bericht der Polizei sah die Todesursache im Aufschlagen des Kopfes von Sokoine auf das Armaturenbrett.

Der Unfall war um so tragischer, weil er durch den ANC verursacht wurde, der in Tansania großzügiges Gastrecht genoß. Der Fahrer war unerfahren, was allerdings in Tansania keine Seltenheit war.

Im Land wurden 14 Tage Staatstrauer angeordnet. Der Leichnam war einen Tag lang in einem Glassarg aufgebahrt, damit die Bevölkerung Abschied nehmen konnte. Dabei spielten sich herzzerreißende Szenen ab. Viele Afrikaner, vor allem Frauen, gaben ihrer Trauer in für uns ungewohnter Weise Ausdruck. Der Leichnam wurde dann in seinen Geburtsort Monduli bei Arusha überführt und dort begraben. Nach der Sitte der Maasai wird er nun solange als Ahne verehrt, wie noch Mitglieder des Clan leben, die ihn persönlich gekannt haben. Das bedeutet unter anderem, daß auch noch regelmäßig Essen in eine Hütte an seinem Grab gestellt wird. Danach kehrt er in das Reich der Geister ein.

Der Tod Sokoines war ein großer Verlust für das Land. Er galt als gradlinig und unbestechlich. Sein Nachfolger wurde übrigens Salim Ahmed Salim, der viele Jahre Nyerere als Außenminister gedient hatte und Anfang der 80er Jahre ein ernsthafter Kandidat für das Amt des Generalsekretärs der UNO war.

Als Bodygard des Vizekonsuls

Im Sommer 1982 hatte ich einen Flug von Daressalam zur Insel Sansibar für Hans G., unseren Mann auf der Insel, und seine Frau Sabine, die beide vom Urlaubsaufenthalt in der DDR zurückkehrten, bei *Air Tanzania* gebucht. Dieser Flug war am entsprechenden Tag aus unbekannten Gründen storniert worden, die Focker Friendship blieb am Boden. Dazu muß man erklären, daß die tansanische Fluggesellschaft *Air Tanzania* keinen besonders guten Ruf hatte. Sie wurde im Volksmund scherzhaft *Air UDA* genannt. UDA hieß die größte staatliche Busgesellschaft, die sich auszeichnete durch klapprige Busse, schlechten Service und Unpünktlichkeit.

Ich ging also zu einer privaten Fluggesellschaft, die die Insel mit kleinen Lufttaxis anfliegt, und erhielt, nachdem ich mich als Diplomat vorgestellt und dringlich darauf hingewiesen hatte, daß der DDR-Vizekonsul noch heute nach Sansibar müßte, eine Buchung. Da die Maschine, eine kleine Cessna, für Hin- und Rückflug bezahlt werden mußte, entschloß ich mich mitzufliegen. Eine solche Gelegenheit würde nicht gleich wiederkommen.

Als wir das umfangreiche Gepäck verladen hatten, meinte der Pilot, ein Belgier, der Flieger sei überladen. Dabei wiegte er den Kopf hin und her, als wenn er fragen wollte: »Ob das wohl gut geht?« Ich war sogleich sauer und sagte ihm, daß seine Haltung unmöglich sei. Er solle klar sagen, ob er uns mit dem Gepäck sicher fliegen könne oder nicht. Nach erneuter Prüfung meinte er : »Okay, wir können starten.« Jetzt aber zeigte sich Sabine, die Ehefrau unseres Vizekonsuls, die schnell Flugangst bekam, irritiert. Soweit reichte ihr Englisch. Ich erklärte ihr die Sache, worauf sie erklärte, nicht mehr mitfliegen zu wollen. Jetzt bot ich an, zurückzutreten, was sie aber als schlechtes Omen sah. Das würde Unglück bringen.

Nach vielem Hin und Her flogen wir los. Ich saß neben dem Piloten, Hans und Sabine auf dem Rücksitz, wobei man von ihr nicht viel sah. Sie hatte sich tief in die Ecke verkrochen. Der Flug verlief ruhig, nur das Gefühl des Fliegens war anders, als gewohnt, da wir unmittelbar Windböen und Luftunebenheiten spürten und man sich der Natur hilflos ausgeliefert fühlte. Die Maschine landete holprig, aber sicher, und rollte zum Abfertigungsgebäude, einer kleinen Halle am Rande des Flugplatzes. Hans und die bleiche Sabine stiegen auf der Pilotenseite aus. Ich öffnete meine Kabinentür, konnte aber meine langen Beine nicht über den Türsteg durch die kleine Öffnung bugsieren. Kurzentschlossen schob ich mich rückwärts aus der Kabine, landete mit dem Rücken auf dem breiten Flügel, machte eine Drehung, eine Rolle rückwärts und stand, eigentlich selbst überrascht, unversehrt neben der Maschine. Unser Dolmetscher Uli, der uns abholte, grinste und die umstehenden Sansibaris klatschten Beifall.

Als ich mit unserem belgischen Piloten wieder auf dem Rückflug war, fragte er mich, ob ich der Bodygard des deutschen Vizekonsuls sei. Ich war von der Frage so überrascht, daß ich heftig verneinte. Der Pilot grinste verstehend. Nach einer Weile nahm er die Hände vom Steuerknüppel, wies mit den Augen auf das Zwillingssteuer, das sich vor meinem Sitz befand und fragte, ob ich es nicht einmal probieren wolle. Ich nahm das halbkreisförmige Rad und begann vorsichtig die Bewegungen des Flugzeuges zu testen. Links, rechts, nach unten und oben. Begeistert blickte ich meinen Nachbarn an, der mich weiter fliegen ließ, wobei der Tower des Flughafens Dar als Richtpunkt diente. Rechtzeitig vor der Landung übernahm er wieder das Kommando. Lächelnd verabschiedete er sich später von mir, dem »Bodygard«, der den »deutschen Vizekonsul« beschützt hatte. Schade, daß ich ihm nicht die Wahrheit über uns sagen konnte. Ich hätte auch gern einmal ein verblüfftes Gesicht gesehen.

Schüsse im Zentralpark

Eines späten Abends im Frühjahr 1983, man kann auch sagen: in der frühen Nacht, erhielt ich überraschend Besuch in meiner Wohnung im Starhouse. Ich glaubte meinen Augen nicht zu trauen, denn vor der Tür standen der Botschaftsrat G. und seine Ehefrau. Beide hatten mich noch nie besucht, denn unser persönliches Verhältnis war nicht so, daß es gegenseitige Besuche unbedingt begünstigte. Er entschuldigte sich für die späte Störung, er wolle pflichtgemäß einen Vorfall melden. In einer etwas amüsierten Art, etwa der Art: »Denk mal an, was so alles passieren kann«, berichtete er über eine Konfrontation mit der tansanischen Polizei. Er wäre am Abend mit dem PKW im Zentralpark unterwegs gewesen, als ihn ein Polizist zum Halten aufforderte. Da er bezweifelte, daß es wirklich ein Ordnungshüter sei, wäre er weitergefahren, worauf dieser mit der MPi Warnschüsse abgegeben und ihn dadurch zum Halten gezwungen hätte. Dem Ordnungshüter sei dann natürlich klar geworden, daß er es mit einem Diplomaten zu tun hat, er hätte weiterfahren dürfen. Zum Botschafter sei er nicht gefahren, weil er ihn mit einer solchen »Kleinigkeit« nicht nachts behelligen wollte.

Auf meine Frage, was ihn am Abend in den Zentralpark geführt hätte, antwortete seine Frau. Ihrem Mann würde in letzter Zeit zu Hause »die Decke auf den Kopf fallen«.

G. schlug dann vor, daß der Sache nicht nachgegangen werden sollte, auch ein eigentlich fälliger Protest beim tansanischen Außenministerium brauche seiner Ansicht nach nicht zu erfolgen. Niemand sei zu Schaden gekommen. Falls eine Note von dieser Behörde käme, wisse ich ja nun Bescheid. Er würde diesen Park jedenfalls in Zukunft meiden.

Er bat mich, am nächsten Tag den Botschafter zu informieren, dann verabschiedeten sich beide erleichtert.

Am nächsten Tag bat ich Fred H., unseren Sicherheitsbeauftragten und Verbindungsoffizier zum tansanischen Sicherheitsorgan, die Angelegenheit über seinen Partner zu prüfen. Fred telefonierte und es wurde ihm eine Klärung zugesagt. Einige Tage später besuchten wir beide den Sicherheitsbeamten in seinem Büro. Er bestätigte den Bericht von G., und wir atmeten erleichtert auf. Zum Schluß machte er noch lächelnd eine kleine Zusatzbemerkung. Leider hätte sich im PKW unseres Diplomaten noch ein tansanisches Mädchen befunden. Es wäre *unfortunately* (unglücklicherweise) nur 15 Jahre alt. Seine Aussage liege schriftlich protokolliert vor. Wir müssen ziemlich bestürzt ausgesehen haben, denn unser Partner fühlte sich bemüßigt, noch einmal zu bekräftigen: »Not more« (nicht älter).

Unser »Schah von Bla« war abends nach Kariako, dem Harlem von Daressalam gefahren, hatte das Mädchen in seinen PKW eingeladen und den dunklen Zentralpark angesteuert. Das wußte sicher auch seine Ehefrau nicht.

Jetzt begann die wahrscheinlich DDR-typische Behandlung der Angelegenheit. Hinter dem Rücken von G. gingen Telegramme über das Vorkommnis hin und her, eine Beratung mit dem Botschafter jagte die andere. Eine Auswertung noch in Tansania erfolgte nicht aus Sorge um Kurzschlußreaktionen des Übeltäters.

G. flog später unbesorgt in die Ferien und in sein Waterloo. Bei den geführten Aussprachen stellten sich, wie immer in solchen Fällen, noch andere Unregelmäßigkeiten heraus und G. wurde aus dem MfAA entlassen.

»Mutter Theresa« von Moshi

Eines Tages im Februar 1985 trat völlig unerwartet eine Frau in mein Leben, die aus der DDR stammte und seit Jahren in Tansania lebte. Von ihr hatten weder ich als Konsul und damit Hüter aller Bürger aus dem sozialistischen Deutschland noch meine Vorgänger im Amt je etwas gehört. Sie hieß Rita Kühne, stammte aus Jena und wurde mir vom Pförtner der Botschaft als Hilfesuchende gemeldet.

Als ich das Besucherzimmer betrat, saß dort mit fröhlichem Gesicht eine ungefähr 70 Jahre alte Dame mit grauem, dünnen Haar und ausgemergeltem Gesicht. Sie war groß und hager. Ich hatte mich noch nicht gesetzt, da prasselte auf mich bereits ein keine Unterbrechung duldender Wortschwall nieder, und ich mußte mehrfach intervenieren, ehe ich das Gespräch in ruhige Bahnen lenken konnte.

Frau Kühne arbeitete seit vielen Jahren im *Kilimandjaro Christian Medical Centre* (KCMC) in Moshi, einer Stadt von ungefähr 70.000 Einwohnern am Fuße des Kilimanjaro. Das Krankenhaus mit 400 Betten wurde vom Staat und protestantischen Kirchen gemeinsam getragen. Nach Moshi war sie mit Unterstützung ihres Mannes, eines bereits verstorbenen bekannten Wissenschaftlers aus Jena, und der Evangelischen Kirche gekommen. Sie litt an einer chronischen Rheumaerkrankung, die nur unter tropischen Bedingungen zu ertragen war. Nun wollte man sie aber am Krankenhaus nicht mehr, und sie hatte den Wunsch nach Europa zurückzukehren. Ihr Sohn, der einen sehr gut bezahlten Job in den Niederlanden hat, würde sich um sie kümmern. Ihr Problem: Sie habe nicht die Mittel, um die Rückkehr zu ermöglichen und bitte nunmehr um Unterstützung.

Sie machte auch sogleich einen Vorschlag. Im Hafen würde ein Schiff der DSR liegen. Sie sei bereits früher einmal auf einem DDR-Schiff mitgereist, kenne die Probleme und könnte während der Überfahrt bei der medizinischen Betreuung der Besatzung helfen. Ich möge als Konsul doch bitte mit dem Kapitän sprechen, ihm aber nicht sagen, wie alt sie sei.

Nach längerer Diskussion erklärte ich mich bereit, mit dem Kapitän zu sprechen, zumal sie mir immer wieder versicherte, wie dankbar ihr der Kapitän bei ihrer letzten Überfahrt für ihre Betreuungsarbeit gewesen sei. Außerdem war ich tief beeindruckt von ihrer Lebensleistung. Viele Jahre hatte sie als Krankenschwester in einem tansanischen Hospital gearbeitet.

Als ich tags darauf mit dem Kapitän unseres Frachtschiffes im Hafen sprach, erlebte ich eine Überraschung. Mit angstverzerrtem Gesicht und deutlichen Zeichen unangenehmer Erinnerung lehnte er eine Mitnahme von Frau Kühne rigoros ab. Es stellte sich heraus, daß er es gewesen war, der sie vor Jahren an Bord hatte. »Sie hat mir die halbe Besatzung versaut«, klagte er. Frau Kühne hatte während der Überfahrt eine Art seelsorgerischer Sprechstunde abgehalten, und viele Matrosen sprachen sich bei ihr über ihre persönlichen Probleme aus. Ihre Beratung war wohl so gewesen, daß einige Betroffene danach in depressive Stimmung verfielen und nicht mehr richtig arbeiteten.

»Sie ist in der ganzen Ostafrika-Linie bekannt«, erklärte mir der Kapitän und nahm mir damit die Hoffnung, mit anderen Kapitänen zu einer besseren Lösung zu kommen.

Um die Geschichte abzukürzen, ich organisierte über *Aeroflot* ein Ticket für sie. Sie unterschrieb eine Erklärung, daß sie nach Rückkehr in die DDR über ihren Sohn die Flugkosten in Devisen (das war das Problem) begleichen würde.

Eines schönen Tages reiste sie aus Moshi mit einem LKW an. Wie groß war aber mein Erstaunen, als ihr Gepäck abgeladen wurde. Koffer und Kartons nahmen kein Ende. Zuletzt stand Rita Kühne beschwichtigend lächelnd vor dem Berg und meinte, daß Aeroflot »den bißchen Kram« doch wohl noch mitnehmen könne. Neue Verhandlungen mit Aeroflot auf dem Flughafen waren wegen des beträchtlichen Übergepäcks notwendig. Ohne mein gutes Verhältnis zum Office-Chef Alexander Wassilenko, mit dem ich Tennis spielte und einige Flaschen Whisky, wäre die Sache gescheitert. Als die Maschine abhob, hatte ich tiefes Verständnis für den Kapitän, der die redelustige, gewiefte Frau Wochen hatte ertragen müssen.

Ihr Sohn beglich später alle Kosten, und Frau Kühne schrieb Dankesbriefe über einen wunderbaren Konsul in Daressalam.

Rückkehr und Unbehagen

Als ich wiederkehrte,
war mein Haar grau.
Da war ich traurig.
Die Mühen der Ebene lagen hinter mir.
Vor uns lagen die Wirren der Wende.
Frei nach Bert Brecht »Wahrnehmung«

Am 1. Mai 1985 kehrte ich nach einem dreieinhalbjährigen Aufenthalt in der Vereinigten Republik Tansania in die DDR zurück. Ich war der letzte Resident der Hauptverwaltung Aufklärung des MfS in Daressalam, die Position wurde nicht wieder besetzt.

Generaloberst Markus Wolf, der eine Vorliebe für Tansania entwickelt hatte, mußte einsehen, daß es reines Geltungsbedürfnis gewesen wäre, als Auslandsnachrichtendienst eines kleinen, wirtschaftlich und politisch nicht sehr gewichtigen Staates, in diesem fernen, für die DDR unbedeutenden Lande weiter eine Residentur zu unterhalten.

In der HVA hing man lange der Vorstellung an, diese Residentur könne als Beobachtungsposten für das südliche Afrika fungieren. Der Kampf gegen die Apartheid in Südafrika, die Auseinandersetzungen um die Unabhängigkeit Namibias und die Bürgerkriege in Angola und Mocambique fanden woanders statt: In Tansania bekam man davon wenig mit. Markus Wolf räumt in seinen Erinnerungen selbstkritisch ein, man habe Genossen in ferne Gefilde geschickt, die man zu Hause besser hätte einsetzen können.

Hatte sich der Einsatz für mich gelohnt? Beruflich wohl kaum. Die Leitung der HVA entschied, daß ich an meinen alten Platz zurückkehren sollte: als Stellvertreter des Leiters der Abteilung XV in Leipzig. Oberstleutnant Helfried S., der bis dato diesen Stuhl besetzte, sollte für eine Aufgabe in Syrien vorbereitet werden. Wie immer bei solchen Kaderentscheidungen wurde der oder die Betroffenen nicht gefragt. Anderenfalls hätte ich erklärt, daß ich viel lieber im Referat Afrika der HVA, Abteilung III, in Berlin hätte arbeiten wollen. Aber zurückgekehrte Residenten gab es inzwischen mehr als genug. Man hatte nicht

Arbeit für alle, und ein weiterer Auslandseinsatz bei mir wäre schon allein wegen der Kinder nicht möglich gewesen. Als Trostpflaster überreichte mir der zuständige Stellvertreter der HVA, Generalmajor Jänicke, die Verdienstmedaille der DDR.

Hatte ich mich in Tansania um die DDR etwa verdient gemacht?

Die Bezirksverwaltung Leipzig hatte sich während meiner Abwesenheit verändert. Unmittelbar neben dem wuchtigen Altbau war ein riesiger funktioneller Neubau entstanden, in den viele Abteilungen und die Leitung gezogen waren. Insbesondere die Abteilung 26 (Lauschangriff) hatte völlig neue und umfangreiche technische Möglichkeiten erhalten. Außerdem waren ein Sozialtrakt mit Küche, Speisesaal, medizinischem Bereich, Behandlungsräumen und Sauna entstanden. Der Altbau wurde trotzdem im vollen Umfang weiter genutzt, d. h. die verbliebenen Abteilungen, unter ihnen die Abteilung XV, hatten sich dort breitgemacht.

Auf die immer wieder gestellte Frage, warum dieser Kasten im Zentrum der Stadt und nicht an der Peripherie gebaut worden war, pflegte der Leiter der BV, Generalmajor Hummitzsch, zu antworten: »Damit die Staatssicherheit für alle sichtbar ist und sich in Krisenzeiten schneller in der Stadt entfalten kann.«

Mit »Krisenzeiten« waren Zuspitzungen der internationalen Lage, erhöhte Aktivitäten der feindlichen Geheimdienste gegen die DDR, Sabotage- und Diversionsakte, die zur Unruhe unter der Bevölkerung führten usw. gemeint. Die Krise, deretwegen sich die Staatssicherheit 1989 dann tatsächlich »entfalten« mußte, hatte allerdings weniger äußere Ursachen, und die sichtbare Präsenz des MfS im Stadtzentrum schreckte die Volksmassen auch nicht ab, gegen die Politik der DDR-Führung zu protestieren.

Meine Eindrücke von der neuen alten Dienststelle und von der Situation, die ich vorfand, waren sehr differenziert. Ich stellte mir das erste Mal die Frage, was ich hier eigentlich mache und wie sich meine weitere Zukunft gestalten wird. Hatte mich etwa die midlife crisis erfaßt?

Ich empfand ein starkes Gefühl der Unsicherheit und Enge. Für die mir verbleibenden zirka 15 Dienstjahre im MfS und meine damit verbundene persönliche Entwicklung schwante mir nichts Gutes. unbefriedigende Pflichterfüllung, nervender Kampf um unbedeutende inoffizielle Positionen im Operationsgebiet, irgendwann der Abschied.

Nach meinen Erlebnissen im Ausland war ich auch empfindsamer und hellhöriger geworden. Mit besonderer Sensibilität verfolgte ich die Entwicklung in der DDR, hörte aufmerksam sowohl auf Äußerungen meiner Vorgesetzten zu den Aufgaben und der Rolle des MfS als auch auf die zunehmend kritischer werdenden Meinungen von Mitarbeitern, IM und Menschen außerhalb der Staatssicherheit.

Klassenkämpferische Schärfe und ideologische Verblendung mancher Leiter und Mitarbeiter, oft auch nur vorgetäuscht, stießen mich ab. Mir wurde bewußt, daß ich in der Vergangenheit zwar immer um Anerkennung und Erfolge gekämpft hatte, aber anders sein wollte als viele um mich herum. Dennoch unterdrückte ich weiterhin viele Bedenken, weil ich es einfach nicht besser wußte, weil ich keine Alternative sah und glaubte, daß andere, die einen besseren Überblick hatten, es schon richten würden. Der Führung des MfS konnten doch die zunehmenden Probleme nicht verborgen bleiben?

Ein Scheitern des Sozialismus zog ich allerdings nicht im entferntesten in Betracht. Auch später, als das MfS bereits aufgelöst wurde, war für mich der Untergang der DDR unvorstellbar. Ich diente also »unserer Sache« weiter so, wie es von mir erwartet wurde, zumal ich als Leiter auch Vorbild sein wollte. Gehorsam ging vor Zweifel, Solidarität vor Kritik. In gewissem Sinne war mir bange, doch ich wollte nicht verzagen. Trotzig hielt ich die Fahne hoch.

Wie schon erwähnt, war die Zahl der Mitarbeiter ins Unvertretbare gestiegen.

Als ich 1966 meinen Dienst begonnen hatte, gab es zu den zentralen Feierlichkeiten am Republikgeburtstag (7. Oktober) und zum Jahrestag der Gründung des MfS (8. Februar) eine Festveranstaltung im großen Saal der Bezirksverwaltung, an der alle Genossen teilnahmen. Schon 1981 mußten die Mitarbeiter auf drei Veranstaltungen verteilt werden, um allen die Teilnahme zu ermöglichen.

Man trug neben würdevollen Gesichtern dunkle Anzüge und am Revers die sogenannte Kleine Ordensspange, aus der ersichtlich war, welche Auszeichnungen ihrem Träger schon verliehen worden waren. Die Genossinnen waren dem Anlaß entsprechend festlich gekleidet und zurechtgemacht. Der Leiter der Bezirksverwaltung oder einer seiner vier Stellvertreter hielt die Festrede, die 30 bis 45 Minuten in Anspruch nahm und immer als entsetzlicher Langweiler über die Köpfe hinwegplätscherte. Alle warteten ungeduldig auf den Tagesordnungspunkt *Auszeichnungen*.

Nach meinem Auslandseinsatz habe ich wegen der hölzernen Ansprachen einen Disput mit dem 1. Stellvertreter des Leiters der BV, Oberst Werner F., gewagt, der sich nach seiner Rede auf ein Bier bei meinem Chef eingefunden hatte. Ich stieß mit meinen Fragen nach Lebendigkeit, Anschaulichkeit und Praxisbezogenheit auf völliges Unverständnis. Die Losung lautete allerorten: keine Experimente.

Oberst F., ein schlauer, skrupelloser und eitler Mensch, wurde übrigens ein Jahr später wegen grober Schädigung des Ansehens des Sicherheitsorgans aus dem MfS »ausgestoßen«.

Nach der Rede baute sich die Leitung der BV und der Parteisekretär in einer Linie vor den Versammelten auf, und der Kaderleiter verlas Beförderungen, Auszeichnungen und Prämierungen. Diese Prozedur nahm viel Zeit in Anspruch. Zuerst mußte der betreffende Genosse nach vorn gehen, wo er die Ehrung in Empfang nahm. Das Anstecken der Orden und Medaillen ersparte man sich. Dann schritt er die erwähnte Linie ab, wo ihm die »Chefs« mit bedeutungsvollen Gesicht, hin und wieder einen kleinen Scherz äußernd, nacheinander die Hand schüttelten. Die Zahl der Geehrten war immer groß, denn jeder, der seine Arbeit gut verrichtete, kam im Durchschnitt aller zwei Jahre wenigstens einmal dran. Mit der Zahl der Mitarbeiter wuchs auch die Menge der Orden und Auszeichnungen.

Deshalb wurden die Mitarbeiter bald in Gruppen von fünf Genossen nach vorn gerufen. Nachdem man sich die Hände dick geklatscht hatte – jeder Name wurde mit Applaus bedacht –, sprach einer der Ausgezeichneten, der vorher ausgesucht worden war, die Dankesworte. Er versicherte im Namen der Ausgezeichneten, daß dieselben alles tun würden, um sich der Ehrung würdig zu erweisen und in Zukunft und jetzt erst recht undsoweiter.

Zum Schluß sangen alle gemeinsam die erste Strophe der Internationale, deren Melodie über Lautsprecher eingespielt wurde. Danach lud der Leiter alle Ausgezeichneten zum Festbankett in den großen Speisesaal. Dieses Bankett war die Stunde des Leiters der BV, denn er konnte sich dort vor den versammelten und ihm hilflos ausgelieferten Geehrten als Moderator produzieren, was er auch weidlich nutzte. Leider fühlten sich viele Genossen auch noch geehrt, wenn er über sie Witze machte.

Mielke, der von Hummitzsch kopiert wurde, soll dabei noch viel schlimmer gewesen sein.

Das Verhältnis zwischen operativ tätigen Mitarbeitern – Arnold nannte sie in seinem Buch »Schild und Schwert« (edition ost) zutreffend »Außendienstler« – und administrativen Kräften hatte sich weiter zu ungunsten der ersteren entwickelt. Immer mehr Mitarbeiter schieden aus verschiedenen Gründen aus dem »Außendienst« aus, für sie schuf man neue Planstellen im Innendienst.

Die Abteilung AKG (Auswertungs- und Kontroll-Gruppe), die zu einem Riesenapparat angewachsen war, bezeichnete man scherzhaft, aber zutreffend als Abteilung der Alten, Kranken und Gebrechlichen.

Anzahl und Umfang der Sicherungseinsätze waren ins Überdimensionale gestiegen und nahmen ständig weiter zu. Zu allen zentralen politischen Veranstaltungen im Lande wurden riesige Scharen von Mitarbeitern mitunter tagelang in Bewegung gesetzt. Ständig gab es aber auch Anforderungen für regionale Ereignisse bis hin zu Sportveranstaltungen einschließlich Fußballspielen.

Mit der Begründung: »Wo wir stehen, ist für den Gegner kein Platz,« oder: »Unsere Präsenz verhindert vorbeugend öffentlichkeitswirksame Aktionen der feindlichen Kräfte«, wurden insbesondere die politisch-operativen Mitarbeiter von ihren eigentlichen Aufgaben abgehalten. Da ich als Stellvertreter für die Einsatzplanung verantwortlich war, konnte ich Ausmaß und Auswirkungen solcher Aktionen für meine Abteilung einschätzen. Sie belasteten und demotivierten, zumal jeder – unabhängig von Aufgabe, Qualifikation und Alter – involviert war. Teilweise spielte die sonst stark strapazierte These vom konspirativen, also unsichtbaren Wirken der Staatssicherheit keine Rolle mehr, im Gegenteil, es gab sogar die Festlegung: »Sicherheit geht vor Konspiration.«

Für die Organisierung und Realisierung der Sicherungseinsätze wurden neue Strukturen geschaffen, deren Leiter von der Devise ausgingen: »Wenn ich alle verfügbaren Kräfte einsetze, kann mir bei Vorkommnissen oder Pannen hinterher niemand einen Vorwurf machen.«

Die Forderung, auf plötzliche Überraschungen vorbereitet zu sein, war zum Dogma geworden. Sie hatte Auswirkungen auf den privaten Bereich, den es insbesondere bei den leitenden Mitarbeitern nicht mehr gab. Mein Chef verlangte zum Beispiel zu wissen, wo ich mich an den Abenden und an den Wochenenden aufhielt. Ich mußte durchweg informieren, was ich tat oder nicht tat. Es gab eine freiwillig auferlegte Leiterbereitschaft, die die ständige telefonische Erreichbarkeit forderte. Deshalb konnte ich nicht in meinen Kleingarten fahren, weil es dort kein Telefon gab.

Wir überschätzten unsere Bedeutung und dachten tatsächlich, von uns hinge alles ab. Als der Todeskampf begann, zeigte es sich, daß wir in Wahrheit nichts ausrichten konnten.

Das lag auch an der Qualifikation der Mitarbeiter. Deren Niveau war im Durchschnitt spürbar gesunken. Zunehmend waren aus den Kreisdienststellen Mitarbeiter zu uns versetzt worden, die den Anforderungen in der Aufklärung nicht gewachsen waren. Die Tendenz hatte zugenommen, ältere Genossen einzustellen, die vorher viele Jahre im zivilen Sektor gearbeitet hatten. Da gab es einen verheirateten Oberschullehrer, der IM gewesen war und auf eignen Wunsch eingestellt wurde. Als erstes begann er ein Verhältnis mit einer behinderten, einsamen Mitarbeiterin der Kaderabteilung. Sie wurde schwanger. Sein Verhalten war geprägt von Neid, Häme, Gehässigkeit und Besserwisserei. Ich konnte ihn mir gut als Aufsichtsperson auf dem Schulhof vorstellen, mit Butterbrot und Apfel in den Händen, lästernd über Entscheidungen der Schulleitung.

Nach der Wende ging er einem Mitarbeiter des »Eulenspiegel« auf den Leim, der in einer Anzeige vorgab, für einen Ausländer staatliche Auszeichnungen aufzukaufen. Er forderte für seine Treue-Medaillen, die im MfS-Jargon als »Durchhalteorden« bezeichnet wurden, für zwei militärische Verdienstmedaillen in Bronze und sein Dienstsiegel 10.000 DM. Der Beitrag im Satiremagazin 14/91 unter dem Titel »Orden und Ehrenzeichen der DDR« über »diesen Hauptmann der Aufklärung«, wie ihn der Verfasser bezeichnet, war entlarvend, aber zugleich für die gesamte Institution beschämend, die einen solchen Menschen beschäftigt hatte.

Da gab es den Kraftfahrer, der solange Druck ausgeübt hatte, bis er in den operativen Bereich übernommen worden war. Er konnte sich schriftlich nicht artikulieren, war unfähig, Gespräche zu führen und IM anzuleiten. Ständig mußte er kontrolliert und unterstützt werden. Seine Ansprüche und seine Frechheit standen zu seinen Fähigkeiten im umgekehrten Verhältnis. Erst nach vielen Enttäuschungen entschloß sich der Verantwortliche für die Abschiebung in eine Kreisdienststelle.

Da gab es den Lehrer für Politische Ökonomie einer Fachschule, der erfolglos als IM gearbeitet hatte und trotzdem eingestellt worden war. Er war geschieden und hatte allerhand persönliche Problemchen. Er verstand es vorzüglich, selbst klar umrissene Sachverhalte durch ausufernde Erörterung und zusammenhanglose Kommentierung zu zerreden. Seine Stunde schlug bei Parteiversammlungen, wo er seine vermeintliche Kompetenz durch langatmige Beiträge glaubte beweisen zu müssen. Er warf Fragen auf, die er anschließend selbst in langweilender Art beantwortete. Man mußte davon ausgehen, daß ihn auch die IM nicht ernst nahmen.

Nach der Wende, er hatte sich bei einer Finanzberatungsgesellschaft verdingt, rief er mich an und versuchte mich zum Kauf von Anteilen für ein Fondsprojekt zu überreden, das er mir in vorteilhaften Farben schilderte. Wo war die kritische Haltung zu den Praktiken des Kapitalismus geblieben, die doch einst sein Spezialgebiet waren? Als ich ihn 1999 einmal traf, lebte er inzwischen von Sozialhilfe, was ihn nicht daran hinderte, sich über meine Arbeit als Handelsvertreter abfällig zu äußern.

Auch die Fluktuation hatte zugenommen, Entlassungen wegen Alkohol, Nichteignung, Verfehlungen wurden häufiger. Zugenommen hatte ebenfalls das Berichtswesen. Weiterhin wurde die Arbeit auch der Mitarbeiter der Aufklärung zunehmend danach bewertet, inwieweit ihre IM »Abwehrinformationen« lieferten. Das waren Berichte über negative Erscheinungen in den einzelnen Arbeitsbereichen, über die politische Stimmung unter den Kollegen und sogenannte abwehrrelevante Informationen, die auf »Feindtätigkeit« hindeuteten. Jeden Monat gab es darüber hinaus Informationsschwerpunkte, aus denen ersichtlich war, welche Probleme der aktuellen Lage interessierten. Bei besonderen Ereignissen, etwa Parteitagen und im Zusammenhang mit bestimmten Maßnahmen der Regierung, beispielsweise die Einführung der Intershop-Verkaufsstellen oder Erhöhung der Renten, wurden Informationen über die Reaktion der Bevölkerung gefordert, wobei auch positive Stimmen erwünscht waren.

Das Ergebnis war eine Flut von Informationen, für dessen Auswertung die ständig wachsende Auswertungs- und Informationsabteilung (AIG) verantwortlich war. Deren Leiter, Peter W., ein krankhaft ehrgeiziger und übermotivierter Genosse, der gegenüber Zweiflern und »Abweichlern« fast inquisitorisch auftreten konnte, fertigte dann die zusammengefaßten Berichte an die zentrale AIG (ZAIG) in Berlin und an den 1. Sekretär der SED-Bezirksleitung Leipzig. Die ihm damit übertragene Verantwortung schien ihn schier zu erdrücken. Er mußte verhindern, daß Informationen weitergegeben werden, durch die IM das MfS zum Werkzeug ihrer eigenen Ambitionen machen wollten und dafür sorgen, daß die Berichte »ausgewogen« waren, d. h. die positive Stimmung hatte zu überwiegen.

»Die Maßnahmen der Regierung werden von der Mehrheit der Bevölkerung begrüßt. Besonders positiv wird vermerkt, daß … Einzelne

Haltungen, die aber nicht die überwiegende Stimmung wiedergeben, merken kritisch an, daß ...«

W. kämpfte um Formulierungen und Inhalte der Informationen, die, wie wir heute wissen, von der Parteiführung vielfach selbstherrlich negiert wurden. Sie wollte nur lesen, wie großartig sie war.

Am 20. April 1991 setzte Peter W. seinem Leben ein Ende. Ihn muß die Wende und der Zusammenbruch all seiner Ideale, das Verhalten der von ihm verehrten führenden Genossen und die Tatsache, daß er nun weniger als ein Nichts war, besonders zugesetzt haben.

Das MfS hatte die Kontrolle der gesamten Gesellschaft übernommen und mischte überall mit. Meine Erwartungen hielten sich aufgrund der Lage in engen Grenzen. Ich übernahm drei Referate, die sich insbesondere mit der Schaffung von Einsatzkadern für das Operationsgebiet und mit der Entwicklung von Vorgängen aus der sogenannten Basis des Bezirkes in die BRD beschäftigten. Dabei stieß ich auf seltsame Dinge.

Im Referat 3 stand beispielsweise die Übersiedlung des IM »Erik Weber«, eines jungen, ledigen Ingenieurs in die BRD kurz bevor. Er sollte in der Bundesrepublik nach dem inszenierten ungesetzlichen Verlassen der DDR Fuß fassen und dann als Werber tätig werden. Dabei dachte man, da er ledig war, an weibliche Perspektiv-IM als Zielpersonen. Seine Ausbildung in der DDR (Maschinenbau) war für einen beruflichen Einstieg in der BRD ungünstig, seine Persönlichkeitseigenschaften berechtigten nicht zu großem Optimismus.

Er hatte nie eine Frau dauerhaft an sich binden können, verkehrte in einer Clique, die sich viel in Gaststätten aufhielt, und war politisch und allgemein nicht besonders gebildet. Hinweise auf einen Hang zum Alkohol, die es gab, wurden nicht ernst genommen.

Trotzdem wurde er übersiedelt und sollte nun auf ungewohntem Terrain als Werber wirksam werden. Erik Weber war von vornherein zum Scheitern verurteilt. Er bekam in der BRD nach seiner »Flucht« keine Arbeit, wurde in Umschulungskurse geschickt und fiel in das soziale Netz. Die beträchtlichen finanziellen Mittel für die operative Arbeit setzte er in Alkohol um. Seine Wohnung hatte er sich zu diesem Zweck gleich in einer Gaststätte gesucht. Als er unter großen Schwierigkeiten über die Grenzschleuse, die er nur aufgrund eines Zufalls fand, betrunken zum Treff kam, war guter Rat teuer. Zum Treff verlieh ihm der Leiter der Abteilung noch eine Verdienstmedaille und glaubte den Versicherungen, er habe getrunken, weil er sich auf den Treff in der DDR mit seinen Genossen so gefreut habe.

Sein Führungsoffizier stellte jedoch während der gemeinsamen Übernachtungen am sinkenden Pegelstand der Schnapsflaschen in der Bar fest, daß er auch in der Nacht trank.

Natürlich mußte er bleiben und wurde als erstes zu einer Entziehungskur in eine medizinische Einrichtung des MfS in Berlin-Buch eingewiesen. Danach war großer Aufwand notwendig, um ihn wieder konspirativ in der DDR einzugliedern, ihm Wohnung und Arbeitsstelle zu versorgen.

Das MfS, da hatte er recht, war für seine Situation verantwortlich, wären wir nicht in sein Leben eingebrochen und hätten ihn nicht mit Aufgaben konfrontierte, die er eigentlich nicht wollte und denen er sich nicht gewachsen fühlte, wäre sein Leben vielleicht anders gelaufen. Nach der Wende verfiel Erik Weber wieder dem Alkohol. Seine Spur verlor sich im asozialen Milieu.

Am Beispiel dieses Vorganges wird deutlich, wie hoch die Verantwortung war, die Mitarbeiter und Leiter der Aufklärung trugen für die von ihnen für nachrichtendienstliche Aufgaben ausgewählten Menschen.

Weiter gab es den IM des Operationsgebietes »Grit«, einen gebürtigen Italiener, der mit seiner Frau offiziell aus der DDR in die BRD in die Gegend von Frankfurt am Main gezogen war. Er war bereits in der DDR IM der Abwehr gewesen und hatte sich zur Weiterführung der Arbeit bereit erklärt, was seine Übersiedlung gefördert hatte. Er arbeitete als Ingenieur in einem uninteressanten Bereich bei Siemens.

Seine Ehefrau war nicht in die Zusammenarbeit mit dem MfS eingeweiht, und er war aus Angst vor ihr und vor einer Entdeckung nicht bereit, auch nur das kleinste Risiko zu übernehmen. Auch eine Instrukteurverbindung lehnte er ab. In großen Abständen, wenn er dienstlich in Berlin zu tun hatte, kam er zum Treff nach Ostberlin, wo wir uns mit ihm herumquälten, um irgendeine operative Aufgabenstellung zu finden, die er dann sowieso nicht realisierte. Die Motivation für diese Treffs waren völlig konträr: bei ihm war es bloße Nostalgie, bei uns die Angst, die IM-Statistik korrigieren zu müssen.

Insgesamt war in der Diensteinheit ein fortgeschrittener Aufweichungsprozeß festzustellen. Die Mitarbeiter waren durch ständige Sicherungseinsätze und zunehmend erfolglose Arbeit zermürbt. Mindestens einmal in der Woche saß der Parteisekretär der APO bei mir und beklagte sich über alles Mögliche. Die individuellen Diskussionen über den Sinn von bestimmten Befehlen und von Beschlüssen der Partei hatten zugenommen. Im Zusammenhang mit der Haltung des Politbüros zum Reformkurs von Gorbatschow gab es Unverständnis. Alle fühlten: So kann es nicht weitergehen! Da sich nichts änderte, flüchteten viele in Sarkasmus. Politische Witze hatten Hochkonjunktur.

Die Aufgabe des MfS bei der »Sicherung« der Volkswahlen am 6. Mai 1989 bestand wie immer darin, »einen reibungslosen Verlauf zu garantieren, Störtätigkeit und Provokationen von feindlichen und antisozialistischen Kräften zu verhindern und gegen die DDR gerichtete öffentlichkeitswirksame Aktionen zu unterbinden«.

In Leipzig gab es noch keine Montagsdemonstrationen. Die Stadt hatte sich aber bereits neben Berlin zu einem Schwerpunkt der Tätigkeit oppositioneller Gruppen entwickelt. Es war bekannt geworden, daß Mitglieder dieser Gruppen die Wahlen beobachten und zum Teil kontrollieren wollten und daß Protestaktionen in der Innenstadt geplant waren. Daraufhin wurde am 6. Mai ein riesiges Aufgebot an Sicherungskräften aus dem gesamten Bezirk in der Bezirksverwaltung zusammengezogen. Es bestand höchste Einsatzbereitschaft, alle Mitarbeiter hatten sich zur Verfügung zu halten. Bereits in der Nacht wurden alle Wahllokale und wichtige Regierungs- und Verwaltungsobjekte in der Stadt zusätzlich von Einsatzkräften des MfS bewacht, zivile Streifen patrouillierten in der Innenstadt.

Am Wahltag war das gesamte Gebiet der Innenstadt in Sicherungsbereiche eingeteilt. Der neue ehrgeizige Leiter der Abteilung XX, Major Jörg S., ein ehemaliger Radsportler, verteilte farbige Winktücher aus Perlon an alle Einsatzkräfte. Er rühmte sich und seine Idee. Die Mitarbeiter sollten sich durch die Nylonfetzen besser gegenseitig erkennen. Es gab finstere Mienen und Heiterkeit. Sind wir hier im Kindergarten?

Ich hatte den Auftrag, mit einem Kontingent an Mitarbeitern die Petersstraße vom Markt bis zum Centrum-Warenhaus zu sichern. Das geschah im Prinzip dadurch, daß wir dort eben herumstanden und dienstliche Gesichter machten. Einige Jugendliche bedauerten uns und unseren »Scheißjob«. Auf einer Freilichtbühne auf dem Markt spielte eine Musikkapelle, Sänger traten auf. Doch niemand interessierte sich für sie. Selbst die Künstler wirkten irritiert. Wir warteten. An einzelnen Stellen, vor dem Rathaus, in der Grimmaischen Straße riefen kleine Gruppen Protestlosungen und entrollten Transparente. Genau in meinem Sektor, an der östlichen Gebäudeseite des Messeamtes, versammelte sich eine größere Gruppe junger Leute, die lachend auf eine Fernsehkamera zeigten, die knapp unter dem Dach angebracht war. Es war eines unserer »Augen«. Doch die Situation eskalierte nicht. In meinem Bereich blieb es ruhig. Ich atmete erleichtert tief durch.

Punkt 19.00 Uhr war Einsatzende, und alle Mitarbeiter strömten schlagartig zurück in die Bezirksverwaltung. Am Eingang standen staunende und verwirrte Leipziger Bürger und wunderten sich über den nicht enden wollenden Zug schweigender und mürrischer Einsatzkräfte, die aus allen Richtungen in das Gebäude strömten.

Am nächsten Tag wurde der Wahlerfolg der »Nationalen Front« (98,85 Prozent für den Wahlvorschlag) verkündet. Gleichzeitig wurden Stimmen über Wahlfälschungen laut, Bürgerrechtler erstatteten Anzeigen. Es brodelte im Volk, das bisher noch geschwiegen hatte.

Unwetter braute sich zusammen.

Ein Koloß bricht zusammen

*Die Tragödie des Menschen ist, daß er auf Tragödien
nicht vorbereitet ist, darauf, daß im Leben etwas danebengeht,
daß etwas scheinbar Unmögliches eintritt.*
Philip Roth

Am 28. Februar 1990, nach 24 Jahren Dienst im Ministerium für Staatssicherheit, verließ ich als einer der letzten »Mohikaner« endgültig und unwiderruflich die »Runde Ecke«, wie die Bezirksverwaltung für Staatssicherheit aufgrund des runden Eingangsportals im Volksmund genannt wurde. Die Auflösung und Liquidierung der Abteilung XV, der »Außenstelle« der Hauptverwaltung Aufklärung im Bezirk Leipzig, war abgeschlossen, es gab nichts mehr zu tun.

Nachdem ich die Dokumente meiner Entlassung unterschrieben hatte – Dienstausweis und Petschaft behielt ich aus Trotz unter dem Vorwand, sie wären mir bereits vor Wochen abgenommen worden –, ging ich ein letztes Mal in mein Arbeitszimmer.

Es machte bereits einen verwaisten Eindruck. Der Teppichboden war lange nicht mehr gesäubert worden, die Gardinen, die ich immer von meiner Frau hatte waschen lassen, waren schmutzig. An den Wänden schimmerten helle Flächen, die auf frühere Bilder hinwiesen. Dort hingen einst ein großes Gemälde (»Lenin im Smolny«) und das Bild des »Generalsekretärs des Zentralkomitees der Sozialistischen Einheitspartei Deutschlands und Vorsitzenden des Staatsrates der Deutschen Demokratischen Republik«, der vor vier Monaten von allen Ämtern entbunden worden war.

Der Stahlschrank war leer. Akten und Unterlagen hatte ich vernichtet. Im mittleren Fach lagen noch einige Lehrmaterialien über »Verhalten von Mitarbeitern vor feindlichen Untersuchungsorganen«. Es war ziemlich umfangreich, obwohl es eigentlich nur einer Verhaltensweise in solch einem Fall bedurfte, nämlich der Aussageverweigerung. Ich sollte später öfter daran erinnert werden.

Ganz unten im Schrank, bereits verstaubt, langweilten sich noch die stabilen Pappeinbände meiner roten und grünen Schulungsbücher, die Seiten hatte ich ebenfalls entfernt und vernichtet. Meine persönlichen

Sachen und Bücher hatte ich bereits nach Hause geschafft, die militärische Ausrüstung und Uniform in einer Sammelstelle abgegeben.

Ich schaltete noch einmal das Fernsehgerät ein und setzte mich auf die Couch, die für gelegentlichen Nachtdienst zum Schlafen zur Verfügung stand. Hier hatte ich mir mittags 13 Uhr immer die »Tagesschau« der ARD angesehen. Westfernsehen war sonst unerwünscht, aber wir hatten als Abteilung, die sich mit der Aufklärung der Pläne und Absichten des imperialistischen Gegners BRD beschäftigte, eine Freischaltung.

Im DDR-Fernsehen lief gerade die Übertragung einer Diskussion am »Runden Tisch«. Ich hob den Telefonhörer ab. Die Leitung war tot, abgeschaltet. Nichts ging mehr. Dann nahm ich eine offene Flasche Selters aus dem Kühlschrank, trank einen Schluck und stellte sie achtlos auf den Schreibtisch. Für wen sollte sie kühl gehalten werden? Ich fühlte mich leer und ausgebrannt. »Das war's«, dachte ich und ging. Niemals hätte ich ein halbes Jahr zuvor geglaubt, daß eine solche Situation eintreten könnte.

Ich habe das Gebäude der Bezirksverwaltung seit meiner Entlassung am 28. Februar 1990 nur wenige Male wieder betreten. Das erste Mal 1992 im Zusammenhang mit dem Besuch der im Altneubau vorübergehend untergebrachten AOK. Mein unfreiwilliger Besuch im ehemaligen Sitz unserer Abteilung erfolgte aufgrund eines Zuzahlungsantrages für die Herstellung einer Zahnbrücke. Das Schicksal wollte es, daß mein Antrag im Zimmer 205 behandelt wurde, meinem letzten Arbeitszimmer als stellvertretender Abteilungsleiter. Es war frisch tapeziert und natürlich mit neuen Möbeln ausgestattet.

Als später das Arbeitsamt im Neubau der Bezirksverwaltung untergebracht wurde, mußte ich notgedrungen der früheren »Stasi-Zentrale« zwecks Arbeitslosmeldung und Beratung weitere Besuche abstatten. Mich durchdrang immer ein seltsames Gefühl, und ich war froh, wenn ich wieder draußen war.

Im September 2001 besuchte ich im Zusammenhang mit diesen Aufzeichnungen das »Museum in der Runden Ecke«, das gestaltet von ehemaligen Bürgerrechtlern die Ereignisse von 1989 dokumentiert und einige Bereiche der Kontrolltätigkeit in der Bezirksverwaltung des MfS beleuchtet. In der Presse gab es Informationen, daß eine Schließung für 2002 ins Auge gefaßt sei, da das jährliche Budget von 500.000 DM nicht mehr aufgebracht werden könne. Also war Eile geboten.

Als ich den Eingang passierte, an dem früher der Posten die

Dienstausweise kontrollierte, hatte ich tatsächlich die Empfindung, ich müßte in die Innentasche greifen und nach der durch eine Kette gegen das Verlieren geschützten Klappkarte fingern.

Die Ausstellung war überfrachtet mit zahlreichen Tafeln, Bildern und Kommentaren und bewußt bedrängend und düster gestaltet. Es überwog eine einseitige Konzentration auf die Bereiche Postkontrolle, Abhörtechnik und Observation sowie auf die Auseinandersetzungen im Herbst 1989. Bei aufgeklärten Besuchern mußte dieser missionarische Eifer Fragen auslösen, wie hier mit einem zweifellos dunklen Kapitel der DDR-Geschichte umgegangen wird.

Ich gesellte mich zu einer Gruppe westdeutscher Besucher und mußte mit anhören, wie die Angestellte des Museums den Besuchern weismachte, in der Verkaufsstelle der Bezirksverwaltung hätte es »Westwaren« gegeben. Log sie in anderen Fragen gleichermaßen?

Über die Abteilung XV gab es nur eine kurze Notiz in einer Schautafel, die die Struktur der Bezirksverwaltung darstellte.

Ich habe mich namentlich auf einer Liste wiedergefunden, die die Überschrift trägt: »Die oberen Zweitausend auf den Gehaltslisten der Stasi (Die Hauptamtlichen)«.

Die Ereignisse überschlagen sich

Begonnen hatte die Krise der DDR schleichend. Die Montagsdemonstrationen in Leipzig hatten »die Ereignisse« beschleunigt, bis sie sich schließlich überschlugen. Im September 1989, als die Teilnahme an den Protesten noch nicht so gewaltig war, daß der Demonstrationszug den gesamten Innenstadtring füllte und sein Ende mit dem Anfang verschmolz, hatte es noch Illusionen über den Ernst der Lage gegeben.

»Wir sind das Volk!«, »Schließt euch an !«, »Keine Gewalt!« skandierten die Volksmassen.

Der Leiter der BV, Manfred Hummitzsch, schloß daraus hoffnungsvoll in einer der sich häufenden außerordentlichen Dienstbesprechungen: »Genossen, das MfS wird in den Losungen nicht direkt angegriffen.«

Das sollte sich bald ändern. Noch hatten die Demonstranten ihre Möglichkeiten nicht voll erkannt. Es fehlte wohl auch eine Strategie. Später änderten sich die Schlachtrufe, und auch der Ton wurde aggressiver.: »Stasi in die Volkswirtschaft!«, »Wir verdienen euer Geld!«, »Stasi raus!« hallte es nun machtvoll durch die Straßen.

Wir Mitarbeiter saßen, wie befohlen, jeden Montag in unserem riesigen, trutzig wirkenden Haus, und es »schwante uns nichts Gutes«, wie der Sachse sagt. In den ersten Wochen wurden die Fenster noch verdunkelt. Dazu wurden schwarze Rollos benutzt, mit denen alle Fenster für den Fall eines Krieges ausgerüstet waren. Wir kamen uns vor wie eingesperrt in Luftschutzräumen. Nach außen wirkte das Gebäude nun besonders unheimlich und bedrohlich. Später wurde genau aus diesem Grund das Gegenteil angewiesen: Die Rollos blieben oben, aber das Licht mußte gelöscht werden.

Jeden Montag lebten wir von der Hoffnung, daß die Proteste nur eine vorübergehende Erscheinung wären und daß die SED- und Staatsführung mit entsprechenden Beschlüssen und Maßnahmen zur Beruhigung der Lage beitragen werde. Vielleicht wäre es besser gewesen, wenn das gesamte Politbüro uns Gesellschaft geleistet hätte. Volkszorn kann erzieherisch wirken. Die Volksmassen, die nach unserem Verständnis in der Geschichte der Klassenkämpfe immer die entscheidende Rolle inne haben, begannen auch in der DDR Geschichte zu machen. Ein junger Mann, den ich nach dem Zusammenbruch kennenlernte, erzählte mir später, daß er an vielen Demonstrationen teilgenommen hatte. Er meinte lachend: »Die da drin dachten, wir werden müde und hören von alleine wieder auf.«

Wie sehr der Ernst der Situation noch im Oktober 1989 in der HVA unterschätzt wurde, offenbarten mir immer wieder Telefonate mit Berliner Genossen. Oberst Gehrich und Oberst Behrend, meine früheren Vorgesetzten in der HVA III, amüsierten sich über mich und meine Sorgen. Sie fragten lachend, ob wir schon die Hosen voll hätten. Aber auch ihnen sollte später das Lachen vergehen.

Als der Druck der Demonstrationen auf die Bezirksverwaltung im Laufe der Zeit immer größer wurde, tauchten Soldaten des Wachregimentes Berlin auf. Diese blutjungen und ahnungslosen Menschen mit aufgeregt geröteten und verwirrten Gesichter sollten den Schutz der BV gewährleisten?

Am »Republikgeburtstag«, dem 7. Oktober 1989, hatte die Parteiführung mit letzter Kraft in Berlin eine große »Jugendmanifestation« zusammengetrommelt. Trotzdem kam es außerhalb des unmittelbaren Zentrums zu Protesten und Auseinandersetzungen mit den Sicherheitskräften.

Am 9. Oktober fand in Leipzig die bis dahin gewaltigste Montagsdemonstration statt, an der sich bis zu 70.000 Bürger beteiligten. Auch in anderen Städten der DDR kam es zu Protesten. Das MfS und die Polizeiorgane befanden sich bereits im Zustand der Lähmung. Der Leiter der Bezirksverwaltung Leipzig entschied, nichts zu unternehmen, um die Demonstration am 9.Oktober aufzulösen. Er bezog sich dabei auf die Gesamtlage und auf das Fehlen zentraler Befehle.

Der Chef der Volkspolizei, Gerhard Straßenburg, veranlaßte, nachdem auch bei ihm Weisungen des Innenministers Dickel ausblieben, daß die bereitstehenden Polizeikräfte nichts unternahmen. Nach seiner Ansicht war die Situation mit polizeilichen Mitteln nicht beherrschbar. Er hoffte auf eine schnelle politische Lösung.

Andere Entscheidungsträger »eierten rum« oder waren nicht erreichbar. So ist es nicht verwunderlich, daß sich noch heute darüber gestritten wird, wer denn der »weise Befehlshaber« gegen Gewalt war. Inzwischen reklamieren das viele für sich.

In Wahrheit war es so, daß keiner die Verantwortung für einen folgeschweren Einsatzbefehl übernehmen wollte. Jeder wartete auf Weisungen von oben oder von nebenan oder von sonstwo.

Charakteristisch auch der Anruf des letzten Leiters der Abteilung Sicherheit beim ZK der SED, Herger, in der Abteilung Sicherheit der Bezirksleitung Leipzig am 9. Oktober. Er gab weder Weisung noch Empfehlung noch Information, sondern sagte lediglich, daß er »die Daumen drücke«. Wofür eigentlich? Daß nichts passiere?

Die Rolle der sechs Leipziger Verfasser jenes Aufrufe zur Gewaltlosigkeit wurde wegen des Durcheinanders in der Wendezeit maßlos übertrieben. Eigentlich stießen Kurt Masur und seine »Helden«, unter ihnen der Sekretär der SED-Bezirksleitung Roland Wötzel, in ein Vakuum. Sie liefen offene Türen ein. Ihr Appell, der über den Stadtfunk übertragen wurde, kam bei den Entscheidungsträgern an, als die Entscheidung schon lange gefallen war.

Das Engagement der sechs und ihre Zivilcourage sind unbestritten, sie kannten ja nicht die tatsächliche Lage. Aber die wahren Helden waren jeden Montag um den Ring unterwegs. Es war das einfache Volk.

Ich habe mich am 9. Oktober wiederholt in das sogenannte Lagezentrum begeben, das sich in einem Raum neben dem Zimmer des Bezirkschefs befand. Dort standen die mit den rund um den Ring installierten Fernsehkameras verbundenen Monitore. Mitarbeiter der Abteilung Auswertung schrieben per Hand die erkennbaren Losungen ab, die als Ausdruck der Stimmung der Bevölkerung nach Berlin gemeldet wurden. Es war eine miese Stimmung im Raum. Die Mitarbeiter machten sich gegenseitig Mut, indem sie die Demonstranten verwünschten. Als ich auf dem Gang den Parteisekretär der Bezirksverwaltung, Alfred K., traf, teilte er mir verzweifelt mit, daß die nach Berlin gemeldeten

Teilnehmerzahlen an den Demonstrationen falsch seien. Nicht nur 12 oder 15.000 würden marschieren, sondern 40.000 oder mehr. Charakteristisch der absichernde Schlußsatz: »Erzähle es aber nicht weiter.«

Verunsicherung, Ernüchterung und schwindendes Selbstbewußtsein hatten um sich gegriffen.

Nach den Demonstrationen Anfang Oktober ging es Schlag auf Schlag:

Am 18. 10. wurde Honecker gezwungen zurückzutreten.

Am 3. 11. wurde Mielke abgelöst.

Am 7. 11. trat die Regierung Stoph zurück.

Am 9. 11. wurden die Grenzen zu Westberlin und der BRD geöffnet.

Am 3. 12. trat das gesamte Politbüro der SED zurück.

Am 13. 11. wurde Hans Modrow, der in der Führung der SED kaltgestellte Bezirkssekretär von Dresden, ein besonnener, mutiger und ehrlicher Genosse, von der »alten« Volkskammer zum Ministerpräsidenten gewählt.

Er ließ sich von der Leitung des MfS überreden, das Ministerium in ein Amt für Nationale Sicherheit (AfNS) umzustrukturieren. Grundsätzlich lief die Reform der Staatssicherheit unter dem Motto: »Wie können wir die Sache organisieren, damit alles neu aussieht, aber alles beim alten bleibt.«

Inzwischen hatte der »Runde Tisch« zu arbeiten begonnen, der Druck der Straße wuchs, der Westen arbeitete fieberhaft an der Destabilisierung der Modrow-Regierung. Für das AfNS folgten nun Niederlage auf Niederlage.

Am 4. 12. wurden die ersten MfS-Ämter u.a. in Leipzig besetzt,

am 6. 12. wurde 17 MfS-Generale entlassen.

Am 7. 12. sprach sich der »Runde Tisch« gegen das AfNS aus,

am 8. 12. wurde Mielke verhaftet und die Kreisdienststellen des MfS aufgelöst.

Am 14. 12. wurde die Auflösung des MfS/AfNS beschlossen.

Am 27. 12. sprach sich der »Runde Tisch« gegen Nachfolgeämter des MfS/AfNS (Verfassungsschutz/Außenpolitischer Nachrichtendienst) aus.

Am 13. 1. 90 verzichtete der Ministerrat auf ein neues Amt für Verfassungsschutz bis zu den Volkskammerwahlen.

Am 15. 1. wurde die ehemalige MfS-Zentrale in Berlin »gestürmt«.

Die größte Niederlage aber war das jämmerliche Auftreten von Mielke vor der Volkskammer am 19. November 1989. Sein für die Mitarbeiter des MfS demoralisierendes Gestammel, das bald zur ironischen Losung werden sollte (»Ich liebe doch alle«), war der letzte Anstoß für manchen bis dahin noch standfesten Genossen, über diesen Mann und seine Rolle nachzudenken. Wir Mitarbeiter der Abteilung XV hatten die Übertragung im Fernsehen gemeinsam in meinem Dienstzimmer angesehen. »Mielke spricht!« Alle erwarteten zumindest einen Versuch der Ehrenrettung. Scham und Enttäuschung waren danach verheerend. Ein kleiner Gernegroß war unter der Last des schlechten Gewissens zusammengebrochen.

Das Ende der Bezirksverwaltung Leipzig

Am 4. Dezember 1989 erfolgte nicht der »Sturm« oder die »Besetzung« der MfS-Bezirksverwaltung, wie es auch heute noch oft in Nachbetrachtungen zu lesen ist, sondern die Übergabe an eine Vertretung des Bürgerkomitees und die Gewährleistung des Zutritts für die Vertreter der Medien. Der Leitung der Bezirksverwaltung muß der beabsichtigte Sturm des Gebäudes durch Informationen von IM bekannt gewesen sein, denn einen oder zwei Tage vorher wurde die Abgabe aller persönlichen Waffen befohlen und ihr Verschluß in den dezentralen Waffenkammern angeordnet. Es gibt allerdings auch Ansichten, daß das eine zentrale Entscheidung war.

Waffen in persönlichem Besitz sind eine gefährliche Angelegenheit. Man kann zu ihrer Anwendung provoziert werden, man kann sie trotz Unverhältnismäßigkeit der Situation anwenden und nicht wiedergutzumachenden Schaden anrichten. Sie können aber auch entwendet und gegen den Träger gerichtet werden.

Als ich von 1981 bis 1985 als Resident der HVA in der Botschaft der DDR in Daressalam tätig war, habe ich dieses Problem öfter mit meinem Freund und Kampfgenossen aus Kuba, Francisco Hernandez, diskutiert. Dieser trug ständig eine Waffe bei sich. Ich selbst besaß illegal eine kleine tschechische Pistole, die mein Vorgänger während des ugandisch-tansanischen Krieges vom CSSR-Botschafter geschenkt bekommen hatte. Das sichere Verbergen dieser Damenpistole hatte mir immer Kopfzerbrechen bereitet. Schließlich warf ich sie in den Ozean.

Da ich Verantwortlicher für die militärische Ausbildung in der Leipziger Abteilung war und gleichzeitig die Schlüsselgewalt über die Waffenkammer hatte, mußte ich das Einsammeln der Waffen leiten. Keiner protestierte, das Verständnis für die Maßnahme war allgemein.

Am Abend des 4. Dezember marschierte die Menge nicht wie gewohnt vor den alten Haupteingang der BV, sondern wurde zur großen Zufahrt für Fahrzeuge im Rücken des Neubaus geführt, wo sie versuchte, das große eiserne Tor einzudrücken.

Ich erinnere mich an den verzweifelten Anruf des »Hauskommandanten«, Major H., von der Arbeitsgruppe des Leiters, der mich anflehte, Genossen nach unten zu schicken, da die Wachsoldaten dem Druck nicht länger standhalten könnten.

Ich forderte alle anwesenden Mitarbeiter auf, mir zu folgen, und einige stürmten mit mir nach unten. Als wir den Hof betraten, bot sich uns ein gespenstisches Bild. Das Tor, gegen das die wütende Menge drängte, wurde von den uniformierten Kräften der Wacheinheit durch Einsatz der Körper kaum noch gehalten. Andere liefen aufgeregt hin und her und fuchtelten mit den Maschinenpistolen herum. Auf den Mauern und Pfeilern saßen bereits Demonstranten, noch unschlüssig, aber scheinbar bereit, in den Hof zu springen. Ich stand zusammen mit zwei Genossen, der größte Teil, unter ihnen mein Parteisekretär, war wieder ins Gebäude geflüchtet. Wir waren unentschlossen im Durcheinander, als eine laute Stimme über Megaphon um Ruhe bat.

Der Rechtsanwalt Schnur – später stellte sich heraus, daß auch er ein IM des MfS war –, stand außerhalb des Tores auf einem Podest oder PKW und gab bekannt, daß gleich eine Abordnung von Bürgern, begleitet von Vertretern der Medien, zu Verhandlungen mit der Leitung der Bezirksverwaltung in das Gebäude eingelassen und die Kontrolle übernehmen würde.

Sofort beruhigte sich die Lage, Zustimmung wurde laut, einige riefen: »Die Waffen, sichert die Waffen!«.

Mir fiel ein Stein vom Herzen.

Eine größere Gruppe von Bürgern und Journalisten betrat den Hof, Scheinwerfer flammten auf, Kameraleute begannen sofort zu filmen.

Ich verzog mich wieder ins Gebäude und ging in mein Arbeitszimmer. Das »Bürgerkomitee« zog mit der Leitung der BV in einen Verhandlungsraum, die Journalisten eilten durch das Haus, interviewten und filmten. Schon in der Spätausgabe des ZDF konnten sich einige Genossen meiner Abteilung wiedersehen, die den Nachrichtenjägern in die Hände gefallen waren und glaubten, Kommentare abliefern zu müssen.

Später trat Schnur nochmals vor die Demonstranten und gab die Besetzung der BV unter dem Jubel der Menge bekannt, die sich dann schnell auflöste.

Noch am gleichen Abend erfolgte die Versiegelung aller Stahlschränke durch den Militärstaatsanwalt des Bezirkes, womit für uns der Zugang zu den Akten nicht mehr möglich war. Die große Mehrheit der Mitarbeiter wurde beurlaubt und aufgefordert, zu Hause weitere Entscheidungen abzuwarten. Kräfte der Volkspolizei übernahmen die Sicherung des Objektes, um die Weiterführung der Arbeit der Staatssicherheit zu verhindern.

Einige Tage später begann der Exodus der Mitarbeiter. Viele Genossen, insbesondere jüngere, suchten sich, teilweise vermittelt über ihre IM, eine neue Tätigkeit und kündigten dann. Eine spezielle Arbeitsgruppe der Kaderabteilung koordinierte und bearbeitete die Massenentlassungen. Anfangs bemühte sie sich noch, Arbeit zu vermitteln, aber mit dem allgemeinen Zusammenbruch der staatlichen Ordnung war das bald nicht mehr möglich. Es zeigte sich, daß der Staat DDR, die Führung der SED und vor allem die Leitung des MfS keinen Rückhalt in den eigenen Reihen besaß. Die meisten erkannten, daß dieses System nicht mehr wert war, verteidigt zu werden, und kündigten die Gefolgschaft. Das war auch die Ursache dafür, daß es in der Zeit »danach«, die für manchen Mitarbeiter und IM mit schwersten Belastungen verbunden war, keine Kurzschlußreaktionen, Racheakte oder Attentate gegeben hat, was sich mancher der »Anheizer« vielleicht gewünscht hätte. Darin kam aber auch Verantwortungsbewußtsein und politische Reife der MfS-Mitarbeiter zum Ausdruck.

Die Auflösung der Abteilung XV

In der Abteilung XV war die Situation differenzierter. Das »Bürgerkomitee«, das die Macht in der Bezirksverwaltung übernommen hatte, ließ sich überzeugen, daß die IM im Operationsgebiet nicht einfach ihrem Schicksal überlassen werden durften und genehmigte die einstweilige Fortsetzung der Arbeit der Aufklärung.

In den meisten Bürgervertretungen hielt man die Aufklärung für legitim.

Unsere Stahlschränke wurden also wieder entsiegelt.

Diese Entscheidung wurde dadurch begünstigt, daß es Anfang Dezember noch unterschiedliche Auffassungen darüber gab, wie mit der Aufklärung verfahren werden sollte. Einige Vertreter der Bürgerbewegung traten anfangs für die Gründung eines Nachrichtendienstes der DDR ein, in den die HVA und die Abteilungen XV, allerdings zahlenmäßig deutlich reduziert, übernommen werden sollten.

In Leipzig wurde daraufhin eine Dienstversammlung aller Mitarbeiter in einem Schulungsraum der Bezirksparteischule der SED in der Seeburgstraße durchgeführt und ungefähr die Hälfte der Mitarbeiter durch den Leiter der Abteilung aufgefordert, sich eine andere Arbeit zu suchen – ein folgenschwerer psychologischer Fehler, wie sich später herausstellen sollte.

Natürlich wurden weniger erfolgreiche Genossen »ausgesondert«, wodurch eine gefährliche Motivation für spätere Verratshandlungen entstand. Als später die Vernehmungen aller Mitarbeiter durch Beamte des Bundeskriminalamtes begannen, hat es, soweit mir bekannt wurde, Aussagebereitschaft gegeben. Als ich anläßlich einer Vernehmung in Leipzig-Paunsdorf die jungen Kriminalbeamten fragte, wie erfolgreich ihre Bemühungen bisher bei der Abteilung XV waren, meinte einer wörtlich: »Viele sind schwach geworden.«

Wenige Tage später war die Lage schon wieder verändert. Das MfS sollte als ganzes aufgelöst und Entscheidungen über neue Ämter der aus den bevorstehenden Wahlen hervorgehenden neuen Regierung überlassen werden.

Ich erklärte mich mit einigen wenigen Genossen bereit, die Abteilung XV aufzulösen, d. h. die Zusammenarbeit mit den IM im Operationsgebiet und in der DDR ordentlich zu beenden sowie Inventar, Ausrüstung und Waffen an das »Bürgerkomitee« bzw. die Volkspolizei zu übergeben.

Bereits vor dieser Entscheidung hatten wir uns bemüht, die inoffiziellen Mitarbeiter vor späterer Enttarnung zu bewahren, indem wir viele IM-Akten dem Reißwolf übergaben und als das nicht mehr möglich war, in kleine Schnitzel zerrissen, in Säcke füllten.

Den IM aus der DDR händigten wir ihre originalen schriftlichen Verpflichtungserklärungen und handgeschriebene Lebensläufe aus. Wir waren bemüht, uns gegenüber den Vertretern des »Bürgerkomitees« kooperationsbereit und einsichtig zu zeigen. Sicher schätzte mancher Bürgerrechtler/in unser Verhalten als unterwürfig ein und kam zu für uns nicht schmeichelhaften Auffassungen. Aber diesen letzten schuldigen Dienst an den IM mußten wir unbedingt leisten und sie vor der später einsetzenden Diffamierung schützen. Wie richtig das war, bewies die Zeit nach der Wende.

Der Leiter unserer Abteilung, zugleich stellvertretender Leiter der Bezirksverwaltung, Oberst Claus B., der insbesondere am Tag des »Sturms« die Übersicht bewahrte und eine ausgleichende Rolle in den Verhandlungen der Leitung mit den Bürgerbewegten spielte, ging vielleicht dabei zu weit. Er übergab der Verantwortlichen des Bürgerkomitees, Rita Selitrenny, operative Unterlagen, darunter einen Einsatzplan zum Treff mit der Quelle »Schwarz« in Wien, um die Bedeutung der Aufklärung und die Notwendigkeit einer ungestörten Weiterarbeit zu unterstreichen.

IM wurden dadurch nicht gefährdet, aber Frau Selitrenny veröffentlichte diese Dokumente eiskalt in ihrem Bericht »Das unheimliche Erbe«, der noch 1991 als Buch im Forum-Verlag erschien. Sie hielt sich nicht an die erbetene Vertraulichkeit.

Rita Selitrenny und der Co-Autor Thilo Weichert, ihr westdeutscher »Berater«, recherchierten nicht gründlich, bewerteten oberflächlich und vergrößerten den Umfang des Buches mit zahllosen, zusammenhangslos ausgewählten Dokumenten des MfS. Es war einer der damals üblichen »Schnellschüsse«.

Aus dem letzten Operativgeld zahlten wir den hauptamtlichen IM, die im Operationsgebiet BRD eingesetzt worden waren, Abfindungen als Übergang in schwierige Zeiten.

Einen Tag vor Übergabe der Waffen an die Volkspolizei überprüfte ich nochmals die Vollständigkeit von Waffen und Munition in der Waffenkammer der Abteilung. Dort lagerten zirka 50 Pistolen »Walther« und 50 Maschinenpistolen »Kalaschnikow«, einschließlich der Munition. Ich stand in dem kleinen vergitterten Raum und überlegte, ob ich mir für alle Fälle eine »Walther« mitnehmen sollte. Ich hätte nur im Waffenbuch eintragen müssen, daß sie zur Reparatur an die zentrale Werkstatt übergeben worden sei. Aber eingedenk meiner Erfahrungen mit Waffen in Tansania ließ ich es doch lieber bleiben.

Außerdem gab es keine Anzeichen dafür, daß unser Leben unmittelbar bedroht war.

Kein Ausweg, nirgendwo

Die Ereignisse im Zeitraum der politischen Wende in der DDR hatten das gesamte MfS zunehmend irritiert und gelähmt.

Es wurde deutlich, daß der riesige Sicherheitsapparat tatsächlich nur eine Institution der SED-Führung war, denn sein Einfluß auf den Verlauf der Ereignisse war nicht so, wie es vor dem Zusammenbruch vermutet und nach der Wende tendenziös beschrieben wurde. Im Zeitraum zwischen September und Dezember 1989 warteten wir passiv in unseren Dienststellen auf Entscheidungen der Partei- und Staatsführung, auf Weisungen und Befehle.

Ohnmächtig verfolgten wir die wachsenden Protestaktionen der Bürger, besorgt beobachteten wir die Untätigkeit und Inkonsequenz der Partei- und Staatsführung, enttäuscht registrierten wir die Unfähigkeit unserer führenden Genossen, die Lage durch mutige und konsequente Entscheidungen im Sinne der Forderungen des Volkes wieder in die Hand zu bekommen.

Wir hofften und hofften, denn keiner konnte sich auch nur im entferntesten vorstellen, das alles auf dem Spiel stand.

Die Folgen der Politbüro-Entscheidung, einen Zug mit Ausreisewilligen, die sich in die Botschaft der BRD in Prag geflüchtet hatten, über das Territorium der DDR zu leiten, erfüllte uns mit Entsetzen. Bei der Durchfahrt im Raum Dresden kam es zu tumultartigen und gewalttätigen Aktionen, weil zahlreiche Bürger mitfahren wollten.

Die Argumentation, der DDR hätten nur 1,5 Prozent der Bevölkerung den Rücken gekehrt, was nur einen volkswirtschaftlich unbedeutenden Faktor darstellen würde, empörte uns.

Und schließlich wurde die bereits erwähnte Rede Mielkes vor der Volkskammer als Dolchstoß in den Rücken der MfS-Angehörigen empfunden. Jetzt lachte man auch noch über uns. Viele Mitarbeiter fühlten sich verraten und im Stich gelassen, was den folgenden Zerfallsprozeß im MfS beschleunigen sollte.

Dazu kam, daß die Einsätze gegen die Protestdemonstrationen der Bürger bei vielen auf Unbehagen und Unverständnis stießen.

Das jahrelang verdrängte schlechte Gewissen bei der großen Mehrheit der Mitarbeiter angesichts der ausufernden Kontrolle und Überwachung machte sich massiv bemerkbar und äußerte sich in fehlender Kampfbereitschaft. Viele wußten: »So kann es nicht weitergehen.«

Die inoffiziellen Mitarbeiter hatten in den letzten Jahren über die unbefriedigende Situation in vielen gesellschaftlichen Bereichen, insbesondere in der Produktion, berichtet. Diese Informationen wurden weitergegeben, aber es hatte sich nur wenig geändert.

Eine große Anzahl der operativen Mitarbeiter war außerdem durch Einflüsse politisch-moralisch »aufgeweicht«, die außerhalb ihres Arbeitsbereiches auf sie einwirkten, also in den Familien, unter den Bekannten etc. Viele dachten deshalb nahezu erleichtert, als die Menschen auf die Straße gingen oder massenhaft Ausreise in die BRD forderten: »Es mußte ja so kommen«.

Das, was sich im letzten Halbjahr 1989 in der DDR abspielte, die Herausbildung einer revolutionären Situation, war unter den Möglichkeiten der Bedrohung der DDR nicht vorgesehen. Eine solche Lage konnte nach unserem Verständnis eigentlich nur in den kapitalistischen Ländern entstehen. Das MfS ging in diversen Planspielen und Einsatzübungen immer nur von kriegsvorbereitenden Maßnahmen des imperialistischen Gegners aus, die sich in verstärkter Subversion, Sabotage und Hetze gegen die DDR äußerten, in staatsfeindlichen Aktionen vorhandener und eingeschleuster Gruppen und in dadurch erzeugter Unruhe unter Teilen der Bevölkerung.

Der Feind kam aber nicht von außen. Es gab keine eingeschleusten Diversantengruppen, sondern das Volk protestierte, und zwar solange, bis wir uns als Sicherheitsorgan aufgelöst hatten.

In unserer Abteilung gab es für den Kriegs- oder Spannungsfall einen streng geheimen Mobilisierungs-Plan, in dem die Aufgaben der Diensteinheit festgelegt waren. Der gesamte Mitarbeiterbestand sollte im Ernstfall in ein konspiratives Objekt außerhalb Leipzigs einquartiert werden. Vorgesehen war dafür das konspirative Objekt »Musik«, ein großes Einfamilienhaus mit Nebengebäuden in Machern, das früher dem in den Westen geflüchteten Kapellmeister Kurt Henckels gehört hatte und als Wochenend- und Urlaubsdomizil für IM und Mitarbeiter, seltener für Treffs, genutzt wurde.

Es lag unweit des unterirdischen Bunkers, der der Leitung der Bezirksverwaltung im Ernstfall als Kommando-Zentrale dienen sollte. Den kannten wir damals natürlich noch nicht.

Von dort aus sollte dann der Einsatz der Mitarbeiter im »feindlichen Hinterland« erfolgen. Teilweise war vorgesehen, daß Mitarbeiter mit dem Fallschirm absprangen, um bestimmte Aufträge zu erfüllen oder eben den Kontakt zu ausgewählten IM im Operationsgebiet aufzunehmen. In Vorbereitung auf eine solche Situation hatte ich 1970 an einem Fallschirmspringerlehrgang auf dem MfS-eigenen Flugplatz in Eilenburg teilgenommen.

Für den Mob-Fall gab es übrigens auch Vorschriften für den Umgang mit den Akten. Jeder Mitarbeiter hatte eine spezielle, farbig gekennzeichnete Akte, die an einer bestimmten Stelle im Stahlschrank stand und in der Auskünfte über seine IM und Verbindungspläne enthalten waren. Diese Akte war im Ernstfall als einzige mitzunehmen. Alles andere sollte mit Hilfe von Brandsätzen durch ein spezielles Kommando vernichtet werden. Keiner von uns glaubte ernsthaft, daß dieses alles in der Praxis zu verwirklichen sei. Entsprechend formal wurde die gesamte Mobplanung und Vorbereitung auf den Ernstfall gehandhabt. Eine militärische Auseinandersetzung zwischen den Blöcken hätte zu einem Kernwaffenkrieg geführt. Das war den zentralen Einsatzstäben im Ministerium auch bewußt. Dort galt die utopische Devise, Sieger ist, wer sich als erster nach dem atomaren Schlagabtausch wieder erhebt.

Was unternahmen in dieser Zeit des Niedergangs der DDR die westlichen Geheimdienste?

Hatten sie in der sich für die DDR-Führung zuspitzenden innenpolitischen Situation ihre Tätigkeit eingestellt, oder waren sie aktiver geworden? Trugen sie ihrerseits zu einem schnelleren Tod der DDR bei? Es ist interessant, daß diese Frage in der massenhaften Nachwendeliteratur über das MfS keine oder nur eine untergeordnete Rolle spielt. Selbst wenn die Tätigkeit der Spionageabwehr innerhalb des MfS untersucht wird, spielt beispielsweise die einfache Frage, ob es denn Gründe für die Einrichtung einer Spionageabwehr in der DDR gab, keine Rolle.

Bei der Aufarbeitung der deutschen Geschichte hielt man sich in diesen Fragen bedeckt. Der Finger zeigte auf den Osten, dort saßen die »Täter«. Den Balken im eigenen Auge übersah man geflissentlich.

Einen Geheimdienst muß man in seinem Wirken nach innen und außen beurteilen.

Die Geschichte der CIA in ihrer äußeren Funktion, der Wahrung und Durchsetzung der Interessen des USA-Monopolkapitals, ist eine Geschichte der Einmischung in die Angelegenheiten anderer Länder, der Organisierung von Staatsstreichen und blutigen Putschen überall auf der Welt gegen die Kräfte, die sich den globalen Herrschaftsbestrebungen entgegenstellten. Guatemala, Iran, Kuba, Chile, Grenada, Irak und Afghanistan sind dafür nur einige Beispiele.

Während man in den USA vom Schutz der Menschenrechte, der Freiheit der Bürger, Wohlstand und Demokratie sprach, versklavte man andere Völker, hielt sie in Unabhängigkeit und Unfreiheit, beutete sie aus. Die Ohnmacht dieser Menschen machte sich nicht zuletzt in den terroristischen Anschlägen auf die USA im September 2001 Luft. Die äußere Funktion des MfS, realisiert in der Tätigkeit der HVA, reduzierte sich im wesentlichen auf die Erarbeitung von Informationen über die Situation im Lager des Gegners im kalten Krieg, auf seine Absichten und Pläne. Eine Alternative dazu gab es nicht, Vertrauen wurde auch nicht durch die Konferenz über Sicherheit und Zusammenarbeit in Europa geschaffen.

Unnormal war für einen Geheimdienst eines sozialistischen Landes seine Funktion nach innen. Mit der Begründung Lenins, daß die Hoffnung des »Klassenfeindes« auf Restauration seiner Herrschaft, sich in

Versuche der Wiederherstellung seiner Macht verwandeln, wurde die gesamte Gesellschaft zunehmend kontrolliert und überwacht. Keine politische Kraft in der DDR war willens oder fähig, der Entwicklung des MfS zum innenpolitischen Monster entgegenzuwirken. Niemand fragte, was wirklich geleistet wurde und was das alles kostet. Die hohen Summen, die der Dienst verschlang, hätten für bessere Dinge verwendet werden können. Das MfS war allgegenwärtig oder wurde überall vermutet, mischte sich überall ein, kümmerte sich um alles. Man muß ihm nicht nachtrauern.

Solange sich Klassen, Nationen und Religionen feindlich gegenüberstehen und es Gründe gibt, dem anderen zu mißtrauen, wird es das Bedürfnis geben, den Gegner auszuforschen und sich dadurch Vorteile zu verschaffen. Solange es Konkurrenz um die Erwirtschaftung von Profit gibt, wird es Versuche geben, den Konkurrenten auszuschalten. Dafür sind geheimdienstliche Methoden bestens geeignet.

Nicht die Frage nach der Abschaffung der Geheimdienste ist zu stellen, sondern die Frage nach der Beseitigung der Ursachen für ihre Existenz.

Neubeginn – ganz unten

Nun ist es Zeit für die Umkehr.
Für Blätter und Vögel kommt die Umkehr im Herbst instinktiv,
doch für uns bedeutet sie Gesichtsverlust.
Sie bedeutet, daß wir ganz von vorn anfangen müssen.
Und das ist immer schmerzhaft.
Sie bedeutet, daß man sich entschuldigen muß.
Sie bedeutet anzuerkennen, daß man sich ändern kann.
Diese Dinge sind schrecklich schwer zu verwirklichen.
Aber wenn wir nicht umkehren,
bleiben wir für immer der Vergangenheit verhaftet.
Aus der Liturgie des Jom Kippur

Seit Januar 1990, seitdem klar war, daß das MfS/AfNS ersatzlos aufgelöst werden und es keinen neuen Auslandsnachrichtendienst geben würde, hatten wir Aufklärer uns bemüht, Arbeit außerhalb »der Firma« zu finden. Noch gab es die DDR in ihrer gesellschaftlichen Struktur und damit auch Bereiche, die Arbeitskräfte benötigten. Doch ein allgemeiner Auflösungsprozeß war unübersehbar.

Für mich kam bei der Arbeitssuche erschwerend hinzu, daß ich keinen ordentlichen Beruf erlernt hatte und fast 50 Jahre alt war.

Ich unternahm einen schüchternen Versuch, als Lehrer für Geschichte und Englisch an einer Leipziger Schule einzusteigen. Als ich deshalb bei der Abteilung Volksbildung im Rat der Stadt vorsprach, wurde mir mitgeteilt, daß ein Einstellungsstopp verhängt sei.

Andere Genossen mit Hochschulabschlüssen in gesellschaftswissenschaftlichen Fächern machten ähnliche Erfahrungen.

In der beginnenden Konkurrenz um Jobs hatten die ehemaligen Mitarbeiter des MfS schlechte Karten. »Stasi in die Produktion!« hatte eine Forderung der Montagsdemonstranten gelautet. Doch auch dort wollte man uns nicht. Die Ausgrenzung hatte begonnen, es blieb offensichtlich nur ein Neuanfang weit unterhalb der beruflichen Qualifikation.

Erfahrungen anderer Mitarbeiter, die bereits im Dezember 1989 gegangen waren, lagen vor. Sie arbeiteten als Hausmeister, Verkäufer,

Kraftfahrer, Chemiearbeiter, Elektriker, Wachleute, Straßenbahnfahrer. Ich entschied mich, es als Hausmeister zu versuchen. Diese Tätigkeit wurde zwar nicht gut bezahlt, aber in der Regel von ungelernten Kräften ausgeübt. Die Fluktuation in diesem Job war hoch. Meine Frau, die damals noch an der Fachschule für Kindergärtnerinnen lehrte, recherchierte über ihre Verbindungen in die Abteilung Volksbildung der Stadt, ob Bedarf an Hausmeistern in Kindergärten und Schulen bestand und vermittelte mir ein Gespräch mit einer Kaderinstrukteurin im Rat des Stadtbezirkes Leipzig-Nordost.

Dort unterschrieb ich einen Arbeitsvertrag, allerdings nicht als Hausmeister, sondern als »Arbeiter für Außenanlagen« in einem Kindergarten in Leipzig-Schönefeld mit einem Bruttogehalt von 1.000 DDR-Mark.

Die nette Kollegin stellte mir in Aussicht, nach einiger Zeit der Einarbeitung den Hausmeisterposten in dieser Kindertagesstätte zu übernehmen, da man mit dem gegenwärtigen Hausmeister sehr unzufrieden sei und plane, ihm zu kündigen.

Sie konnte zu diesem Zeitpunkt allerdings noch nicht wissen, daß dieser Hausmeister Gründungsmitglied einer Partei war, die sich »Wiedervereinigungspartei« nannte. In dieser Funktion sollte er öfter vom Kindergarten mit CDU-Politikern im Westen telefonieren.

Das machte ihn unangreifbar.

Am 1. März 1990 stand ich gegen 4.30 Uhr auf, ging in aller Frühe zur Straßenbahn und fuhr zu meiner neuen Arbeitsstelle im Osten Leipzigs. Das Auto ließ ich lieber stehen. Im Beutel hatte ich einen blauen Arbeitsanzug, hohe Schuhe für die Gartenarbeit und ein Stullenpaket, im Herzen Beklemmung und Sorge.

Der Kindergarten in der Nähe der Clara-Wieck-Kirche war ein großer Flachbau mit stabiler Unterkellerung und großzügigem Freigelände, auf dem die etwa 60 Kinder ausreichend Auslauf- und Spielmöglichkeiten hatten. Im Untergeschoß waren die Küche, Büro und Werkstatt des Hausmeisters, die Heizungsanlage, diverse Lager- und Aufenthaltsräume sowie ein Gymnastikraum für die Kinder untergebracht. Zum technischen Personal gehörten zwei Küchenfrauen, die für die Kinder Frühstück und Vesper bereiteten und das angelieferte Mittagessen verteilten, drei Reinigungskräfte und der Hausmeister, ein gelernter Sanitärinstallateur.

Der junge Mann von etwa 30 Jahren, schlank und sportlich, hatte sich in seinen Räumen eine verdeckte private Erwerbsquelle aufgebaut. Im sogenannten Hausmeisterbüro waren fünf große Aquarien aufgestellt, in denen er Zierfische züchtete. Abnehmer gab es scheinbar genug, denn er erhielt oft Besuch. Ich wurde natürlich in den Gang der Geschäfte nicht eingeweiht.

Die gut ausgerüstete Werkstatt nutzte er zur Restaurierung von Möbeln und Gebrauchsgegenständen, die er ebenfalls verkaufte. Weiterhin reparierte er Haushaltgeräte. Tagsüber verschwand er oft, um bei Sanitärarbeiten seiner früheren Firma mitzuwirken. Er verstand es, aus allem Geld zu machen. Sein erster Gang nach Arbeitsbeginn, meist kam er zu spät, führte ihn zum nahegelegenen Containerplatz, wo er den entsorgten Müll nach brauchbaren Gegenständen durchstöberte.

Die Frauen des technischen Personals hatte er durch kleine Gefälligkeiten und handwerkliche Dienste in ihren Wohnungen für sich eingenommen, man konnte auch sagen: korrumpiert. Da er nicht unintelligent war, beherrschte er die Szene im Kellergeschoß, bestimmte und entschied in Streitfragen. Im Kindergarten machte er nur das Allernotwendigste, zu den Kindern hatte er überhaupt kein Verhältnis. Die Leiterin des Kindergartens, ein ehemaliges SED-Mitglied, ließ ihn gewähren. Sie fürchtete inzwischen um ihren Arbeitsplatz. Der Hausmeister mischte immerhin in der Bürgerbewegung und in der »Wiedervereinigungspartei« mit. Ab und zu gab er ihr zu verstehen, was er aufgrund ihrer SED-Mitgliedschaft von ihr halte.

Nachdem ich mich im Kollektiv der technischen Angestellten vorgestellt hatte und ganz gut aufgenommen worden war, erläuterte er mir als mein »Chef« Situation und Aufgabenstellung. Mir wurde klar, ich sollte außer den technischen Dingen seine ganze Arbeit machen.

Dagegen hatte ich nichts einzuwenden, denn ich hatte mir vorgenommen, durch Fleiß und Zuverlässigkeit zu überzeugen. Das war außerdem eine Möglichkeit, mich von ihm positiv abzuheben. Seine ständigen politischen Attacken übelster Art überhörte ich einfach und ging ihm ansonsten aus dem Wege. Kommunisten gehören alle an die Wand, aber die Wand muß weiß sein, damit man nach der Exekution auch etwas sieht, erklärte er mir.

Mein Schweigen irritierte ihn. So ganz sicher war er sich scheinbar nicht. Im übrigen war ich 1,90 Meter groß, 100 Kilo schwer und durchtrainiert.

Später, als wir uns etwas näher kennengelernt hatten, erzählte er mir sein Schicksal. Das Leben hatte ihn nicht verwöhnt, und es wurde auch bei ihm sichtbar, daß jedes außergewöhnliche soziale Verhalten seine tieferen Ursachen hat. Er war das Kind ungarischer Studenten, die ihn in der DDR einfach zurückgelassen hatten. Erst wuchs er in Heimen auf, wurde später von einer Ärztin adoptiert. Nach seinen Schilderungen hatte sie es nicht einfach mit ihm. Erst als er heiratete, bekam sein Leben eine gewisse Richtung. Ich lernte auch seine Frau kennen. Sie dominierte ihn stark. Kinder hatten beide nicht.

Ich nahm jeden Tag meine Gartengeräte und verzog mich ins Gelände. Es war Frühling, und es gab viel zu tun. Während der Arbeit hatte ich viel Zeit zum Nachdenken und Grübeln. Was war mit mir geschehen? Wie sollte es weitergehen? Wie ging es anderen?

Wenn ich morgens mit der Straßenbahn zu meinem Kindergarten fuhr, grüßte mich von den inzwischen überall präsenten PDS-Wahlplakaten zur Volkskammerwahl das Konterfei meines früheren Kommilitonen Dietmar Keller. Er war wie ich 1962 für ein Studium der Journalistik vorimmatrikuliert und dann zur Philosophischen Fakultät umgelenkt worden. Auch er war als Einstellungskader für das MfS bearbeitet worden, konnte aber wegen Verwandten in der BRD nicht eingestellt werden. Er ging trotzdem dem MfS nicht verloren. Mit ihm wurde auf inoffizieller Basis zusammengearbeitet, in gewisser Weise ein Widerspruch in sich.

Sein Wechsel in den hauptamtlichen Parteiapparat machte Ende der 60er Jahre die Beendigung des Kontaktes notwendig. Mit Funktionären der SED war die Zusammenarbeit untersagt, die Akten wurden archiviert.

Keller reihte sich nach der Wende ein in die Schar der »einsichtigen« und selbstkritischen ehemaligen SED-Funktionäre. Auch das MfS, mit dem er noch als Sekretär der SED-Bezirksleitung Leipzig gut kooperiert hatte, kam in seinem Nachwendeurteil schlecht weg. Er entschuldigte sich, welch große Geste, bei Biermann, dem rücksichtslosesten Barden aller Zeiten, und sprach von Narben, die lange schmerzen. Hatte dieser sich entschuldigt für seine Erklärungen, aus denen Menschenverachtung klang?

Vor der Enquete-Kommission zur Aufarbeitung der DDR-Vergangenheit bekannte er, von Marx keine Ahnung gehabt zu haben. Um weiter oben schwimmen zu können, nahm er Prügel in Kauf. Von den ehemaligen Genossen wegen »Prinzipienlosigkeit«, von den neuen Mitkämpfern wegen »Verstrickung«, von den politischen Gegnern wegen »Unbelehrbarkeit« geschnitten, saß er zwischen allen Stühlen. Seine Lebensgefährtin oder zweite Ehefrau, Gisela Oechelhäuser, eine begnadete Kabarettistin, prügelte mit. In einem Soloprogramm haute sie ihm seinen Lebenslauf um die Ohren ...

Doch »Zeitchen vergeht«, formulierte Erwin Strittmatter. Arbeit heilte meine Wunden, die ich eine Zeit lang zu lecken beschäftigt war. In einem Vierteljahr gelang es mir, das völlig verwahrloste Terrain auf Vordermann zu bringen. Ich füllte frischen Sand in die Sandkästen, verschnitt die Bäume, jätete Unkraut auf den Blumenrabatten und legte neue an, entrostete und strich die Klettergerüste und Schaukeln mit frischer Farbe. In dieser Zeit lernte ich auch mit der Heizanlage umzugehen, Schlösser und Sanitäranlagen zu reparieren und Holzarbeiten zu verrichten. Die Kolleginnen waren nett zu mir. Für sie zählte in erster Linie meine Leistung und mein Auftreten. Am Anfang spürte ich Mitleid, im Laufe der Zeit aber immer mehr Anerkennung. Es ist immer wieder eine Erfahrung im Leben, daß die einfachen und anständigen Menschen ein Gefühl für Recht und Unrecht, für Wahrheit und Unwahrheit haben. Am 8. März, dem in der DDR immer groß gefeierten Internationalen Frauentag, nahm ich Blumen und eine große Flasche Pfefferminzlikör mit in den Kindergarten. Ich hatte keinen Grund, wie andere im Anpassungseifer diesen Tag plötzlich zu negieren.

Von der Leiterin des Kindergartens erfuhr ich, daß in einer sogenannten Kinderkombination, in der sich Kindergarten und Krippe in einem Objekt befinden, ein Hausmeister gesucht wird. Der bisherige sollte in den Ruhestand gehen. Ich ging sofort in die Kaderabteilung beim Rat des Stadtbezirkes und bewarb mich bei der freundlichen Kaderinstrukteurin um die Stelle. Es dauerte und dauerte, doch dann war es soweit. Die Leiterin der Kinderkombination Schönefeld, Frau P., lud mich zum Vorstellungsgespräch ein. Es stellte sich heraus, daß ihr Hausmeister schon lange krank war und sehr viel Arbeit liegengeblieben war. Frau P. war darüber sehr unglücklich und froh, als ich ihr versicherte, ich würde nicht auf die Uhr schauen und das Tohuwabohu so schnell als möglich beseitigen. Wir verstanden uns und ich wurde mit den Worten verabschiedet: »Ich freue mich.« Es war dies der zweite Kindergarten, den ich auf Vordermann brachte. Als der Winter 1990/91 Einzug hielt, hatte ich alle Kellerräume entrümpelt und gesäubert, meine Werkstatt auf Vordermann gebracht, das Gelände beräumt, die Wiesen kultiviert, Bäume und Sträucher gepflanzt, viele Fenster gestrichen, Heizungen und Sanitäranlagen repariert, die Belegschaftsräume tapeziert.

Der frühere Leiter der Abteilung XV Suhl, Werner D., machte mich mit einem Weinhändler aus der Pfalz bekannt. Dieser hatte zusammen mit Genossen der ehemaligen Bezirksverwaltung Dresden ein Weinkontor in der gleichen Stadt gegründet und beabsichtigte, mit seinen Weinen Sachsen und Thüringen zu überschwemmen. Herr F. besuchte mich mit seiner aufregenden Frau, die über das Firmenkapital verfügte, zu Hause in Leipzig und hielt mir einen Vortrag in herrlichem Pfälzer Dialekt über Wein. Ich ließ ihn in hinterhältiger Weise einen der beliebtesten Rotweine verkosten, die es in der DDR zu kaufen gab, den »Rosenthaler Kadarka«. Er schlürfte, schmeckte und kaute. »Es kommt nichts nach«, meinte er und urteilte: »Der Wein hat keine Traube gesehen.« Restlos überzeugt von seiner Sachkenntnis, unterschrieb ich einen Vertrag als Vertreter seiner Weine und tauchte eine Woche später auf dem Markt auf, wo sich bereits viele Weinverkäufer tummelten. »Kohle« konnte ich gebrauchen, denn das Hausmeistergehalt war schmal und die Zahlung von Übergangsgeld wurde am 31. Dezember 1990 eingestellt. Einen Kellerraum des Kindergartens nutzte ich mit Genehmigung als Lagerraum für die Weine und begann, Kunden zu akquirieren. Die Sache lief mehr schlecht als recht, leben konnte man nicht davon. Am besten gingen die billigen Fruchtweine, die viele der inzwischen wie Pilze aus dem Boden geschossenen Getränkeshops abnahmen.

Im Januar 1991 bot mir der ehemalige Leiter der Abteilung XVIII der HVA, Gotthold S., einen Vertreterjob in seiner mit anderen Berliner Genossen gegründeten Firma *Delicom* an. Er hatte sich mit türkischen Geschäftsleuten in Westberlin arrangiert und wollte die große Zahl der überall gegründeten mobilen und stationären Imbißstände in der gesamten ehemalige Republik mit Grillgeräten und Fleischprodukten beliefern. Die Idee erschien mir glänzend. In Berlin unterwies uns ein Türke an den Grillgeräten. Das Grillgerät hieß »Döner«, was nichts anderes als »Dreher« bedeutete. Das gegrillte Fleisch hieß griechisch »Gyros« und türkisch »Kebap« und wurde von großen, senkrecht in der Hitze sich drehenden Fleischkonussen in dünnen Scheiben abgeschnitten. Wir lernten es, die Fleischkonusse in die Grillgeräte einzuspannen und mit einem langen scharfen Messer das Fleisch in möglichst dünnen Scheiben abzuschneiden. Das war der Trick. Die Scheiben kräuselten sich, und es sah nach viel aus, wenn das Fladenbrot gefüllt wurde. Obwohl es nur 30 Gramm Fleisch pro Portion waren, glaubte man an 100. Dazu kamen Gemüse und Soße, man wurde satt. So saßen wir also alle um den Döner herum, in den Händen zusammengeklapptes Fladenbrot mit würzigem Fleisch, Kraut und Sauce gefüllt und mampften. Während die Sauce auf unsere Hosen kleckerte, träumten wir von Absatz und Profit.

Ich mietete in der Leipziger Kühlhaus-AG eine Fläche in einem Gefrierraum für die Konusse und andere Kebap-Erzeugnisse und begann die Leipziger Imbisse abzufahren, um Kunden zu gewinnen. Wer ein Grillgerät kaufte, mußte sich verpflichten, über längere Zeit Fleisch von *Delicom* zu beziehen. Gotthold hatte sich das Ziel gestellt, die Türken von diesem Markt zu verdrängen. Er glaubte, daß sie hinsichtlich Hygiene und Qualität nicht würden mithalten können.

Ich begann daran spätestens zu zweifeln, als mir an einem Imbißwagen der deutsche Betreiber die Hand geben wollte, nachdem er gerade an der Rückwand sein Wasser abgeschlagen hatte.

Ich verkaufte einige Geräte und hatte leidlich zu tun, aber leben konnte man davon auch nicht. »Der Sachse«, sagte mir ein Gastronom in der Wildparkgaststätte Leipzig, »kehrt immer wieder zur Bockwurst zurück«. Doch Döner war der Höhepunkt meiner Geburtstagsfeier zum 50. Innerhalb von zwei Stunden hatten die Gäste einen 5 Kilo-Konus aufgefuttert, zweimal brannte die Sicherung durch und der Geruch von Knoblauch wich erst wieder nach Tagen.

Ich wurde wegen »Nichteignung für den öffentlichen Dienst« gekündigt. Natürlich: Ein ehemaliger Oberstleutnant des MfS durfte nicht als Hausmeister in einem Kindergarten arbeiten. Das war niemandem zumutbar. Ich meldete mich auf dem Arbeitsamt und beschritt den Weg der Umschulung, der mich schließlich in die Immobilienbranche brachte, wo ich nach langer, anstrengender Einarbeitung besser verdiente.

Nun rannte ich nicht mehr den IM hinterher, sondern den Kunden. Sie zu gewinnen für den Kauf einer Eigentumswohnung oder eines Einfamilienhauses war nicht unbedingt einfacher.

Durch meine mehrjährige Tätigkeit als Vertriebsleiter Immobilien in der Zweigstelle der BHW in Leipzig erhielt ich einen aufschlußreichen Einblick in die »Geheimnisse« der kapitalistischen Marktwirtschaft.

Abrechnung

> *Neunundneunzig Prozent dessen,*
> *was bisher über das »Unrechtsregime DDR«*
> *veröffentlicht wurde, handelt von der Stasi.*
> Daniela Dahn, »Westwärts und nicht vergessen«

Am Mittwoch, den 30. Januar 2002, erschien in der Leipziger Volkszeitung unter der Überschrift: »Hagen Boßdorf wird ARD-Sportkoordinator« eine kleine Meldung von dpa.

Berichtet wurde, daß Boßdorf, bisher Chefredakteur des Ostdeutschen Rundfunks (ORB), wie geplant, die ARD Sportkoordination in München übernehmen wird. Eine Untersuchungskommission des ORB sei zu dem Ergebnis gekommen, daß Boßdorf »keine aktive IM-Tätigkeit unterstellt werden könne«. Eine hochinteressante Formulierung.

Was war geschehen?

Am 17. Januar 2002, zwölf Jahre nach der Auflösung des MfS, hatte die Bildzeitung berichtet, daß der Chefredakteur des ORB Hagen Boßdorf als IM mit dem Decknamen »Florian Werfer« für die Abteilung Aufklärung in Leipzig tätig gewesen sei. Vorliegende Registrierkarten würden das eindeutig beweisen.

Mir war ein Kontakt mit dem Decknamen »Florian Werfer« nur in statistischer Hinsicht bekannt. Da ich alle wichtigen IM und Sachverhalte dieses Referates kannte, bedeutete das, daß »Florian Werfer« keine wichtige Rolle in der operativen Arbeit gespielt hatte. Rückfragen bei den betreffenden Mitarbeitern ergaben dann auch, daß es mit diesem Mann keine aktive Zusammenarbeit gegeben hatte. Er hatte sich ihr entzogen. Daher war es auch unerheblich, ob Boßdorf eine Verpflichtungserklärung unterschrieben hatte oder nicht. Die Formulierung der Untersuchungskommission des ORB, Boßdorf habe »keine aktive IM-Tätigkeit« ausgeübt, traf also den Nagel auf den Kopf.

Vielleicht war diese korrekte und objektive Behandlung des »Falles« ein erster Schritt zur Versachlichung des Themas.

In den Fällen zuvor war viel Unheil angerichtet worden, indem Gerüchte lanciert und ohne jegliche Prüfung der Stab über den Betroffenen gebrochen worden war. Seit dem Beitritt der DDR zur BRD am 3. Oktober 1990 fand in Deutschland eine beispiellose Abrechnung mit der DDR, ihren Organen und Amtsträgern sowie vielen verfassungs- und gesetzestreuen Bürgern statt. Diese Abrechnung reichte von der politischen und menschlichen Diskriminierung über die berufliche und gesellschaftliche Ausgrenzung, die Verdrängung aus Vermögensrechten und Eigentumsansprüchen bis hin zur politisch motivierten Strafverfolgung von Bürgern der DDR und der BRD. Dabei wurden Prinzipien des Völkerrechts wie das Gleichheitsgebot und das Verbot der Diskriminierung, verletzt, das Verbot der rückwirkenden Anwendung des Strafrechts mißachtet und DDR-Bürger rechtswidrig nach den Rechtsnormen der BRD beurteilt.

Der frühere Chef des BND, Klaus Kinkel, formulierte am 23. September 1991 als Justizminister vor dem 15. Richtertag in Köln das inzwischen berühmt-berüchtigte Delegitimierungsgebot: »Es muß gelingen, das SED-System zu delegitimieren, das bis zum bittern Ende seine Rechtfertigung aus antifaschistischer Gesinnung, angeblich höheren Werten und behaupteter absoluter Humanität hergeleitet hat, während es unter dem Deckmantel des Marxismus-Leninismus einen Staat aufbaute, der in weiten Bereichen genauso unmenschlich und schrecklich war wie das faschistische Deutschland, das man bekämpfte und – zu Recht– nie mehr wieder entstehen lassen wollte.«

Es wurde ein »Bundesbeauftragter für die Unterlagen des Staatssicherheitsdienstes der DDR« installiert, dem eine riesige Behörde unterstand, deren Aufgabe die Auswertung der Akten des ehemaligen MfS ist. Über diese umstrittene Behörde, ihre scheinbaren Aufgaben und ihr wirkliches Handeln ist bereits viel geschrieben worden. Ich empfehle dazu die Bücher der Bürgerrechtlerin Daniela Dahn »Westwärts und nicht vergessen« und »Vertreibung ins Paradies«. Für mich persönlich waren ihre logische Beweisführung, mutmachende Argumentation und glasklare Objektivität eine der großen Überraschungen der Nachwendezeit.

Ausgrenzung und Diffamierung

Daniela Dahn schreibt sinngemäß, daß die meisten Veröffentlichungen über das »Unrechtsregime DDR« das Thema Staatssicherheit zum Inhalt haben. In der Tat konnte der Eindruck entstehen, als wenn das MfS sich im gesetzfreien Raum bewegte, willkürlich schaltete und waltete und alle anderen staatlichen und gesellschaftlichen Institutionen sich ihm unterordnen mußten. Dem MfS wurde alles nur erdenklich Negative untergeschoben, auch die Organisierung von Terror, die Anstiftung zu Mord, der Einsatz von Folter und andere Verbrechen.

Als ich bei einem Streitgespräch mit westdeutschen Besuchern des Museums »Runde Ecke« in Leipzig im Herbst 2001 darauf hinwies, daß sie hier keine Hinweise auf Morde, Folter und Kriegsverbrechen finden werden, antwortete mir eine Angestellte des Hauses, die die Besucher führte: »Ja, hier nicht.« Dasselbe sagt man wahrscheinlich in Berlin, Dresden, Rostock und anderen Städten, wo solche Ausstellungen existieren.

Ja, wo sind sie denn dann?

Der letzte Innenminister der DDR, Peter-Michael Diestel, der in den Jahren der Wende als Rechtsanwalt zahlreiche Mitarbeiter des MfS vor Gericht vertrat, und der ganz und gar nicht zu den Sympathisanten der Staatssicherheit gezählt werden kann, machte zum juristischen Umgang mit dem MfS interessante Bemerkungen in einem Interview mit der Zeitung »junge Welt«.

Nach seiner Einschätzung wurde mit der juristischen Aufarbeitung der Beweis angetreten, daß das MfS sich in der Regel keiner kriminellen Methoden bedient hat. Selbst die brutalsten Vorwürfe wie im Fall des Todes des ehemaligen Dynamo-Fußballers Eigendorf wurden von der Justiz ausgeräumt. Zwischen den von den Medien behaupteten Verbrechen des MfS und den tatsächlich durch die Justiz nachgewiesenen Verbrechen würde eine Differenz klaffen wie zwischen Schwarz und Weiß.

In der Tat spielten bei der Verteufelung des MfS die Massenmedien eine besondere Rolle. Bei allen möglichen Vorkommnissen und Straftaten, die in den letzten Jahren passiert waren, soll die »Stasi« ihre Hände im Spiel haben. Diffamierende Filme wurden gedreht, jeder durfte alles behaupten – die »Leiche« konnte sich ja nicht mehr wehren. Teilweise wurden lächerliche Behauptungen aufgestellt. Zum Glück blühte dann auch der Flachs, als Kabarettisten und Satiriker sich der Sache annahmen und der »Stasi« die Schuld am Tode der Monroe und am Untergang der Titanic zuschoben.

Das MfS war und und ist nach dieser platten Lesart die Inkarnation des Bösen. Selbst den Terroranschlag vom 11. September 2001 brachte man mit ihr in Verbindung. Offiziere des MfS hätten in Afghanistan Al-Kaida-Kämpfer an biologischen Waffen ausgebildet.

BILD begann am 10. Dezember 1992 mit der Veröffentlichung

von 2.000 Namen der hauptamtlichen Mitarbeiter des MfS im Bezirk Leipzig und nannte, was besonders tragisch war, 1.300 Namen der Offiziere im besonderen Einsatz (OibE).

Gleichzeitig wurden in den sieben Ausgaben des Boulevardblattes Meinungen von Lesern veröffentlicht, die in überwiegender Zahl die namentliche Anprangerung begrüßten. Einer schlug sogar vor, zusätzlich noch die Paßbilder der Mitarbeiter zu veröffentlichen. Gleichzeitig wurde das Blatt von erschreckten Bürgern, die den gleichen Namen, wie manche ausgewiesenen Mitarbeiter trugen, veranlaßt, Erklärungen zu drucken, daß diese nicht mit dem genannten »Stasi«-Mann identisch seien. Bei den ersten 376 Namen, zu denen meiner gehörte, war neben Dienststellung und Gehalt auch die Wohnadresse angegeben. So schrillte nachts die Klingel in meiner Wohnung, und meine Frau und Tochter mußten sich über die Türsprechanlage wüste Drohungen anhören.

Meinem ehemaligen Chef, Claus B. wurde an das Tor seines Gartens ein Plakat mit der Aufschrift »Mörder« geheftet.

Der undifferenzierte Haß auf »Stasi«-Mitarbeiter griff um sich. Einige Hausbewohner und Kollegen meiner Frau grüßten mich nicht mehr. Es war beachtlich, wie viele Leute über mich Bescheid wußten. Bei einem Zahnarzt am Stannebein-Platz wurde ich einfach im Wartezimmer sitzen gelassen, nachdem ich anhand meines SVK-Ausweises identifiziert worden war. Meine Verwandten trieb einzig und allein die Sorge zu mir, ob sie Nachteile durch meine MfS-Tätigkeit zu erwarten hatten. Außer weisen Sprüchen wurde mir keine Hilfe angeboten. Mich als Sündenbock mißbrauchen zu lassen von Menschen, die teilweise ihre eigenen Probleme in Aggressivität gegen uns umkehrten, war ich nicht bereit. Ich beschloß, mich gegenüber der »Entrüstungswelle« mit Schweigen abzuschotten.

Die Listen der Bildzeitung wurden von der Stadtbibliothek Leipzig kopiert, und jeder Interessent kann sie auch heute noch in der Regionalabteilung einsehen. Sie sind im Katalog erfaßt unter dem Titel »Stasi-Listen Leipzig«.

Nach damals kursierenden Gerüchten soll das Bürgerkomitee in der »Runden Ecke« die Namensliste für eine sechsstellige Summe an die BILD verkauft haben.

Als die Liste veröffentlicht wurde, war ich bereits zehn Wochen arbeitslos. Der Leiter des Personalamtes des Rates der Stadt, Pörner, ein »Grüner«, hatte mein Arbeitsverhältnis als Hausmeister der Kinderkombination Leipzig Schönefeld II mit der Stadt zum 2. Oktober 1992 gekündigt. Begründet wurde die Kündigung mit dem »Einigungsvertrag, Kapitel XIX, Abschnitt III, Punkt 1, Absatz 4, Unterpunkt 1 in Verbindung mit dem Absatz 5«. Eine weitere Erläuterung erfolgte nicht, man wollte sich keine Blöße geben.

Der Kündigung war ein persönliches Gespräch beim Personalamtsleiter vorausgegangen, in dem dieser die Maßnahme mündlich angekündigt hatte. Es geht eben nichts über behördliche Korrektheit. Pörner erklärte mir, daß das MfS als erste staatliche Institution der DDR zu einer Zeit abgewickelt worden sei, als es noch keine Arbeitslosigkeit gab und die Mitarbeiter aus dem aufgelösten MfS größtenteils eine neue Tätigkeit fanden. Diesen Vorteil hätten Angestellte und Arbeiter später abgewickelter Institutionen und Betriebe nicht gehabt. Sie wären in die Arbeitslosigkeit entlassen worden, was MfS-Mitarbeitern gegenüber ungerecht sei.

Tatsächlich war die große Mehrheit der in Betrieben und Institutionen untergekommenen MfS-Mitarbeiter bereits im Jahre 1991 wegen ihrer Biographie wieder entlassen worden.

Ich hatte Glück gehabt und mich noch ein Jahr länger halten können. Auch ich hatte nach dem Beitritt der DDR zur BRD als Angehöriger des öffentlichen Dienstes, zu dem die Kindergärten gehörten, einen mehrseitigen Fragebogen ausfüllen müssen, in dem ich zu einer Mitarbeit im MfS detailliert befragt wurde. Da meine MfS-Vergangenheit bereits in meiner Kaderakte vermerkt war und ich dieses eigenartige Verfahren aus grundsätzlichen Erwägungen ablehnte, teilte Frau P., der Leiterin des Kindergartens, mit, daß ich diese Art der Befragung ablehne. Ich rechnete mit meiner baldigen Kündigung und begann mich nach neuen Erwerbsmöglichkeiten umzusehen. Doch der blaue Brief ließ auf sich warten. Später erzählte mir die »Chefin«, daß sie alle ausgefüllten Fragebögen in der zuständigen Stadtbezirksbehörde kommentarlos abgegeben hätte.

Die Personalsachbearbeiterin wiederum versäumte es, die Vollständigkeit zu prüfen und gab die verschlossenen Kuverts weiter. Dadurch »entdeckte« man mich erst ein Jahr später, als eine erneute Überprüfung, diesmal auf der Grundlage von Personallisten, bei der Gauck-Behörde erfolgt war.

Dem waren andere Maßnahmen vorangegangen.

Als erstes wurde die Versorgungsordnung des MfS mit Wirkung vom 30. Juni 1990 durch Volkskammerbeschluß aufgehoben.

Die Übergangsrenten für die folgenden sechs Monate wurden gekürzt und die völlige Einstellung der Zahlung mit dem 31. Dezember 1990 beschlossen. Bis zu diesem Zeitpunkt hatte ich entsprechend der Versorgungsordnung des MfS monatlich eine kleine Übergangsrente erhalten.

Die relativ hohen Bezüge der Mitarbeiter des MfS und die Festlegungen der Versorgungsordnung hatten von Anfang an zu Diskussionen und Unruhe in der Bevölkerung geführt, so daß aus meiner Sicht diese Festlegungen berechtigt waren.

Am 2. Oktober 1990, also kurz vor dem Beitritt der DDR zur BRD, kündigte das Fernmeldeamt Leipzig in vorauseilendem Unterwerfungseifer meinen Fernsprechanschluß mit der Begründung, daß ich diesen 1966 aufgrund meiner Zugehörigkeit zum MfS vorrangig erhalten hätte. Meinem Einspruch gegen die Kündigung wurde zu meiner eigenen Überraschung stattgegeben. Inzwischen hatte die Telekom das Kommando übernommen und plante die profitable flächendeckende Versorgung der Stadt mit Anschlüssen.

Rentenstrafrecht

Die nachhaltigste staatliche Maßnahme der Regierung der BRD gegen die ehemaligen hauptamtlichen Mitarbeiter des MfS und anderer bewaffneter Organe war die Kürzung der diesen zustehenden Rente.

Der Einigungsvertrag sah die Überführung aller Rentenansprüche von ehemaligen DDR-Bürgern in die gesetzliche Rentenversicherung der BRD bis 31. Dezember 1991 vor. Er sicherte auch eine sozial gerechte Regelung der Renten der Angehörigen des MfS, der NVA, VP, und des Zolls zu. Dabei wurde einschränkend gefordert, »ungerechtfertigte Leistungen abzuschaffen und überhöhte Leistungen abzubauen«, aber die Berücksichtigung der bisherigen Beitragszahlungen zugesichert. Die Bundesregierung veranlaßte nun in der entsprechenden Gesetzesvorlage die Kürzung der Renten bei Personengruppen, »deren Beitrag zur Errichtung und Erhaltung der DDR bedeutsam war« und die zu ihr in einem »Dienstverhältnis« gestanden hatten.

Das betraf neben den führenden Repräsentanten des Staates und der politischen Parteien insbesondere die Angehörigen der bewaffneten Organe der DDR. Das der Rentenberechnung zugrunde gelegte Einkommen wurde so gekürzt, daß bei NVA, Zoll und Polizei die Rente auf die Durchschnittsrente der Bürger der DDR und beim MfS auf 65 Prozent dieser Durchschnittsrente gedrückt wurde.

Das bedeutete für Angehörige des MfS konkret eine Höchstrente von monatlich 802 DM.

Der Bundestag stimmte 1991 dieser Regelung zu.

Als unmittelbare Antwort darauf entstand die »Initiativgemeinschaft zum Schutz der sozialen Rechte ehemaliger Angehöriger bewaffneter Organe und der Zollverwaltung der DDR« (ISOR e.V.). Mitglieder wurden insbesondere Personen aus den ehemaligen bewaffneten Organen der DDR. Sie setzte sich den Kampf zur Beseitigung dieses »Rentenstrafrechtes« zum Ziel.

Am 27. September 1996 verabschiedete der Bundestag nach langem Kampf und Druck von ISOR ein erstes Änderungsgesetz (AAÜG-ÄndG), das im wesentlichen Rentengerechtigkeit für die Angehörigen der NVA, der Polizei und des Zolls herstellte, nicht aber für die Mitarbeiter des MfS. ISOR reichte daraufhin Klage beim Bundesverfassungsgericht in Karlsruhe ein.

Am 28. April 1999 erging dazu das Urteil. Darin wurde festgestellt, daß eine Überhöhung der Einkommen bei Mitarbeitern des MfS vorlag. Gleichzeitig wurde eine Kürzung des der Rentenberechnung zugrunde gelegten Einkommens unter die Durchschnittsrente der DDR-Bürger (1,0 Entgeltpunkte) verboten, da dadurch der Grundsatz der Verhältnismäßigkeit gemäß Artikel 3 des Grundgesetzes verletzt würde. Nach oben wurde dem Gesetzgeber eine bessere Regelung erlaubt. Das Gericht sah weiterhin die Überhöhungen der Einkommen der MfS-Mitarbeiter als ungenügend geklärt an und forderte die Bundesregierung auf, die Verhältnisse zu klären.

Am 20. Dezember 2000 beschloß das Bundeskabinett den Entwurf des 2. AAÜG – Änderungsgesetzes als Gesetzesvorlage, der der Bundestag am 1.Juni 2001 zustimmte. In diesem wurde nur der Mindestforderung des Urteils des BverfG entsprochen, nämlich einer Begrenzung auf 1,0 (Durchschnittsentgelt) statt bisher 0,7 Entgeltpunkte ab 1. Juli 1993. ISOR gab nunmehr Gutachten in Auftrag, um zur geforderten Klärung der Verhältnisse beizutragen. Es sollte untersucht werden, inwieweit es sich bei den Einkommen der Angehörigen des MfS um überhöhte Einkommen handelte und ein Vergleich mit Einkommen für vergleichbare Tätigkeiten oder Qualifikationen vorgenommen werden. Prof. Dr. Kaufmann und Dr. Napierkowski, die bereits Gutachten für das Bundesverfassungsgericht fertigten, haben dazu je ein Gutachten erarbeitet, in dem ein um etwa 24 % höheres Einkommensniveau im MfS nachgewiesen wird.

Das bedeutete, daß eine Reduzierung des Einkommens der MfS-Mitarbeiter um 20 % bei der Rentenberechnung verhältnismäßig ist und dem Gleichheitsgrundsatz des Grundgesetzes entsprechen würde. Die Durchsetzung dieser Regelung ist nunmehr Ziel des Kampfes von

ISOR. Dieser Kampf wird weitere Jahre dauern und erneut vor das Bundesverfassungsgericht führen.

Man könnte in diesem Zusammenhang argumentieren, daß aufgrund des dem Beitritt der DDR zur BRD vorausgehenden »Kalten Krieges« Sanktionen des ehemaligen Gegners gegen die Mitarbeiter des MfS fällig waren und diese sich darüber in Kenntnis des Imperialismus nicht wundern sollten, denn mit Vergeltung mußte gerechnet werden. Das wurde von der Bonner Regierung jedoch immer wieder in Abrede gestellt und auf Grundgesetz und Einigungsvertrag verwiesen, die angeblich für solches Vorgehen keinen Raum ließen.

Zum Thema Rentenstrafrecht muß noch eine andere Bemerkung gemacht werden. Sie betrifft den Umgang mit den abgeurteilten Kundschaftern in der BRD. Diese sind im Zusammenhang mit der Altersvorsorge und Rente noch härter betroffen als die Hauptamtlichen des MfS. Die westlichen IM, die im öffentlichen Dienst standen, haben ihre Beamtenpension durch die Strafurteile und Entlassungen aus dem Dienstverhältnis verwirkt. Beim Ausscheiden wurden nur die arbeitgeberseitigen Versorgungsansprüche für Angestellte an die Bundesversicherungsanstalt für Angestellte (BfA) gezahlt. Die arbeitnehmerseitigen Ansprüche konnte kaum ein Betroffener aufgrund der durch die Verurteilung entstandenen Lage nachentrichten. Zusatzversorgungssysteme innerhalb des öffentlichen Dienstes wurden vollständig gestrichen. Durch die Haftjahre entstanden Lücken in der Beitragszahlung. Neben Verfahrens-, Verfall- und Folgekosten müssen einige sogar die vorübergehend gezahlte Sozialhilfe zurückzahlen, sollten sie wieder Arbeit finden oder nachdem sie ihre Rente beziehen.

Deshalb ist insbesondere der Kampf um ihre Rehabilitierung, nicht um eine Amnestie, außerordentlich wichtig, handelt es sich doch bei ihrer Aburteilung um eine Verletzung der Festlegungen des Einigungsvertrages, worauf noch eingegangen werden soll.

Beschuldigter und Zeuge

Nach dem Beitritt der DDR zur BRD begann in Fortsetzung bereits vorher erfolgter inoffizieller Versuche eine breit angelegte Offensive der westdeutschen Geheimdienste zur Überwerbung oder Abschöpfung ehemaliger Mitarbeiter der Aufklärung. Man näherte sich uns als »Kollegen«, erbat höflich Auskunft, versprach Vorteile oder drohte mit Nachteilen. Den ersten Versuch blockte meine Frau, mit der ich unser

Verhalten abgesprochen hatte, bereits an der Tür ab, indem sie die Leute vom BND einfach wegschickte.

Beim zweiten Mal ließ ich den Mitarbeiter des Bundesamtes für Verfassungsschutz Köln, einen Herrn Lohmann, in die Wohnung, erklärte aber sofort, daß ich grundsätzlich Gespräche mit Mitarbeitern der BRD-Dienste ablehne. Er tischte mir eine Story auf, wonach ihm Informationen vorlägen, daß ich mich in Berlin mit einem Kundschafter, Deckname »Topas«, getroffen hätte.

Wir nannten diese Art der Gesprächsanbahnung in der Aufklärung »legendierte Kontaktaufnahme«. Sie diente dazu, erst einmal ins Gespräch zu kommen.

Der dritte Geheimdienstler, der mich am 11. Mai 1994 besuchte, war Herr Armann, ein Mitarbeiter des Bundesnachrichtendienstes. Er hatte sich etwas ganz Besonderes ausgedacht. Die Bundesregierung erwäge die Auszeichnung einer Mitarbeiterin, die 1983/84, also während meines Aufenthaltes in Tansania, in der Botschaft der BRD gearbeitet hätte, mit dem Bundesverdienstkreuz. Es lägen jedoch Informationen vor, daß sie mit DDR-Behörden zusammengearbeitet habe. Ich möge als damaliger Resident der HVA diesen Verdacht zerstreuen. Auch diesem Herrn wies ich, ohne laut zu werden oder zu lachen, höflich die Tür. An Konfrontationen war ich nicht interessiert.

Anschließend schrieb ich eine Beschwerde an den Präsidenten des Bundesamtes für Verfassungsschutz, schilderte die mich betreffenden Anbahnungsversuche und forderte, mich in Zukunft mit solchen Besuchen zu verschonen.

Jahre später hat es dann nur noch einen Versuch gegeben. Diesmal rief eine Mitarbeiterin des BBC an und bat um ein Interview zu Problemen der Zusammenarbeit des MfS mit der Karl-Marx-Universität Leipzig. Ich lehnte ihre Bitte ab.

Monate später erfuhr ich, daß die Dame unter Verwendung der gleichen Legende sich mit zwei meiner ehemaligen Mitarbeitern, Oberstleutnant Helfried S. und Hauptmann Jörg H., getroffen hatte. Sie konfrontierte beide mit Kopien der Akten des Vorganges »Armin«, wobei mir unbegreiflich ist, daß die Originalakten erhalten blieben.

Das also war des Pudels Kern.

»Armin« aus Edinburgh hatte 1978/79 als Gast an der Karl-Marx-Universität Leipzig studiert und war 1979, nach längerer Kontaktphase durch einen sehr fähigen DDR-IM zugeführt, auf der Basis der gemeinsamen politischen Überzeugung für eine Zusammenarbeit mit der Aufklärung gewonnen worden. Wir ordneten ihn damals als IM mit der Perspektive eines Werbers unter fremder Flagge ein. Er sollte nach der Schaffung einer soliden gesellschaftlichen Stellung in seinem Heimatland unter der »Flagge« eines britischen Geheimdienstes wirksam werden. In vielem erinnerte dieser Vorgang an den berühmten Kim Philby, und wir verbanden mit »Armin«, zu dem ein ehrliches, offenes und vertrauensvolles Verhältnis durch die beteiligten DDR-IM und hauptamtlichen Mitarbeiter bestand, Hoffnungen auf eine erfolgreiche Arbeit. Nachdem er nach Großbritannien zurückgekehrt war, wurde versucht, operative Aufgaben für ihn zu finden, was aus verschiedenen Gründen nicht einfach war. »Armin« mußte seinen Weg erst einmal weitgehend auf sich allein gestellt gehen.

Sein Führungsoffizier, Hauptmann Jörg H., der heute in Baden-Württemberg lebt, beichtete mir im Zusammenhang mit der »BBC-Tante«, daß es ein Fehler gewesen wäre, sich auf ein Gespräch einzulassen. Die »Kollegin« hätte sich mit ihm auf einer Parkbank getroffen und wäre außerordentlich aggressiv gewesen.

Eine weitere breite Welle unserer »Bearbeitung« begann im Frühjahr 1993 mit der Einleitung von Ermittlungsverfahren gegen alle Mitarbeiter der Aufklärung wegen des Verdachts der geheimdienstlichen Agententätigkeit gemäß § 99 StGB. Unsere Tätigkeit im Nachrichtendienst eines völkerrechtlich anerkannten Staates wurde im Nachhinein als Straftat abqualifiziert.

Damit wurde die Festlegung des Einigungsvertrages verletzt, wonach Bürger der DDR nach Übernahme des StGB der BRD rückwirkend nur nach den Gesetzen der DDR hätten zur Verantwortung gezogen werden können.

Die Verfolgung von Geheimdienstmitarbeitern nur des einen Staates, der DDR, verletzte außerdem den Gleichheitsgrundsatz vor dem Gesetz, der im Grundgesetz verankert ist und war deshalb verfassungswidrig. Man versuchte diesen Vorwurf zu umgehen, indem man die DDR als »Unrechtsstaat« bezeichnete – ein Begriff, der im internationalen Recht überhaupt nicht existiert. Die DDR war Mitglied der UNO, und ihre Geheimdienste konnten die gleiche Legitimation beanspruchen wie die der BRD.

Statt dessen handelten die bundesdeutschen Verfolgungsbehörden nach dem Grundsatz: »Wer angeklagt ist, ist auch schuldig.«

Bewußt erfolgte die Einführung des Begriffes »Täter« in die Medien, um den Anschein strafbarer Handlungen zu erwecken, die es in Wirklichkeit nicht gab. Damit sollte dem von Justizminister Kinkel verordneten Delegitimierungsgebot entsprochen und gleichzeitig die

Informationen beschafft werden, die man durch die vorhergehenden Aktivitäten der westdeutschen Geheimdienste nicht erhalten hatte.

Ich erhielt also eine Beschuldigtenbenachrichtigung des Bundeskriminalamtes, in der ich aufgefordert wurde, am 15. April 1993 zur Vernehmung wegen des Verdachtes der geheimdienstlichen Agententätigkeit (§ 99 StGB) im Gebäude der ehemaligen Bezirksbehörde der Volkspolizei zu erscheinen. Ich versuchte diese Vorladung erst einmal abzuwehren, indem ich dem BKA mitteilte, daß ich aus gesundheitlichen Gründen nicht zur anberaumten Vernehmung erscheinen könne. Daraufhin erhielt ich eine neue Vorladung für den 26. Juli 1993, der ich nun nachkam.

Mich empfing eine Kriminalkommissarin Schmidt. Nachdem ich meine Personalien zu Protokoll gegeben hatte, erklärte ich, daß ich entsprechend §§ 136 und 163a StVO von meinem Recht auf Aussageverweigerung Gebrauch machen werde. Sie versuchte mich jetzt in ein Gespräch zu verwickeln, das ich jedoch ablehnte. Als ich ihr auch noch die Unterschrift unter das Protokoll verweigerte, begann sie ihre freundliche Überlegenheitshaltung aufzugeben und mir zu drohen. Wenn ich nicht …, dann hätten sie auch andere Mittel. Vor Gericht gäbe es keine Milde mehr. Haft- oder hohe Geldstrafen wären die Folge. Das hätte mein Kollege in Dresden schon spüren müssen usw.

Ich ging und hatte dann für längere Zeit Ruhe.

Selbstverständlich schrieb ich eine Beschwerde an den Justizminister und protestierte gegen die Einleitung des Ermittlungsverfahrens und die Art und Weise meiner Vernehmung.

»Ulla«, einer unserer Kundschafter im Operationsgebiet, erzählte mir Jahre später, daß im Verfahren gegen sie das Protokoll über diese »Vernehmung« eingeführt worden sei, was ihr Kraft gegeben habe. Es sei auch Anlaß zum Schmunzeln in schwierigen und weniger lustigen Stunden gewesen, habe sie doch in diesem Agieren einen vertrauten Genossen und Freund wiedererkannt.

Die nächste Vorladung erfolgte am 4. März 1994 durch den Kriminalhauptkommissar Römermann des Hessischen Landeskriminalamtes Wiesbaden. Ich sollte wieder als Beschuldigter, diesmal im Zusammenhang mit einer Anklage gegen einen IM, vernommen werden. Ich teilte schriftlich mit, daß ich die Aussage verweigern werde und schlug vor, auf die anberaumte Vernehmung zu verzichten oder mir eine neue Vorladung zu schicken. Das passierte nicht.

Im Mai 1995 wurden die meisten Ermittlungsverfahren wegen geheimdienstlicher Agententätigkeit durch den Generalbundesanwalt wegen eines Urteils des Bundesverfassungsgerichtes zu meiner großen Genugtuung eingestellt. Aber die Freude sollte verfrüht sein.

Wir ehemaligen Mitarbeiter der Aufklärung wurden jetzt nicht mehr als Beschuldigte vorgeladen, sondern als Zeugen, wodurch die Möglichkeit der Aussageverweigerung deutlich erschwert wurde.

Am 19. Juli 1996 erhielt ich eine erste Vorladung zur Zeugenvernehmung in einer Strafsache des LKA Sachsen gegen einen IM unserer Abteilung. Zum Glück handelte es sich um einen IM, der nicht in meinem unmittelbaren Verantwortungsbereich geführt wurde, so daß es mir nicht schwer fiel, die Angelegenheit abzuwehren.

Am 25. November 1996 erhielt ich eine weitere Vorladung von Kriminalhauptkommissar Siegburg zur Zeugenvernehmung, diesmal im Zusammenhang mit einem IM (Deckname »Petri«), der unter meiner direkten Anleitung geführt worden war. Ich entschloß mich, erneut die Aussage zu verweigern und teilte das schriftlich mit. Daraufhin wurde ich im Juni 1997 zwar nicht zur Voruntersuchung, aber als Zeuge zur Gerichtsverhandlung am Oberlandesgericht Stuttgart gegen den IM wegen geheimdienstlicher Agententätigkeit vorgeladen, wobei mir bei Nichterscheinen oder Verweigerung der Aussage Sanktionen angedroht wurden, etwa Aussageerzwingungshaft.

Bei diesem IM handelte es sich um den Neffen eines IM der DDR (Deckname »Steffen Roch«), der in Westberlin in der Vertriebsabteilung einer Niederlassung des amerikanischen Elektronikkonzerns Hewlett & Packard arbeitete. Er war ein gutaussehender, hochgewachsener junger Mann Anfang Dreißig mit guten Umgangsformen, hatte in Gießen Jura studiert und wollte Karriere machen. Nachdem er durch den IM »Steffen Roch« langfristig aufgeklärt und auf seine Bereitschaft zur Zusammenarbeit mit dem MfS »abgeklopft« worden war, wurde er am 12. August 1987 im konspirativen Objekt »Residenz« in Berlin geworben. Die Basis war eine grundsätzliche politische Übereinstimmung, gewisse Sympathie für die DDR, die Bindung an seinen Onkel, aber auch finanzielle Interessen. Die Verpflichtung erfolgte mündlich, da wir bereits wußten, daß »Petri« nicht bereit war, eine entsprechende Erklärung zu unterschreiben. Das gleiche traf auf Belege über die Erstattung von Spesen und Berichte zu.

Die operative Zielstellung war, ihn langfristig als Werber für Quellen im Bereich EDV im Konzern zu entwickeln. Zunächst sollte seine tatsächliche Bereitschaft zur Zusammenarbeit geprüft und er an die nachrichtendienstliche Verbindung gewöhnt und damit gleichzeitig eine gewisse Bindung an das MfS erreicht werden.

Als Instrukteur wurde sein Onkel, unser IM »Steffen Roch«, eingesetzt. Insgesamt fanden mit ihm bis September 1989 zehn Treffs in Berlin und eine Reihe von Instrukteurtreffs in der BRD, Westberlin und zuletzt auch Wien statt, wohin er 1989 versetzt worden war.

»Petri« war von Anfang an bestrebt, Geld zu verdienen, dafür aber möglichst wenige Gegenleistungen zu erbringen. Er berichtete mündlich über seine Firma, über die amerikanische Handelskammer, deren Mitglied er war, und über die US-Mission in Westberlin. Weiterhin übergab er zu diesen Bereichen einige Informationen, beispielsweise Mitgliederlisten und ähnliches.

Eigentlich erfüllte er einige Rastermerkmale des typischen Doppelagenten, und wir stellten uns öfter die Frage, ob er nicht auch für den amerikanischen Geheimdienst CIA tätig sei.

Die Zusammenarbeit mit diesem IM hätte im Normalfall eigentlich wegen zu geringer Arbeitsergebnisse beendet werden müssen, da unter diesen Voraussetzungen die geplante Perspektive als Werber nie erreicht worden wäre und Gedanken in dieser Richtung inzwischen als illusorisch schienen. Wir hielten jedoch am Vorgang fest in der Hoffnung, irgendwann doch noch einen Durchbruch zu erzielen.

Der letzte Treff mit ihm fand anläßlich eines Verwandtenbesuches am 8. September 1989 in Leipzig im konspirativen Objekt »Sekretär« statt. Zu dieser Zeit hatten wir aufgrund der bekannten Entwicklung in der DDR bereits andere Sorgen, vereinbarten aber pauschal einen Instrukteurtreff in Wien für den Februar 1990. Zu diesem Zeitpunkt gab es dann bereits kein MfS mehr.

Als ich im Stuttgarter Oberlandesgericht auf meine Vernehmung als Zeuge wartete, traf ich »Petri« kurz im Warteraum. Er machte einen gelassenen Eindruck, war freundlich und erkundigte sich interessiert nach meinem Befinden. Aus der Anklageschrift, die mir »Steffen Roch«, der Onkel und Instrukteur, bereits in Leipzig als Kopie hatte zukommen lassen, wußte ich, daß er sich als Rechtsanwalt niedergelassen und also keine Existenzprobleme hatte.

Ich beschloß, bei der Zeugenvernehmung nicht auf Konfrontation zum Richter zu gehen, mich umgänglich zu zeigen und ansonsten alles zu tun, um durch meine Aussagen den IM zu entlasten. Folgerichtig schilderte ich deshalb wahrheitsgemäß die »Zusammenarbeit« als unergiebig und »Petri« als unzuverlässig.

Im Verlaufe der Verhandlung wurde klar, daß es der Richter darauf abgesehen hatte, nachzuweisen, daß IM »Petri« Agentenlohn erhalten hatte, was ich ihm nicht bestätigen konnte, da es zu solchen Leistungen nicht gekommen war. Für mich überraschend las der Richter, süffisant lächelnd, meine Randbemerkungen auf den Berichten über Treffs vor, die sich auch mit finanziellen Zuwendungen (Spesen) beschäftigten, und ließ mich Einblick in die Schriftstücke nehmen. Mir wurde bewußt, daß ihm eine Kopie der gesamten Akte vorlag, die ich vernichtet glaubte, da der vorgangsführende Mitarbeiter zur Auflösergruppe der Abteilung gehört hatte. Da stand ich nun im Zeugenstand wie ein begossener Pudel und scheinbar entlarvter Lügner, der sich um die Bestätigung seiner schriftlichen Anmerkungen wand.

»Petri« wurde zu einer Geldstrafe verurteilt. Heute ist er in Bayern als Rechtsanwalt erfolgreich tätig.

Unsere Kundschafter in der BRD hatte der Zusammenbruch der DDR und ihr Beitritt zur BRD besonders schwer getroffen. Die ersten Verhaftungen erfolgten aufgrund von Verrat durch leitende Mitarbeiter der HVA. Weitere Enttarnungen waren das Ergebnis der bekannten Aufarbeitung der durch die CIA erbeuteten Namenskarteien der HVA. Die Tragik der Angelegenheit bestand darin, daß neben der genannten F 16-Kartei, die nur Namen und Registrier-Nummern enthielt, auch die Kartei F 22 in die Hände der CIA fiel, auf der Deckname des IM und Registrier-Nummer vermerkt waren, so daß die Enttarnung über den Vergleich der Registrier-Nummern erfolgen konnte.

Der Verfassungsschutz erhielt Einblick in die Kartei in Washington. Die Aktion, zu der Mitarbeiter vor Ort sich Angaben per Hand abschreiben durften, wurde »Rosenholz« getauft.

Die Gauck-Behörde wiederum konnte sich Informationen über die Quellen der HVA verschaffen – über das »elektronische Posteingangsbuch« der HVA, in dem alle Informationen, die die Quellen geliefert hatten, nach Titel und Verfasser (DN) aufgeführt waren und durch die Auswertung der Statistikbögen über die IM des Operationsgebietes, die jedes Jahr durch alle Aufklärungsabteilungen gefertigt werden mußten. 1988 waren das 2.500 Bögen.

Nach zehn Jahren Fahndungsarbeit sind nun im Prinzip alle IM des Operationsgebietes bekannt. Als die Strafverfolgungsbehörden über entsprechende Unterlagen und Fahndungsergebnisse verfügten, verfolgten und verurteilten sie rachedurstig unsere Kundschafter zu langjährigen Freiheitsstrafen.

»Ulla« und die Kundschafter des Friedens

Am Abend des 7. Oktober 2001 waren wir auf den Hoyerberg gefahren, der sich in Lindau unmittelbar am Bodensee noch innerhalb des Ortes erhebt. Wir wollten Abschied nehmen von der Stadt, die uns drei Tage lang ein interessanter Gastgeber war. Oben angekommen, bot sich uns ein grandioser Rundblick.

Es hatte den ganzen Tag geregnet, doch nun war die tiefgraue gewaltige Wolkendecke im Abziehen begriffen und machte einem blankgeputzten blauen Himmel Platz. Die Sonne war bereits hinter den Bergen am gegenüberliegenden Ufer des Bodensees untergegangen. Ihr heller Widerschein bildete einen eindrucksvollen orangefarbenen Hintergrund, so daß die dunkel gezackte Linie der Bergkette sich deutlich abzeichnete. Das nur wenig bewegte Wasser des Sees spiegelte die Farben des geteilten Himmels. Auf der linken Seite war es grau und rechts, nach Westen sich ausbreitend, silbrig blau. Die zahlreichen Lichter der Städte Lindau, Bregenz und Rorschach verliehen dem Bild einen zutiefst friedlichen Charakter. Wir atmeten in tiefen Zügen die frische Luft und konnten uns lange nicht satt sehen an der überwältigenden Schönheit des Länderdreiecks, wie das Gebiet am östlichen Bodensee genannt wird.

Am gleichen Tag hatten die USA, unterstützt von ihren Verbündeten in der NATO, mit der Bombardierung Afghanistans begonnen. Unter dem Deckmantel der Vergeltung für die Terroranschläge fanatischer Moslems auf New York und Washington waren sie angetreten, ihre Interessen in dieser Region der Erde zu sichern und den Anspruch auf die Weltherrschaft zu bekräftigen. Es war dieses der dritte große Überfall nach dem Golfkrieg und dem Kosovokrieg.

Der 7. Oktober 2001 wäre auch der 52. Geburtstag der 1989/90 untergegangenen DDR gewesen. Ohne ihr Ableben hätten wir an diesem scheinbar friedlichen Abend dem Hoyerberg im bayerischen Lindau keinen Besuch abstatten können: Neben mir standen »Ulla«, die ehemalige Kundschafterin der DDR, die ich vor 27 Jahren für eine Zusammenarbeit gewonnen hatte, und die nach der Wende verhaftet und abgeurteilt wurde, und meine Frau.

1973 hatte sich »Ulla« in Leipzig nach einer ganzen Reihe von Gesprächen und hitzigen Diskussionen über das deutsch-deutsche Gegeneinander, die Konfrontation der Blöcke, Berufsverbote und Staatsmonopolistischen Kapitalismus für eine Kooperation mit der Aufklärung entschieden. Sie war überzeugt, daß dem Kapitalismus der

Drang nach kriegerischen Eroberungen innewohne und nur der Sozialismus den Wunsch der Menschen nach Frieden und Gerechtigkeit erfüllen könne. Dafür war sie bereit mehr zu tun, als es ihre begrenzten Möglichkeiten in der linken Sozialdemokratie zuließen.

Sie half uns bei der Einschätzung der politischen Differenzierungsprozesse in der SPD und versorgte uns mit entsprechenden Materialien. Dabei war klar, daß höhere Effektivität nur in einer höheren Funktion möglich war. Nachdem sich für sie die Möglichkeit einer politischen Karriere in der SPD andeutete, wurde sie 1975 von der Abteilung XV Leipzig an das SPD-Fachreferat der HVA-Abteilung II (Aufklärung der Parteien der BRD) übergeben. Unter Anleitung der Berliner Genossen konnte sie sich zu einer Quelle im Parteivorstand entwickeln. Die Ironie des Schicksals wollte es, daß sie 1990 im Auftrag des SPD-Parteivorstandes den Aufbau der ostdeutschen SPD unterstützte. Zuletzt war sie Mitarbeiterin im Wahlkampfteam von Ibrahim Böhme, dem Spitzenkandidaten der Ost-SPD zur Volkskammerwahl.

Diese Konstellation zeigt gleichzeitig das Dilemma, in dem sich das MfS befand. »Ulla« mußte einer gegen die Interessen der DDR gerichteten Entwicklung zusehen, ohne daran etwas ändern zu können. Daß Ibrahim Böhme ebenfalls IM des MfS (Abwehr) war, setzte der Kuriosität der Situation die Krone auf.

Als die DDR und mit ihr das MfS unter dem Protest der Volksmassen zusammenbrachen, wurde für »Ulla« etwas Unvorstellbares Realität: sie wurde verhaftet.

Ausgangspunkt dieser persönlichen Katastrophe waren Aussagen, die Major Siegfried Sternitzky, ehemaliger Mitarbeiter der Abteilung XV Leipzig und früherer Führungsoffizier, gegenüber den Untersuchungsbehörden der BRD gemacht hatte. Wie immer und überall fanden sich in Zeiten von gesellschaftlichem Umbruch und Niedergang Menschen, die der damit verbundenen Bewährungssituation nicht gewachsen waren, die sich ihrer Verantwortung entzogen oder der neuen Macht andienen wollten. Auch wenn alle Mitarbeiter des MfS durch Beschluß des Ministerrates vom 8. Februar 1990 von ihrer Schweigepflicht entbunden worden waren, hatten sie die hohe moralische Verpflichtung gegenüber ihren IM, sie vor Schaden zu bewahren. Die Vernehmungsbeamten wiesen ihn pflichtgemäß auf das Recht des Beschuldigten auf Aussageverweigerung hin.

Nein, er wollte aussagen, erklärte Sternitzky.

In der Anklageschrift wurde dringender Tatverdacht gegen »Ulla« »aufgrund der Einlassungen des Beschuldigten Siegfried S.« geäußert.

Und weiter: »In seinen eigenen Ermittlungsverfahren erwies sich S. als umfassend aussagebereit«.

Nach ihm sagten auch der IM »Fels«, »Ullas« Leipziger Instrukteur und der Instrukteur der Berliner Abteilung, aus.

Alle anderen beteiligten Leipziger und Berliner Mitarbeiter verweigerten die Aussage.

»Ulla« blieb zur Verbesserung ihrer Lage zum Zeitpunkt der Enttarnung 1993 und der bis dahin – entgegen aller Versicherungen und Zusagen der Hauptamtlichen – massenhaft im Original oder in Kopie aufgefundenen Dokumente und anderen Belastungsmaterialien nur ein Geständnis im Rahmen des den Untersuchungsbehörden bekannten Wissens. Sie wurde vom Oberlandgericht Düsseldorf am 24. Mai 1995 zu 2 Jahren und 3 Monaten Haft wegen geheimdienstlicher Tätigkeit verurteilt. Sternitzky war zur Gerichtsverhandlung wegen Krankheit nicht erschienen. So entkam er der Peinlichkeit einer Begegnung mit dem verratenen IM.

Am 4. Januar 1997 meldete sich »Ulla« telefonisch bei mir. An diesem Wochenende genoß sie Hafturlaub aus dem offenen Vollzug; ein Instrument »der Resozialisierung«. Welche Ironie!

Ich hatte mit solchen Anrufen immer gerechnet und war deshalb nicht überrascht, sondern eher erfreut. Der Anruf bewies, daß in schwerer Zeit unser Vertrauensverhältnis nicht beschädigt worden war. Ich lud sie sofort nach Leipzig ein. Nach ihrer Entlassung im April des gleichen Jahres konnten wir sie dann in die Arme schließen. Obwohl 22 Jahre seit unserer letzten Begegnung vergangen waren und wir in diesen Jahren nichts voneinander gehört hatten, haben wir uns auf dem Leipziger Hauptbahnhof sofort wiedererkannt und wie früher gut verstanden. »Ulla« und meine Frau wurden Freundinnen, und meine Tochter hatte plötzlich eine »Tante im Westen«.

Als wir auf dem Hoyerberg standen, waren bereits mehr als vier Jahre seit ihrer Entlassung aus der Haft vergangen, und Ulla hatte unter großen Anstrengungen wieder im Erwerbsleben Fuß gefaßt.

Durch »Ulla« erfuhr ich viel über die Arbeit der Initiativgruppe »Kundschafter des Friedens fordern ihr Recht«, in der sie auch mitarbeitete. Die meisten ehemaligen Kundschafter der DDR, die verfolgt, verurteilt und abgestraft wurden, hatten in der Zeit des kalten Krieges zur gegenseitigen Berechenbarkeit deutsch-deutscher Politik und damit zur Bewahrung des Friedens beigetragen. Entgegen den Ankündigungen westlicher Politiker, Spione »West« und Spione »Ost« durch Festlegungen im Einigungsvertrag gleich zu behandeln, erfolgte dies nicht.

Durch die Aufhebung des Strafrechtes der DDR und das Inkrafttreten des Strafgesetzbuches der BRD hingegen wurde geheimdienstliche Agententätigkeit gegen die DDR straffrei.

In der DDR verurteilte »westliche« Agenten wurden nach dem sogenannten »SED-Unrechtsbereinigungsgesetz« rehabilitiert und finanziell entschädigt.

Die »Spione Ost« aber wurden in einem Akt der Vergeltung abgeurteilt.

Die Mitglieder der Initiativ-Gruppe unterstützen sozial in Not geratene ehemalige Kundschafter, üben Solidarität mit noch in Haft befindlichen IM und kämpfen gegen ihre Ungleichbehandlung durch die bundesdeutsche Justiz.

Dabei werden sie auch von ehemaligen Mitarbeitern der HVA unterstützt. Einige Mitarbeiter aus der Initiativgruppe traten später der »Gesellschaft zur rechtlichen und humanitären Hilfe e.V.« bei und bildeten dort die *Arbeitsgruppe Kundschafter*.

Der Kampf aller ehemaligen Kundschafter der DDR ist ein wichtiger Beitrag in der Auseinandersetzung um Gerechtigkeit und für Solidarität, aber auch um eine auf dem Hintergrund der tatsächlichen politischen Fakten und Verhältnisse vorgenommenen historischen Aufarbeitung. Das historische Gedächtnis ist brüchig und die »Sieger« oktroyieren den Historikern die Inhalte der Geschichtsschreibung.

Einige IM, etwa Gabriele Gast, gingen mit der Veröffentlichung ihrer Biographie an die Öffentlichkeit, andere stellen sich in Veranstaltungen den Fragen interessierter Bürger. Es geht darum, die Aufmerksamkeit der Bevölkerung für diese Probleme und Anliegen zu fördern. Das ist nicht einfach, lehnen doch viele die Tätigkeit der Geheimdienste ab oder fürchten, man könne ihnen Sympathie mit dem MfS unterstellen.

Am gleichen Tag, als wir den Hoyerberg besuchten, hatten wir einen Tagesausflug in die Schweizer Stadt St.Gallen unternommen und die frisch renovierte, schlichte, evangelische Kirche besichtigt. Dort hatte sich ein ebenfalls zu Besuch in der Stadt weilender Männerchor aus Freiburg im Schwarzwald aufgestellt und gab Proben seines Könnens. Ein Lied war der Hoffnung auf Frieden gewidmet. »Gott, laß deine Gnade walten …« sangen die zumeist älteren Herren.

Ist der Friede eine Gnade Gottes oder doch ein Gut, das sich die Menschen erkämpfen müssen?

Gegenwärtig ist die Menschheit weiter denn je von einem weltumspannenden Frieden entfernt. Die Ursachen sind unverändert der

Drang nach Macht und Profit durch die herrschende Klasse in den entwickelten kapitalistischen Ländern – allen voran die USA. Der Begriff »Imperialismus« scheint heute gültiger den je.

In diesem menschenverachtenden Handeln spielen die Geheimdienste unverändert ihren Part – unsichtbar und hinterhältig. Es gibt keine Indizien dafür, daß sich daran in absehbarer Zeit etwas ändern könnte.

Trotzdem bleibt das Prinzip Hoffnung, daß sich die menschliche Vernunft durchsetzen wird. Sie ist eine letzte Barriere vor der Selbstvernichtung der Menschheit. Und man wird Verhältnisse schaffen, in denen der Krieg als Mittel der Politik ebenso verbannt ist wie die Ausbeutung des Menschen durch den Menschen.

Auf dem Weg dorthin werden die Fehler der vergangenen sozialistischen Gesellschaft Mahnung, also Lehre sein.

ISBN 3-360-01037-X

© 2002 Das Neue Berlin Verlagsgesellschaft mbH,
Rosa-Luxemburg-Straße 39, 10178 Berlin
eMail: verlag@edition-ost.de
Alle Nachdrucke sowie Verwertung in Film, Funk und Fernsehen
und auf jeder Art von Bild-, Wort- und Tonträgern sind honorar-
und genehmigungspflichtig. Alle Rechte vorbehalten.
Titel: Peperoni Werbeagentur, Berlin
Cover: Die »Runde Ecke« in Leipzig, bis 1989 Sitz der MfS-Bezirks-
verwaltung Leipzig, heute Gedenkstätte. Foto: Frank Schumann
Satz: edition ost
Druck: Ebner & Spiegel, Ulm

Die Bücher der edition ost erscheinen in der Eulenspiegel Verlagsgruppe.
www.eulenspiegel-verlag.de